丝绸之路历史语言研究丛刊·III

Series of Historical & Philological Studies of the Silk Road. III

白玉冬　王　丁　主编

兰州大学敦煌学研究所·教育部人文社会科学重点研究基地
北京外国语大学历史学院

关山明月

古突厥回鹘碑志写本的历史语言研究

The Moon beyond Passes and Mountains

Historical and Philological Studies
on Old Turkic and Uighur Inscriptions and Manuscripts

白玉冬　著

by Bai Yudong

上海古籍出版社

Shanghai Chinese Classics Publishing House

教育部人文社会科学重点研究基地
兰州大学敦煌学研究所

丝绸之路历史语言研究丛刊

白玉冬　王　丁　主编

本书是国家社科基金重大项目"北朝至隋唐民族碑志整理与研究"（18ZDA177），国家社科基金一般项目"突厥鲁尼文叶尼塞碑铭整理与研究"（15BMZ015），中央高校基本科研业务费专项资金资助（Supported by the Fundamental Research Funds for the Central Universities）项目"胡语和境外汉语碑刻与唐代西北地区历史"（211zujbkyjh004）阶段性研究成果。

图版 1-1：婆罗米文慧斯陶鲁盖碑

图版 4-1：回鹘四方墓出土弓形骨片

图版 4-2：回鹘四方墓出土筒瓦

图版 5-1：米兰出土鲁尼文 Or.8212-76(1) 文书

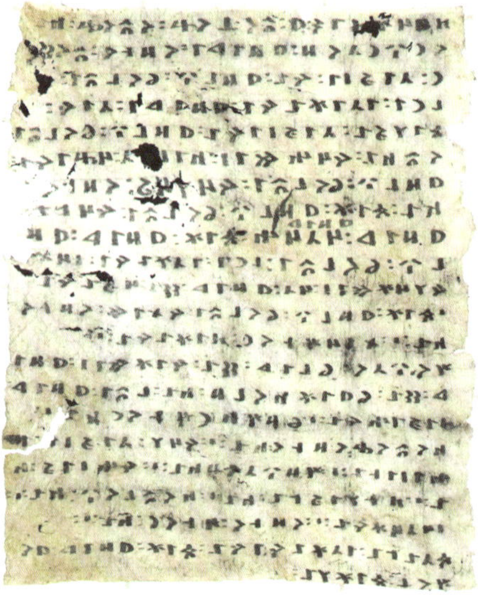

图版 5-2：米兰出土鲁尼文 Or.8212-76(2) 文书正面

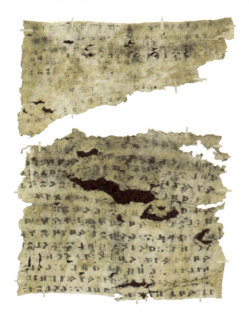

图版 5-3：米兰出土鲁尼文 Or.8212-76(2) 文书背面

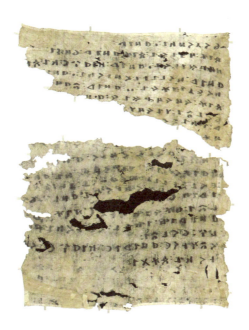

图版 6-1：暾欲谷第一碑北面 1-2 行第 1 部分

图版 6-2：暾欲谷第一碑北面 1-2 行第 2 部分

图版 6-3：kalbak tash 第 26 铭文摹写

图版 6-4：Achik tash 木杵文第 1 行

图版 6-5：Karban 铭文

图版 6-6：Karban 铭文摹写

图版 6-7：Ak-Ölön 第 2 铭文

图版 6-8：Ak-Ölön 铭文摹写

图版 6-9：E2 叶尼塞碑铭

图版 6-10：E49 叶尼塞碑铭

图版 6-11：E94 叶尼塞碑铭

图版 7-1：和田出土鲁尼文木牍 A

图版 7-2：和田出土鲁尼文木牍 B

图版 7-3：和田出土鲁尼文木牍 C

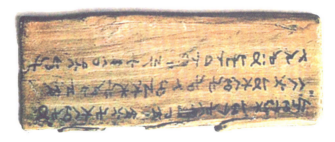

图版 7-4：和田出土鲁尼文木牍 D

图版 7-5：和田出土鲁尼文木牍 E

图版 7-6：和田出土鲁尼文木牍 F

图版 8-1：雅尔湖石窟第 5 窟鲁尼文题记 A 第 1 行

图版 8-2：雅尔湖石窟第 5 窟鲁尼文题记 A 第 2 行

图版 8-3：雅尔湖石窟第 5 窟鲁尼文题记 B

图版 8-4：雅尔湖石窟第 5 窟鲁尼文题记 C

图版 8-5：雅尔湖石窟第 5 窟鲁尼文题记 D（1）

图版 8-6：雅尔湖石窟第 5 窟鲁尼文题记 D（2）

图版 8-7：雅尔湖石窟第 5 窟鲁尼文题记 E

图版 8-8：雅尔湖石窟第 5 窟鲁尼文题记 F

图版 9-1：U73 文书正面

图版 9-2：U73 文书背面

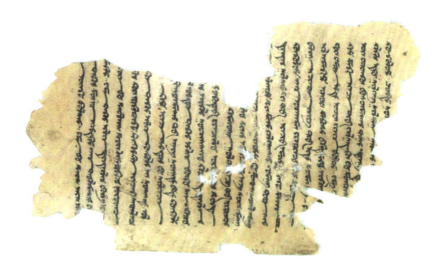

图版 9-3：U72 文书正面

图版 9-4：U72 文书背面

图版 9-5：U206 文书正面

图版 9-6：U206 文书背面

图版 10-1：xj 222-0661.9 文书正面

图版 10-2：xj 222-0661.9 文书背面

图版 11-1：回鹘文乌兰浩木碑文

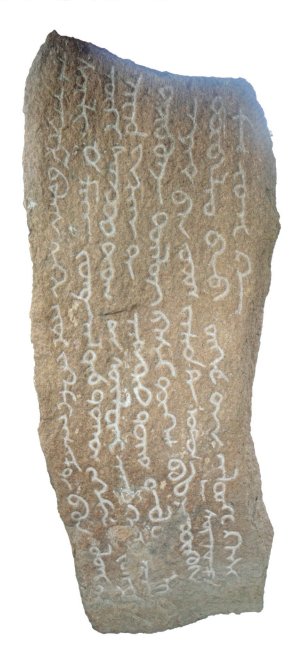

丝绸之路历史语言研究丛刊

出版弁言

丝绸之路是欧亚大陆的一大交通动脉，在东西方物质文化、精神文化交流上扮演了重要的角色，对人类文明的发展产生了深广的影响。"丝绸之路"本来是个外来词（德：die Seidenstrasse，英：the Silk Road，法：la route de la soie，日：絹の道，学术拉丁语：via serica/sericaria），所指的是那条贯通欧亚大陆、通向遥远的东方国度"丝国"（Σηρικά, Serica）之路——在希腊罗马人心目中，中国就是产丝之国。随着百年来研究的加深拓广，在人们对东西方之间认知中逐渐呈现出一个巨大的人马车船汇成的陆路和海路空间交通路网、一幅数千年时间维度里迭次登场的多民族生活的长卷。因此之故，丝绸之路一词在西文中又多以复数形式使用。

中国有悠久的史学传统，编年史起源早、延续时间长；记载媒介形态多，举凡书籍、官私文书、碑志铭刻、器物题铭等等，均属广义的史料；地下埋藏丰富，使得中国考古学得与史学并驾齐驱，共司文化记忆的守护职守；涉及多种语言，在汉语言文字的主流之下，北朝、辽金西夏、蒙元、满清时期的记载具有多语性；内容广涉域内域外，所记录的毗邻国家、地区乃至世界范围的史事，往往为他处所阙载，汉文史料因此成为更早乃至唯一史源，素来为国际学界重视利用。会通中外，深入发掘，考辨分析，是历史研究应该、也值得不懈努力的任务。

《丝绸之路历史语言研究丛刊》秉承实证与理论并重、多学科多方法兼收并蓄的精神，从"以汉还汉、以唐还唐"出发，探索"以胡还胡、以洋还洋"之路，追求从多语种语料的汇合解读汲取史料的方法，组织出版研究著作、报告集以及重要外文著作的中译本，推陈出新，发明创新。

白玉冬　王　丁

2021 年 2 月 3 日 农历立春

阙特勤石雕像

蒙古国和硕柴达木地区出土，现藏蒙古国哈拉和林博物馆

序　一

　　丝绸之路于人类文明史上的重要性无须赘言。广义上的丝绸之路是指历史上连接欧亚大陆东西南北的交通干线，其东段延伸于欧亚大陆东部，也就是华夏及其周边地区。反映和记录丝绸之路东段历史的材料，往往与记载华夏周边地区和族群历史的材料相互重叠或交相呼应，主要涉及汉语、藏语、于阗语、回鹘语、粟特语、梵语、吐火罗语、叙利亚语、波斯语、契丹语、党项语、女真语、蒙古语等。用于书写这些语言材料的文字众多，包括汉文、藏文、于阗文、鲁尼文、回鹘文、粟特文、吐火罗文、叙利亚文、摩尼文、婆罗米文、契丹文、西夏文、女真文、蒙古文等。这些以多种语言文字书写的材料，绝大部分具有"现地语材料"特色，是记录边疆历史的第一载体。如果我们能够深入理解并掌握这些汉语与非汉语文字材料，那么就可以进一步加深对边疆历史的独特性、丰富性和复杂性的了解。我们兰州大学"大西域"（此处主要指中亚、青藏高原、新疆、内外蒙古高原和西伯利亚地区）的研究对象，就是上述多文种、多语种的传统典籍、出土文献、碑刻题记等，核心理念就是致力于掌握上述"大西域"历史叙述话语权。

　　编辑单位兰州大学敦煌学研究所始创于 1979 年，是国家首个敦煌学博士授权点和博士后流动站，首批入选教育部人文社会科学重点研究基地，历史文献学（敦煌学）是国家重点培育学科。研究所遵照习近平主席"将敦煌学做强做大，为国争光"的指示，经过 40 年的建设，成为国际敦煌学学术研究、人才培养、学术交流、图书资料的中心，占领了学术制高点，掌握了学术研究话语权。形成了自己的研究群体，在敦煌学、胡语文献、石窟艺术等领域研究优势明显，完成学术著作数百部，丛书十余种，获省部级优秀成果奖 20 余项、国家和省级图书奖 10 余项。所创办的 CSSCI 来源期刊《敦煌学辑刊》是本学科研究成果的重要刊布平台。承担国家级和省部级项目 160 余项，项目经费三千余万。培养敦煌学博士生 142 余名，其中 14 人晋升博导，47 人晋升教授，50 余人晋升副教授，6 人获全国百篇和省级优秀博士学位论文奖。在学校"双一流"建设中，领衔构建"敦煌丝路文明与西北民族社会"学科群，将努力在国际学术舞台上，讲好敦煌故事，传播中国声音。

兰州大学敦煌学研究所的"大西域"研究已经迈出了坚实的一步。我们将陆续出版一批关于鲁尼文、古藏文、梵文、回鹘文等民族语言文献的研究成果。衷心祝愿这批成果能够为丝绸之路研究和边疆研究锦上添花，为中外学术界带来一丝新的气息。

郑炳林

2020 年 11 月 8 日

序 二

北朝至隋唐,是中国历史上多民族融合的重要阶段,是中国由分裂割据转向统一的特殊时期。当时活跃在大漠南北和葱岭西东的原本操不同语言的部族、人物的发展轨迹,本质上来说是一部周边族群认同华夏文化、融入中华文明的历史。与这些部族及其建立的政治体密切相关的主要以非汉文汉语镌刻的民族碑志材料,由于具备"现地语材料"特色,可以为我们研究这段民族交融的历史提供鲜活的第一手资料。关于这一批材料,由于诸多原因,国内学术界尚无全面系统的研究成果,从历史学方面的研究更是凤毛麟角。中华民族光辉璀璨的文明历史,需要从多重视角、多种维度进行挖掘并展示给世人。在充分掌握非汉文史料基础上,"取异族之故书与吾国之旧籍互相补正",把历史学、考古学研究有机地结合起来,从内外两面展现和构建中华民族历史、中华文明瑰宝,这是一项有着切实意义的重要工作。本着这样一种共同的理念和创想,国家社科基金重大项目"北朝至隋唐民族碑志整理与研究"(编号 18ZDA177)与国家社科基金一般项目"突厥鲁尼文叶尼塞碑铭整理与研究"(编号 15BMZ015)课题组,自成立伊始就积极倡导和组织对中古时期中国边疆诸族历史、语言、文化、宗教等的研究。自工作启动以来,截止到重大项目中期检查(2020 年 7 月 1 日),课题组共发表学术论文近 50 篇,完成书稿 5 部,其中不乏在《匈牙利科学院东方学报》《历史研究》《民族研究》等权威期刊上刊出的论文。通过项目组成员的集体努力,我们将陆续给出包括鲁尼文、藏文、粟特文、回鹘文、婆罗米文等在内的约 200 多方（条）非汉文碑志的录文、换写、转写和译注，并进行相关历史学研究，结集出版。

　　相比汉文的传统典籍、出土文献和碑刻等材料，以非汉语汉文书写的碑志在数量和深度上不占据优势，甚至属于"碎片化"的史料。不过，由于其具备"现地语材料"的特点，它可以弥补汉文史料的不足之处。在民族碑志的整理与研究上，我们秉持立足于科学实证基础上的扎实精细的学术研究，再接再厉，力争多出精品。

　　感谢相关领域诸多师友的鼓励、支持！祝中国的民族历史语言研究进步、繁荣！

白玉冬

2021 年 2 月 3 日立春

目　录

Contents

第一章　东突厥汗国的拓跋语佛教集团
——婆罗米文慧斯陶鲁盖碑文研究

　　自南北朝末期至唐朝中期,突厥人于内陆欧亚是个重要的存在。勃兴时期的突厥汗国(552—583),疆域自中国北方延伸到新疆中亚,并控制东西交流的主干线丝绸之路。然 7 世纪,大漠南北与葱岭西东诸多部族方国先后归附唐朝,唐政府对包括东西突厥汗国(583—630,583—658)辖地在内的亚洲内陆进行了有效统治。是故,突厥汗国历史亦可视作中国历史不可分割的组成部分。

　　迄今业已刊布的后突厥汗国(682—744)鲁尼文碑文显示,突厥人开启了中国北方民族以自己的语言文字记录自身历史的先河。不可否认,这在人类文明史上称得上是厚重的一笔。概缘于此,自后突厥汗国碑文被发现、解读的 20 世纪初以来,尤其是伴随着近 30 年来国际社会的变迁,突厥学俨然已成西方学术界的一门显学,国际突厥学界被置于突厥汗国文明光环的笼罩之下。然突厥虽为文明之国,但其国内种落不一,文化多样。突厥最重要的政治名号可汗与可贺敦,即继承自之前的柔然汗国。[1]李盖提(L. Legiti)在一篇讨论汉字记录的中国北方民族语言词汇的文章中,重点介绍突厥语族黠戛斯人语言中的铁"迦沙"借自西伯利亚萨摩耶特语,并指出古突厥语官号 irkin(侍斤,部族长之义)存在源自柔然(即

---

〔1〕 伯希和(P. Pelliot)《吐谷浑为蒙古语系人种说》,冯承钧译,载冯承钧译著《西域南海史地考证译丛》第二卷,北京,商务印书馆,1995 年,第 32 页;護雅夫《突厥第一帝国におけるqaɣan 号の研究》,载氏著《古代トルコ民族史研究》第 1 卷,东京,山川出版社,1967 年,第 228—229 页。

芮芮)的可能性。[1] 薛宗正对五种突厥起源传说进行分析，考述突厥汗国可汗家系阿史那氏远祖最初出自"西海"，后在匈奴时期迁入漠北，又南下至平凉，在北凉亡国时西徙高昌，其部落形成发展经历了由塞种混入铁勒系统的过程。[2] 塞诺(D. Sinor)从方向系统、数字系统、人名要素入手，考察突厥文明的复杂性，指出突厥国内人口中包含一个重要的非突厥语的部分，他们在统治阶级里留下了其文明的印记。[3] 并从突厥的起源传说和对神灵"乌迈"的崇拜入手，对突厥文化的不同要素进行了考述。[4] 罗新通过对柔然官号的考察，辨析突厥政治制度继承自柔然汗国，[5] 阐述突厥的特勤即拓跋鲜卑的直勤，[6] 建议对突厥政治名号的探究不应当停留在突厥语的范围之内。[7] 芮跋辞在讨论蒙古语中的古代突厥语借词时，指出部分突厥语词汇，如 alaša(地名阿拉善)借自蒙古语。[8] 白玉冬则对突厥

〔1〕 L. Legiti, "Mots de Civilisation de Haute Asie en Transcription Chinoise", *Acta Orientalia Academiae Scientiarum Hungaricae*, vol.1, 1950-1951, pp.150-154, 171-173.

〔2〕 薛宗正《突厥史》，北京，中国社会科学出版社，1992年，第39—85页。

〔3〕 D. Sinor, "Some Components of the Civilization of the Turks (6th to 8th century A. D.)", in: D. Sinor, *Studies in Medieval Inner Asia*, Aldershot: Ashgate, 1997, Ⅲ, pp.145-159. 中译文见赛诺《突厥文明的某些成分》，罗新译，载赛诺著《丹尼斯·赛诺内亚研究文选》，北京，中华书局，2006年，第86—93页。

〔4〕 D. Sinor, "The Legendary Origin of the Türks", in: E. V. Zygas and P. Voorheis eds., *Folklorica: Festschrift for Felix J. Oinas* (Indiana University Uralic and Altaic Seriles), Bloomington, Indiana: Indiana University Research Institute for Inner Asian Studies, 1982, pp.223-257. 中译文见赛诺《突厥的起源传说》，吴玉贵译，载赛诺著《丹尼斯·赛诺内亚研究文选》，第54—67页；D. Sinor, "'Umay', A Mongol Term in Old Turkic", in: D. Sinor, *Studies in Medieval Inner Asia*, Aldershot: Ashgate, 1997, Ⅳ, pp.1-7. 中译文见赛诺《"乌迈"，一个受到突厥人礼敬的蒙古神灵》，罗新译，载赛诺著《丹尼斯·赛诺内亚研究文选》，第359—365页。

〔5〕 罗新《虞弘墓志所见的柔然官制》，载《北大史学》第12辑，2007年，收入氏著《中古北族名号研究》，北京大学出版社，2009年，第127—132页。

〔6〕 罗新《北魏直勤考》，《历史研究》2004年第5期，收入氏著《中古北族名号研究》，第90—94页。

〔7〕 罗新《柔然官制续考》，载《中华文史论丛》2007年第1期，收入氏著《中古北族名号研究》，第134—154页。

〔8〕 V. Rybatzki, "Classification of Old Turkic loanwords in Mongolic", in: M. Ölmez, E. Aydın, P. Zieme, M. S. Kaçalin eds., *From Ötüken to Istanbul, 1290 Years of Turkish (720-2010) 3rd-5th December 2010*, İstanbul: Yayıma Hazırlayanlar, 2011, pp.191-192.

于都斤崇拜源自柔然的可能性进行了考述。[1]受上述研究启发,兹抛砖引玉,拟通过对东突厥汗国初期所建婆罗米文慧斯陶鲁盖碑文的考察,加深对突厥文化多元要素的了解,以期对突厥汗国历史的客观研究有所裨益,并祈方家指正。

一、慧斯陶鲁盖碑文释读

以著名的鄂尔浑三大碑文为代表,后突厥汗国创建了一批鲁尼文碑刻。不过,东突厥汗国所建布谷特碑文(创建于 582 年,详见后文),是以粟特文粟特语和婆罗米文古蒙古语亲属语言(详见后文)镌刻的,用于新疆小洪那海西突厥汗国石人刻铭的是粟特文粟特语。1975 年,蒙古考古学者 D. Navaan 在蒙古中部和硕柴达木盆地北面,东南距图拉河直线距离约 50 公里的谷地(北纬 48°8′14.8″,东经 103°9′49.4″,海拔 1 648 米)发现了两方婆罗米文碑文。根据出土地点,该碑文被命名为慧斯陶鲁盖(Khüis tolgoi)碑文。[2]上述两方碑文现存蒙古科学院考古研究所,由于字迹漫漶,长期以来未获解读。2014 年,受土耳其合作与协调局(TİKA)资助,伊斯坦布尔大学裕勒麦孜(Mehmet Ölmez)教授组织法国社会科学高等学院 Dieter Maue、Alexander Vovin、Étienne de la Vaissière(魏义天)三位学者,采集到第一碑文的 3D 图片(图版 1-1)并进行合作研究。其研究成果,在第 60 届国际阿尔泰学会(PIAC)上获得发表(2017 年 8 月 31 日,匈牙利塞克什白堡)。最终成果,在 2018 年发表于

---

〔1〕 白玉冬《突厥于都斤崇拜之考索》,刘迎胜、姚大力主编《清华元史》第 6 辑,2020 年,第 1—6 页。

〔2〕 关于慧苏图鲁盖碑文的发现、保管和解读经过等的介绍,参见 M. Ölmez, "The Khüis Tolgoi Inscription: On the Discovery, Whereabouts, Condition of the Stones, and an On-the-Spot Visit", *Journal Asiatique*, vol. 306, no. 2, 2018, pp. 287 - 289.

法国《亚细亚学报》上。[1]据 D. Maue，A. Vovin 的释读和语法分析，用于书写婆罗米文铭文的语言接近于蒙古语，属于蒙古语亲属语言（Para-Mongolic），他们建议是拓跋语，即拓跋鲜卑语，碑文中出现柔然末代可汗阿那瓌（Aṅaqay）之名和突厥汗国泥利可汗（Nïrï qaγan）之名，以及突厥可汗（türüg qaγan）之字样。魏义天采用 D. Maue 首倡之碑文中的 bodi-satva törö-ks qaγan 为"菩萨铁勒可汗"之义，以 7 世纪初期铁勒部落的首领菩萨曾在图拉河北建立牙帐，且其名称与上述 bodi-satva 近同，主张该碑文是抵抗突厥泥利可汗统治的铁勒部落中的回纥（回鹘）人建于 603 年之后。此后，胡日查巴特尔刊出关于慧斯陶鲁盖碑文的研究成果，给出高清图片和手描图版。[2]关于碑文创建的历史背景，其意见与魏义天大同小异。敖特根在《内蒙古社会科学（蒙古文版）》以蒙古文刊出关于语文学方面的归纳研究，[3]并联名探讨相关历史背景，主张该碑文由回纥人创建，反映了回纥部族的勃兴。[4]笔者才疏学浅，对婆罗米文完全是个门外汉。不过，结合 D. Maue 和 A. Vovin 的解读，在获兰州大学张丽香教授和内蒙古大学包龙教授的协助下，并基于此前的历史语言学研究积累，于 2019 年年初完成了关于慧斯陶鲁盖碑文的研究初稿。虽然提出碑文中仍有部分字词及其含义有待商榷，并深感魏义天的相关历史学考释缺乏合理性，然受多层原因影响，笔者的稿件 2 年后

[1] M. Ölmez，"The Khüis Tolgoi Inscription：On the Discovery，Whereabouts，Condition of the Stones，and an On-the-Spot Visit"，pp. 287 - 289；D. Maue，"Signs and Sounds"，*Journal Asiatique*，vol. 306，no. 2，2018，pp. 291 - 301；A. Vovin，"An Interpretation of the Khüis Tolgoi Inscription"，*Journal Asiatique*，vol. 306，no. 2，2018，pp. 303 - 313；É. de la Vaissière，"The Historical Context to the Khüis Tolgoi Inscription"，*Journal Asiatique*，vol. 306，no. 2，2018，pp. 315 - 319.

[2] S. L. QurčabaγatuR，*1400 jil-un Emünehi Ebüge MongγuL Kele*，Cologne，2019，pp. 126 - 138. 相关图片见扉页和导语部分第 7—11 页。

[3] Odqan，"Küisü ToluγaI yin Bičigesü yin Toqai Dürben Ügülel"，*Übür MongγoL un Neigem un Sinjilekü UqaγaN*，2019 年第 4 期，第 147—153 页。

[4] 敖特根、马静、黄恬恬《惠斯陶勒盖碑文与回鹘的崛起》，《敦煌学辑刊》2020 年第 3 期，第 117—128 页。

尚未能够付梓。幸运的是,我在 2019 年参加中国社会科学院民族学与人类学研究所主办的纪念《民族语文》创刊 40 周年学术研讨会时,把上述研究结果提交作参会论文并进行了主旨报告。[1] 总之,虽然 2 年期间有 3 部(篇)研究论著刊出,但均默认或沿袭魏义天观点,其结论与笔者大相径庭。

关于用于慧斯陶鲁盖碑文的语言,二位解读者指出是拓跋语。这一发现具有开创性的意义,无论如何强调其重要性亦不过分。原因在于以往我们只是依据个别词汇来了解拓跋鲜卑人最早操用的语言。如,《南齐书》卷 57《魏虏传》记录拓跋魏早期的官号"国中呼内左右为直真,外左右为乌矮真,曹局文书吏为比德真,檐衣人为朴大真,带仗人为胡洛真,通事人为乞万真,守门人为可薄真,伪台乘驿贱人为拂竹真,诸州乘驿人为咸真,杀人者为契害真,为主出受辞人为折溃真,贵人作食人为附真。三公贵人,通谓之羊真"。[2] 北魏文成帝《南巡碑》记录有"折纥真""斛洛真""羽真""内阿干"等源自拓跋鲜卑语的职官名称。[3] 亦邻真提出上述《南齐书·魏虏传》记录的鲜卑语官职名称一律带有蒙古语式的后缀"真",这对判断鲜卑语具有决定意义,因为它表示语言的词法特征。[4] 唐李吉甫撰《元和郡县志·关内道》云中县(今大同)条言:"纥真山,在县东三十里。虏语纥真,汉言三十里。"[5] 亦邻真将上述"纥真"视作拓跋鲜卑语,指出其明显与蒙古语基数词 ɣučin(三十)相同。[6] 总之,自李盖提研究

〔1〕 白玉冬《东突厥汗国佛教集团的拓跋语——婆罗米文慧苏图鲁盖碑文研究》,《〈民族语文〉创刊 40 周年座谈会暨学术研讨会论文集》,中国社会科学院民族学与人类学研究所,2019 年 10 月 11—13 日。

〔2〕 北京,中华书局,1972 年,第 985 页。

〔3〕 相关介绍与研究众多,兹不一一赘述。此处主要参见张庆捷、郭春梅《北魏文成帝〈南巡碑〉所见拓跋职官初探》,《中国史研究》1999 年第 2 期,第 57—69 页。

〔4〕 亦邻真《中国北方民族与蒙古族族源》,《内蒙古大学学报》1979 年第 3、4 期,收入齐木德道尔吉等编《亦邻真蒙古学文集》,呼和浩特,内蒙古人民出版社,2001 年,第 560—561 页。

〔5〕 贺次君点校《元和郡县图志》卷 14《河东道 3》,北京,中华书局,1983 年,第 410 页。

〔6〕 亦邻真《中国北方民族与蒙古族族源》,第 560—561 页。

以来，[1]学术界通常认为鲜卑语属于古蒙古语的近亲语言。[2] 不过，由于见于《隋书·经籍志》的鲜卑语书籍没有一本流传下来，实际上鲜卑语材料于学术界是一片空白。此点而言，长达 11 行，且具有实际内容的慧斯陶鲁盖碑文于语言学界同样意义重大。可见，无论从历史学，抑或从语言学角度而言，都有必要尽快把慧斯陶鲁盖碑文的内容介绍给国内学术界。是故，笔者不揣浅陋，在 D. Maue 的换写（transliteration）和转录（transcription）基础上，重点参照 A. Vovin 的转录，给出笔者的转录、译文和最小限度的必要词注，再做讨论。引文中，e，ö，ü，i，i̱ 表示前元音，a，o，u，ı 表示后元音，a̤，ṳ，o̤，l̤，l̤₁ 表示不区分前后元音，[ ] 为推测复原，[+] 表示一个字素，斜体字表示不确定读法，"·" 表示停顿，译文（）内文字为笔者的补充说明。

1　biti-ńer. qaɣan digi-n šińi-n bodi-satva törö-ks[e]

　　我们_复数_，可汗 薨_联动副动词_ 新_属格_ 菩萨 出生_过去分词_

2　qaɣan buda qaɣan-u uqa-qs uqa-ju kṣɪrɪ ańaqay

　　可汗 佛陀 可汗_属格_ 智慧_复数_ 理解_并列副动词_，国土 阿那瑰

3　[kešig(?)]-ıte-n ja-qs[a]. bod-ı beg-ey-ńar bayyı. dolu-ja-

　　怯薛丹(?) 教导_过去分词。_ 部族_属格_ 匐_复数_ 在_现在将来时。_ 听从_过去持续时_

　　ju hügbü[yü].

　　给_现在将来时。_

4　b[i]ti jilo-nar q[a]ra-nya-ɣuń tuwa pṳr o̤-r čeči-re pügtig

　　碑石_复数宾格(课格)_ 守护者　　　　都波 全部_工具格_ 颤抖者 弯腰

　　ńele-n.

　　者 加入_联动副动词_

[1]　L. Legiti, "Le tabghatch, un dialecte de la langue sien-pi", in: L. Ligeti ed., *Mongolian Studies*. Budapest, Akadémiai Kiadó, 1970, pp. 265 - 308.

[2]　主要参见 P. B. Golden, *An Introduction to the History of the Turkic Peoples: Ethnogenesis and State-Formation in Medieval and Early Modern Eurasia and the Midlle East*. Wiesbaden: Otto Harrassowitz Verlag, 1992, pp. 26 - 27;罗新《高句丽兄系官职的内亚渊源》，氏著《中古北族名号研究》，第 183—186 页。

5　[＋]q[a]γa[n-u] qato-ńar düge-d ñịṛị qaγan türüg qaγan-

……可汗_{属格}　可敦_{复数}　弟弟_{复数}　泥利可汗　突厥可汗

6　un d[ö]rö taya-ǰu kṣịṛị hergin bar-γo[l] pạlkṣạ.r [＋]kṣạ-

属格　宗教_{宾格（裸格）}　崇拜_{延续副动词}，国土　民众　建造（或奉

či hi₁gbi₁-ǰ

献？）_{名词构词词缀}　城镇_{工具格}　···_{名词词缀}　宾格（裸格）　做_{先行副动词过去时}

7　tüg-ǰü uqa-ba-r-ńar qaγan ksan-ı ǰula-ba. tün-ü tüš(i)-n

那样_{代动词并列副动词}　省悟性_{复数}　可汗　在位_{宾格}　点亮_{过去时}。　第三

[ ] tuwa

人称_{属格}　扶持者_{三人称}　···都波

8　[ ]ị kṣạ[ ] tụ[men] to[γo]-γun pügtig-či.　šińi-n bodi-satva

……　　万　　数量　弯腰者_{职业词缀}。新_{属格}　菩萨

törö-ks[a] qaγan

诞生_{过去分词}可汗

9　[＋]l[ ][＋] ki-yü. un bitig-iń　puγan tuwa-ńar. qaγan

……做_{过去时}。　　这个　碑文_{属格}puγan 都波_{复数}。　可汗

törö-ks[e] qaγan-un

诞生_{过去分词}　可汗_{属格}

10　[sina]pada niri qaγan türüg qaγa[n] [g]iǰi-n

国_{位格}　泥利可汗　突厥可汗　　援助_{联动副动词}

ubi-ǰ. ǰalo-ba-ǰ. darqa-d ǰay. bi-

关注_{动词过去时}，祈祷_{动词过去时}。达干_{复数}幸运。笔

11　-rün bitig [＋]sA[ ] paγ[＋ ＋]ǰ[ ][?]darqa-n b[ị]ti-be. qa.

属格　文……　　　　　　达干　写_{过去时}。何（？）。

[1]我们的可汗薨去，（作为）新菩萨而诞生的[2-3]可汗领悟佛陀可汗（即佛）的诸多智慧，教导了阿那瑰国土上的……怯薛（？）。部族诸匐在，（他们）一起听从了（可汗的教导），[4]碑文的守护者都波全族一同（作为）服从者加入了（听从者行列）。[5-6]可汗的可敦们、弟弟们崇拜泥

利可汗突厥可汗的宗教，以国土之民众建造（或奉献）的城镇做了……⁷⁻⁸ 于是，（对佛教的）领悟照耀了可汗（即泥利可汗突厥可汗）的统治，其支持者是都波（和）……数以万计的服从者。（作为）新菩萨诞生的可汗，⁹⁻¹⁰ 做了……这个碑文的 Puγan 是都波。（作为）可汗出生的存在于可汗之国的泥利可汗突厥可汗援助并关注了，祝福了。诸达干很幸运。¹¹（碑文）手稿由……达干书写。何。

词注：

1 行．biti-ńer：D. Maue 和 A. Vovin 视作"碑文"的复数形，胡日查巴特尔解释为"我们"。据碑文整体内容而言，后一种"我们"更贴合文义。

1 行．qaγan：即薨去的可汗，又见于第 5 行。笔者以为是东突厥汗国沙钵略可汗。详见后文。

1 行．törö-ks[e]：蒙古语 törökü-（出生）的同源动词后续过去分词-gsen 的 n 脱落后的形式。魏义天采用 D. Maue 的转录，把 bodi-satva törö-ks qaγan 解释作"菩萨铁勒可汗"，进而把 törö-ks 视作铁勒。[1] 此意见遭到 A. Vovin 的反对。他提出铁勒的中古音 tʰiet lək<tʰet lək 中不存在唇音，碑文中的 k 如读作后舌音，则文字应该是与铁勒中古音（前舌音）不合的 torog₁（即 toroγ），且 6 世纪末至 7 世纪初汉语中古音尾音-t 尚未消失等理由。[2] 除上述 A. Vovin 的意见之外，笔者还以为此处的 bodi-satva（菩萨）反映的是东突厥汗国的佛教崇拜背景（详见后文），故不从魏义天之说。

2 行．uqa-qs：D. Maue 的换写为 u kā-χš。[3] A. Vovin 转录作 uqa-qs[a]，认为中古东部蒙古语动词 uqa-（认知，理解）与此贴合，

---

[1] É. de la Vaissière，"The Historical Context to the Khüis Tolgoi Inscription"，p. 318.

[2] A. Vovin，"An Interpretation of the Khüis Tolgoi Inscription"，p. 304.

[3] D. Maue，"Signs and Sounds"，p. 299.

视作 uqa-的过去分词。[1] 然紧随其后的 uqa-ju 是动词 uqa-的并列副动词形式，故 A. Vovin 的转录语法上与此不合。兹视作源自动词 uqa-的蒙古语名词 uqaɣan（智慧）后续复数词缀-s 之后的形式，以裸格充当宾格。

2 行. kṣɩrɩ ańaqay：A. Vovin 推测前者 kṣɩrɩ 借自图木舒克语（Tumshuqese）χšera（国，国土）。[2] 因后者 ańaqay 即柔然汗国末代可汗阿那瑰，则此 kṣɩrɩ（国土）是指柔然汗国曾经的国土。值得一提的是，第 6 行出现的建造（或奉献）城镇的民众（hergin）所在的 kṣɩ₁rɩ（国土），据碑文整体内容而言，也应该代指柔然汗国曾经的国土。

3 行. [kešig]-ɩte-n：A. Vovin 推测欠损部分是官职名称，但未做复原，并尝试把-te-视作古突厥语 te-（说），同时介绍 Róna-Tas 建议可能是某一尚不为所知的动词-ɩte，或某一称号的一部分。[3] 按笔者意见，紧随其后的 ja-是"教导、指导"之义，则 ja-之前应该存在宾格词缀。中古蒙古语宾格词缀存在两种，一种是零形态裸格，另一种是-yi/-i 形态。[4] 推而言之，此处-ɩte-n 是零形态裸格充当宾格词缀，-ɩte-n 或可视为以前舌音字记录的某一集团称号的一部分。频现于蒙元时期史料的怯薛丹（kešig-ten）是"番直宿卫"之义，指禁卫军，似与紧前面的 kṣɩrɩ ańaqay（阿那瑰之国土）贴合。姑作此复原。[5]

3 行. ja-qs[a]：A. Vovin 按中古蒙古语动词 ja-（许诺，报告）的过去分词来理解。[6] 若不考虑推定复原的 a，则 ja-qs 存在与蒙古语 jiɣasu（鱼）属于同源词的可能，惜与紧后面的语义有所抵触。蒙古语

---

[1] A. Vovin, "An Interpretation of the Khüis Tolgoi Inscription", pp. 304，305.

[2] A. Vovin, "An Interpretation of the Khüis Tolgoi Inscription", p. 305. 关于不太为人所知的图木舒克语，参见荣新江《所谓"Tumshuqese"文书中的'gyāẓdi-'》,《内陸アジア言語の研究》第 7 辑，1992 年，第 1—4 页。

[3] A. Vovin, "An Interpretation of the Khüis Tolgoi Inscription", p. 305.

[4] 嘎日迪《中古蒙古语研究》，沈阳，辽宁民族出版社，2006 年，第 262—263 页。

[5] 蒙古语-ten 有时充当形容词构词词缀，兹不排除其他可能性。

[6] A. Vovin, "An Interpretation of the Khüis Tolgoi Inscription", p. 305.

动词 jiɣaqu-(指出，教授，教导)在《元朝秘史》中频繁以 jaʾa 的形式出现，如札阿_黑三 jaʾa-qsan。[1] 兹以中古蒙古语 jaʾa-(教导)的过去分词来解释。

3 行．bod-ı：A. Vovin 指出 bod 借自古代突厥语 bod(部族)，但他把之后的-ı 视作宾格词缀。[2] 此种解释与之后的 beg-ey-ńar bayyı(诸匐在)之间语法上很难顺通。兹视作 bod(部族)后续属格词缀-ı。关于中古蒙古语-ı 充当属格词缀，参见嘎日迪研究。[3]

3 行．hügbü[yü]：A. Vovin 复原作 hügbü＋(?)。历史上北方民族语词首元音与喉辅音 h 之间存在不稳定性。如古突厥语 uyɣur 汉字标作回纥、回鹘，蒙古语 ulaɣan(红色)的口语形 ulaan 在《元朝秘史》中写作忽兰。兹把 hüg-视作蒙古语动词 ügkü-的同源词，充当补助动词。语法上，这正与紧前面的动词副动词 dolu-ja-ju(听从着)相合。

4 行．tuwa：其复数形 tuwa-ńar 出现在第 9 行。隋唐时期漠北铁勒诸部落中的一员，汉籍记录作"都波、都播"等，今多写作"图瓦"。

4 行．pur̩ o̩-r：A. Vovin 未给出确切答案，解释作 sin(?)后缀名词构词词缀-r。[4] 兹视作蒙古语 bür(全体)的同源词后续工具格词缀 iyer 之后的形式。

4 行．čeči-re：A. Vovin 以中古东部蒙古语动词 čičikü-(刺)的目的副动词来解释，同时提到 Róna-Tas 建议解释作蒙古语 čečere-(发抖)。[5] 但以 čečere-借自古突厥语 titrä-～titirä-(颤抖，摇晃)，而碑文中碑文写作 bitig，并非中古蒙古语以来的 bičig 为由未取"颤抖"之义。由于紧随其后的 pügtig(弯腰者)可以视作蒙古语

────────────

〔1〕 jiɣaqu-参见内蒙古大学蒙古语文研究所编《蒙汉词典(增订本)》，呼和浩特，内蒙古大学出版社，1999 年，第 1331 页；札阿_黑三 jaʾa"a-qsan 见《元朝秘史》卷八 39 叶第 4 行(第 206 节)，参见乌兰校勘《元朝秘史(校勘本)》，北京，中华书局，2012 年，第 264 页上段。

〔2〕 A. Vovin, "An Interpretation of the Khüis Tolgoi Inscription", p.305.

〔3〕 嘎日迪《中古蒙古语研究》，第 261—262 页。

〔4〕 A. Vovin, "An Interpretation of the Khüis Tolgoi Inscription", p.306.

〔5〕 A. Vovin, "An Interpretation of the Khüis Tolgoi Inscription", pp.306 - 307.

bögčöger（驼背的）或 bögtög（身体一躬一躬地）的同源词，[1]兹按 čečere-后续名词构词词缀-ye 的 čečereye（颤抖者）的讹化音来解释，视作与 pügtig（弯腰者）共同构成"服从者"之义。

4 行. pügtig：A. Vovin 介绍 M. Erdal，J. Wilkens，P. Zieme 和 Róna-Tas 建议按源自粟特语 βuγdē＜βuγdak（拯救）的古突厥语 bögtäg（优点，拯救）的借词来解释，译作 saved。[2]遗憾的是，此种解释与紧随其后的 ńele-n（加入）之间难言匹配完美。蒙古语 bögčöger（驼背的，驼背）或 bögtög（身体一躬一躬地）均与动词 bögtöikü-/bögčöikü-（弯腰）有关，且 bögčöger（驼背的，驼背）在部分蒙古语方言中发音作 bögčig（如辽宁省阜新地区蒙古语）。如前述，此前的 čečere-可以按 čečereye（颤抖者）来理解，则 čečereye（颤抖者）与 pügtig（弯腰者）二者共同构成"服从者"之义，用于描述都波服从于突厥可汗。这正与历史事实相合。

5 行. ṇīṛı qaɣan：又见于第 10 行，即泥利可汗，东突厥汗国西面可汗，后为西突厥汗国小可汗。详见后文。

6 行. hergin：A. Vovin 介绍存在古突厥语 erkin—irkin（侍斤，即部族长）或中古蒙古语 irgen（民众）的可能。[3]按前后文义，兹取 irgen（民众）为佳。

6 行. bar-ɣo[l]：A. Vovin 按中古蒙古语动词 bariqu-（捉住，收集）的名词形来解释。[4]然蒙古语 bariqu-词义众多，如"捉住、建造、奉献"等。[5]关于紧随其后的 paḷkṣı₁-r，A. Vovin 未能给出解决案，笔者视作蒙古语 balɣasu/balɣasun（城镇）的同源词后续工具格-iyar。故，bar-ɣo[l]视作 bariqu-（建造或奉献）的名词形，即建造

---

〔1〕 bögčögger 与 bögtög 参见内蒙古大学蒙古语文研究所编《蒙汉词典（增订本）》，第 506 页。

〔2〕 A. Vovin，"An Interpretation of the Khüis Tolgoi Inscription"，pp. 306－307.

〔3〕 A. Vovin，"An Interpretation of the Khüis Tolgoi Inscription"，p. 308.

〔4〕 A. Vovin，"An Interpretation of the Khüis Tolgoi Inscription"，p. 308.

〔5〕 参见内蒙古大学蒙古语文研究所编《蒙汉词典（增订本）》，第 437—438 页。

物或礼物之义。

6 行．hi₁gbi₁-j：A. Vovin 未给出解决案。兹视作蒙古语动词 kikü-(作，干，放入，等等)之同源动词，是先行副动词 kiged-的过去时形态。

7 行．tüg-jü：A. Vovin 按中古东部蒙古语 tüge-(充足)来解释。兹视作 tegekü-(那样做)的并列副动词。

9 行．un：A. Vovin 未释清。兹按蒙古语指示代词 egün(这个)的同源词解释。

9 行．puɣan：A. Vovin 指出按句子中的位置应该是名词，但未给出答案。按此前为 un bitig-iṅ(这个碑文的)而言，puɣan 应该是与碑文有关的某一名词。据荣新江研究，吐鲁番洋海一号墓出土文书(编号为 97TSYM1：13—5＋97TSYM1：13—4)，背面是阚氏高昌王国在其宗主国柔然汗国的永康九年至十年间(474—475)，为其护送来往使者的记录。[1] 在文书记录的使者名称中，有名为"处罗干无根"者。荣新江考察此处罗干无根为柔然使者，并指出该名与哈喇和卓 90 号墓出土的同为永康年间的《高昌主簿张绾等传供帐》记录的柔然使者名"处伦无根"几乎可以勘合。[2] 笔者以为，上述处罗干是慧斯陶鲁盖碑文第 4 行的 jilo-nar(石头＋复数形)的 jilon(石头)的同源词，亦是蒙古语 čilaɣun(石头)的同源词，"处伦无根"的"处伦"应该是"处罗干"的词中音-ɣ-脱落后的形式。若这一看法无误，则"处罗干无根"与"处伦无根"的"无根"，应为与石头有关的某一名词或称号。推定此处出现在 bitig(碑文)后面的 puɣan 即为上述"无根"(拟构中古音为 mïu-kən/mïu̯-kən[3])之原音，或为"工匠"之义。

〔1〕 荣新江《阚氏高昌王国与柔然、西域的关系》，《历史研究》2007 年第 2 期，第 4—5 页。

〔2〕 荣新江《阚氏高昌王国与柔然、西域的关系》，第 5—7 页。

〔3〕 郭锡良《汉字古音手册》，北京，北京大学出版社，1986 年，第 91，227 页；B. Karlgren，*Analytic Dictionary of Chinese and Sino-Japanese*，Paris：Library Orientaliste Paul Geuthner，1923，pp. 364，113.

10 行. [g]iʝi-n：A. Vovin 认为中古蒙古语 giʝi-(跟随)和 kiʝi-(接近)的联动副动词形式是其候选。[1]《元朝秘史》中频繁出现格只格 geʝige，旁译为后援或援。[2] 推定此处 giʝi-与上述格只格 geʝige 为同源词。

10 行. ubi-ʝ：据紧前后词义，视作与蒙古语 ubai(注意，留心)同源的动词之过去时。

10 行. darqa-d：darqan(达干)的复数形。相比古突厥语 tarqan，更与中古蒙古语 darqan(答剌汗)接近。第 11 行出现的单数形 darqan 应该是碑文撰写者的称号。据碑文整体内容，此 darqa-d 应该是第 2—3 行记录的柔然汗国可汗阿那瑰国土上的某一集团之 darqa-d，即 bod-ı beg-ey-ńar(部族的诸匐)。

10—11 行. bir-rün：A. Vovin 尝试作 bi-(是，存在)的副动词。此种解释与紧随其后的 bitig(文书，碑文等)难以相合。据罗佛 (Berthold Laufer)研究，中古汉语笔 * bit 传入藏文作 pir。[3] 虽然碑文中 biti 即源自汉语"笔"，但中古汉语尾音 t 还对应外族语尾音 -r，且蒙古语今称笔为 biir。兹视作名词 biir(笔)后续属格词缀。bir-rün bitig 直译是"笔文"，此处指的是以笔写成的碑文底稿，即手稿。

11. qa：A. Vovin 未做说明。可能是碑文镌刻者汉字姓氏"何"的音译。

诚如解读者们指出，慧斯陶鲁盖碑文以蒙古语亲属语(Para-Mongolic)写成。碑文中共出现两位可汗，第一位是薨去的可汗(第 1 行)，第二位是作为新菩萨而诞生的可汗(第 1—2 行、第 8 行)，即新

---

〔1〕　A. Vovin, "An Interpretation of the Khüis Tolgoi Inscription", p.310.

〔2〕　如卷六 4 叶第 1 行(170 节)有格只格，旁译为后援，续集卷二 43 叶第 7 行(278 节)有格只格列兀里，旁译为后援行，参见乌兰校勘《元朝秘史(校勘本)》，第 186 页下段，第 394 页上段。

〔3〕　B. Laufer, "Loan-words in Tibetan", *T'ong-Pao*, vol. 17, 1916, p. 509, no. 229.

继位的可汗(第 7 行、第 9 行)，也即泥利可汗突厥可汗(第 5 行、第 10 行)。另外，充当可敦们和弟弟们限定语的可汗(第 5 行开头处)，由于第一个字符缺损，无法马上确定。不过，据他的可敦们和弟弟们崇拜泥利可汗突厥可汗的宗教而言，该可汗应该是第 1 行记录的薨去的前任可汗。碑文内容讲述的是新可汗，即突厥泥利可汗即位后崇拜佛教，原柔然汗国阿那瑰可汗国土上的某一集团和都波听命于突厥可汗，前任可汗的可敦们和弟弟们亦崇拜泥利可汗信奉的佛教，以柔然汗国曾经的国土上的民众建造(或奉献)的城镇进行了某一活动。于是，"(对佛教的)领悟照耀了可汗(即泥利可汗突厥可汗)的统治"，这一活动的支持者是都波(和)数以万计的服从者。碑文之后介绍新诞生的泥利可汗进行了某一活动，与碑文相关的人物是都波。最后说泥利可汗突厥可汗对他们的这一活动提供了援助和教导，并祝福了他们。碑文末尾记录创建碑文的达干们幸运，碑文手稿由某位达干书写。碑文可能是由带有汉语姓氏"何"的某人物镌刻。

综上，不难看出，创建慧斯陶鲁盖碑文的达干们和书写碑文文本的某位达干均出自曾经的柔然汗国可汗阿那瑰的国土，他们是那个集团的诸首领。这一集团信仰佛教，并服属于突厥汗国。当突厥汗国泥利可汗继位后改信佛教时，他们为了纪念这一活动而建造了这一碑文。魏义天主张该碑文是抵抗突厥泥利可汗统治的铁勒部落中的回鹘人所建，是因为他缺乏对蒙古语近亲语言材料的驾驭能力，把碑文中的 bodi-satva törö-ks qaɣan 按 D. Maue 意见解释作"菩萨铁勒可汗"，且因历史敏感度降低而忽略了汉籍史料的价值使然。

二、从泥利可汗的继位看碑文的创建年代

据上面给出的碑文内容，碑文的创建应该与泥利可汗的继位有着密切关系。泥利可汗，初期为突厥汗国西面小可汗，后投奔室点密

系西突厥达头可汗，成为西突厥联盟的重要一员。[1] 泥利可汗之名还见于新疆昭苏县小洪那海发现的粟特文粟特语西突厥汗国石人刻铭中。[2] 吉田丰最早对该刻铭进行了解读，指出铭文中出现的 mwx'n x'γ'n（第6行）即木杆可汗，是突厥汗国第三代可汗，并推定该铭文创建于6世纪后半叶。[3] 之后，大泽孝对石人进行了实地调查，并在吉田丰和辛姆斯·威廉姆斯（N. Sims-Williams）帮助下，确定铭文中的 nry 为泥利，nry x'γ'n 为汉籍记录的泥利可汗，考述石人刻铭是西突厥汗国处罗可汗约在588年下半年至599年上半年，为纪念其父，即木杆可汗之孙泥利可汗而建。[4] 1996年，吉田丰和森安孝夫再次实地调查石人，成功读出 cwrγ x'γ'n（处罗可汗）和 δr'yδ（统领）。[5] 朱振宏据上述石人刻铭，分析泥利之父鞅素特勤为木汗可汗之子，泥利可汗是木汗可汗之孙。[6]

　　作为泥利可汗参与的军事行动，《隋书》卷84《突厥传》介绍说："是岁（仁寿元年，601），泥利可汗及叶护俱被铁勒所败。"[7] 关于泥利的去世时间，传统编撰文献记载不详。吴玉贵推定是603—604年，[8] 朱振宏推测泥利可汗可能就是卒于上述征讨铁勒的战役之

---

〔1〕　关于泥利可汗与西突厥之间的关系，史料记载出现混乱，兹据吴玉贵考证。见吴玉贵《西突厥新考——兼论〈隋书〉与〈通典〉、两〈唐书〉之"西突厥"》，《西北民族研究》1988年第1期，第127—128页。

〔2〕　学术界关于小洪那海石人刻铭的调查，详见林梅村《小洪那海突厥可汗陵园调查记》，载氏著《松漠之间：考古新发现所见中外文化交流》，北京，三联书店，2007年，第208—217页。

〔3〕　吉田豊《新疆維吾爾自治区新出ソグド語史料》，《内陸アジア言語の研究》第6辑，1991年，第75—76页。

〔4〕　大澤孝《新疆イリ河流域のソグド語銘文石人について―突厥初世の王統に関する一資料》，《国立民族学博物館研究報告別冊》第20号，1999年，第334—335、348—352、361—362页。

〔5〕　吉田豊《ソグド語資料から見たソグド人の活動》，《岩波講座世界歴史》11《中央アジアの統合9—16世紀》，东京，岩波书店，1997年，第227—248页。

〔6〕　朱振宏《从"小洪那海突厥石人"探讨泥利、泥撅处罗父子与隋朝关系发展》，严耀中主编《唐代国家与地域社会研究——中国唐史学会第十届年会论文集》，上海古籍出版社，2008年，第391—392页。

〔7〕　《隋书》卷84《突厥传》，北京，中华书局，1973年，第1874页。

〔8〕　吴玉贵《高昌供食文书中的突厥》，《西北民族研究》1991年第1期，第50—51页。

中。[1] 据吉田豊介绍，小洪那海刻铭中泥利之死似乎记录作鼠年（604），魏义天建议上述刻铭中泥利可汗的继位年是兔年，即595年，同年向东罗马帝国派遣使者告知突厥可汗继位的就是泥利可汗。[2] 据林梅村之言，辛姆斯·威廉姆斯亦读出铭文中泥利之死是在鼠年。[3] 如是，泥利大概是在铁勒部落叛乱的601年遭到打击，后于604年死去。参此而言，慧斯陶鲁盖碑文的下限视作604年较为稳妥。进言之，若595年向东罗马帝国告知突厥可汗继位的人物就是泥利可汗，则慧苏图录盖碑文的创建年代推定为595年至604年之间，表面上看起来合乎情理。不过，此种解释不论在时间上，还是在空间上均存在牵强之处。

第一，吐鲁番出土供食文书中，作为突厥汗国西面可汗，泥利的前任阿波可汗（阿博珂寒）在583—587年之间曾向高昌派遣使者4次。[4] 这透露出突厥汗国的西面可汗基本上是在蒙古高原西部活动。不过，如小洪那海石人刻铭所反映，这一时期的泥利为西突厥小可汗，其主要活动地点大概远离漠北的突厥本土，主要是在新疆一带。即便身处极远之地的泥利能够对东突厥国内的佛教集团拥有影响力，仍然难以想象当时的他能够对图拉河畔的碑文建造给予指导。

第二，泥利逃往西突厥后，只是以室点密系达头可汗为首的西突厥联盟可汗中的一员，即小可汗，并非大可汗。[5] 据《隋书·突厥传》，在泥利可汗出逃后，东突厥与西突厥之间初期"数相征伐"，后达头利用东突厥内部纠纷，东进问鼎漠北，成为突厥汗国大可汗"步迦

---

[1] 朱振宏《从"小洪那海突厥石人"探讨泥利、泥撅处罗父子与隋朝关系发展》，第395—396页。朱先生把史料中的"是岁"视作仁寿三年，兹不从。

[2] 吉田豊《ソグド人と古代のチュルク族との関系に関する三つの覚え書き》，《京都大学文学部研究紀要》第50辑，2011年，第4—5页。

[3] 林梅村《小洪那海突厥可汗陵园调查记》，第219页。

[4] 相关考释，见吴玉贵《高昌供食文书中的突厥》，第47—49页。

[5] 相关分析，见吴玉贵《西突厥新考——兼论〈隋书〉与〈通典〉、两〈唐书〉之"西突厥"》，第127—128页。

可汗",后国乱,仁寿三年(603)逃往吐谷浑,不详所终。[1] 不论是在东西突厥互相征伐的阶段,抑或是在西突厥达头可汗深入漠北之际,泥利对东突厥国内政治的影响力看来都不会达到碑文所显示的那种程度。

如此,探讨慧斯陶鲁盖碑文记录的泥利可汗的"高大上"形象,需要考虑到东突厥汗国时期的泥利可汗。兹以《隋书·突厥传》为底本,参考《周书》《北史》等相关史料,并结合前人研究,[2]从第一突厥汗国初期围绕可汗位的争斗谈起。

颠覆柔然统治的伊利可汗土门(鲁尼文碑文的 Bumïng Qaɣan)于 552 年逝去,其子逸可汗(名科罗,又号乙息记可汗)立,不久即卒。[3] 继而其弟俟斗继位,即木杆可汗(粟特文作 mwx'n x'ɣ'n)。木杆在位 20 年卒,其弟佗钵可汗(粟特文作 t'tp'r x'ɣ'n,571—582 年在位)继位。[4] 佗钵立第二代逸可汗之子摄图为东面可汗,又以自己弟弟之子为西面可汗。佗钵死后,第三代木杆可汗子大罗便因母贱未能继位,佗钵子菴罗获可汗位。但因受大罗便胁迫,菴罗让位于摄图(即沙钵略可汗,582—587 年 2 月在位),驻图拉河畔,称第二可汗。沙钵略另封大罗便为阿波可汗,还领所部。开皇三年(583)2月,沙钵略率阿波可汗和贪汗可汗与隋军战,但因阿波先还军,遂袭其部,杀其母。于是,阿波可汗投奔西突厥达头可汗,达头可汗助阿

---

〔1〕 第 1872—1874 页。相关考释,见吴玉贵《西突厥新考——兼论〈隋书〉与〈通典〉、两〈唐书〉之"西突厥"》,第 125—127 页。

〔2〕 相关研究众多,兹主要参见沙婉(E. Chavannes)著,冯承钧译《西突厥史料》,上海,商务印书馆,1935 年,第 2—4 页;内田吟风《西突厥初世史の研究》,载氏著《北アジア氏研究　鲜卑柔然突厥篇》,京都,同朋舍,1975 年,第 448—452 页;吴玉贵《西突厥新考——兼论〈隋书〉与〈通典〉、两〈唐书〉之"西突厥"》,第 122 页;大泽孝《新疆イリ河流域のソグド语铭文石人について——突厥初世の王统に关する一资料》,第 336—337 页;朱振宏《从"小洪那海突厥石人"探讨泥利、泥撅处罗父子与隋朝关系发展》,第 389—390 页。

〔3〕 关于土门可汗与乙息记可汗之间的关系,史料记载出现混乱。吴玉贵考析后指出他们为父子关系。详见吴玉贵《西突厥新考——兼论〈隋书〉与〈通典〉、两〈唐书〉之"西突厥"》,第 118—119 页。

〔4〕 佗钵可汗在位年代据吉田豐关于布谷特碑文的最新释读,详见后文。

波反攻沙钵略。沙钵略投奔漠南，获隋军援助，西击并擒获阿波可汗。开皇七年（587）2月，沙钵略死。其弟处罗侯任可汗，名叶护可汗，同年4月西征战死。[1] 之后，沙钵略子雍虞闾继位，即都兰可汗（587年4月—598年6月在位）。需要注意的是，《隋书·突厥传》在介绍沙钵略西击并擒获阿波可汗的同时，又言处罗侯生擒阿波。[2] 仔细品味，应该是被沙钵略指定为可汗继承人的处罗侯追随其兄沙钵略出军并擒获阿波的。[3] 即，军队的总统帅是可汗沙钵略，具体擒获阿波可汗的是实际率领军队参战的处罗侯。这样解释，才能抵消史料叙述上的龃龉。如是，阿波可汗被擒时间当在沙钵略死去的587年2月之前。

如吴玉贵分析，《隋书·西突厥传》专指东突厥汗国西部阿波系突厥。[4] 其中言"大逻便为处罗侯所执，其国立鞅素特勤之子，是为泥利可汗。"[5]如此，鞅素特勤之子是在沙钵略去世的587年2月之前，作为阿波可汗的替代者，由沙钵略立为泥利可汗的。此鞅素特勤为木汗可汗之子，泥利可汗是木汗可汗之孙。泥利代替阿波出任小可汗，实际上是木杆系突厥汗位的传递。不过，这一活动是在第二代逸可汗（木杆之兄）之子摄图，即大可汗沙钵略监督下完成的。

综上，泥利可汗在东突厥任小可汗的期间，约为沙钵略可汗在位末期的587年以后，至其逃奔西突厥汗国之前。这一时间段可以视作泥利可汗在东突厥国内持有一定话语权的时期，或可以视作慧斯陶鲁盖碑文创建的大致时间段。

---

〔1〕《隋书》卷51《长孙晟传》（第1332页）言"（开皇）八年，处罗侯死，遣晟往吊"。此应是唐朝派遣使者的时间，不应是处罗侯死亡时间。

〔2〕第1869、1871页。

〔3〕司马光《资治通鉴考异》经过比对，认为是处罗侯生擒阿波。兹不从。相关介绍，见吴玉贵《西突厥新考——兼论〈隋书〉与〈通典〉、两〈唐书〉之"西突厥"》，第124页。

〔4〕吴玉贵《西突厥新考——兼论〈隋书〉与〈通典〉、两〈唐书〉之"西突厥"》，第112—114页。

〔5〕第1876页。

三、东突厥汗国的拓跋语佛教集团

关于泥利投奔西突厥的原因，史料未作记录，但定事出有因。《隋书·突厥传》介绍隋大义公主因陈亡感伤作诗，"上（即隋高祖）闻而恶之，礼赐益薄"。之后言：

> 公主复与西面突厥泥利可汗连结，上恐其为变，将图之。会主与所从胡私通，因发其事，下诏废黜之。恐都蓝不从，遣奇章公牛弘将美妓四人以啖之。时沙钵略子曰染干，号突利可汗，居北方，遣使求婚。上令裴矩谓之曰："当杀大义主者，方许婚。"突利以为然，复谮之，都蓝因发怒，遂杀公主于帐。[1]

上文"连结"当为"联合，结交"之义。据《隋书》卷51《长孙晟传》，公主被杀时间为开皇十三年（593）。[2] 另据《隋书·突厥传》，高祖下诏书于沙钵略，"其妻可贺敦周千金公主，赐姓杨氏，编之属籍，改封大义公主"。[3]《周书》卷50《突厥传》言"大象元年（579），他钵复请和亲。帝册赵王招女为千金公主以嫁之，并遣执绍义送阙"。[4] 即，上引文中为都蓝所杀的隋大义公主是后周宇文氏出身，她初嫁突厥佗钵可汗，后又嫁给佗钵可汗兄子沙钵略可汗。

《隋书·突厥传》介绍继位后的沙钵略侵扰隋北边，并言"沙钵略妻，宇文氏之女，曰千金公主，自伤宗祀绝灭，每怀复隋之志，日夜言之于沙钵略。由是悉众为寇，控弦之士四十万"。[5] 后沙钵略众叛亲离，侵隋败退，千金公主主动求册，东突厥与隋关系趋于缓和，这才出现了上述大义公主之封。正是在与隋关系缓和的这一阶段，获得

---

〔1〕　第1871—1872页。
〔2〕　第1332—1333页。
〔3〕　第1870页。
〔4〕　北京，中华书局，1971年，第912页。
〔5〕　第1865—1866页。

隋朝援助的沙钵略西征擒获阿波，之后立鞅素特勤之子为泥利可汗。《隋书·西突厥传》在介绍泥利可汗被立后言"卒，子达漫立，号泥撅处罗可汗。其母向氏，本中国人，生达漫而泥利卒，向氏又嫁其弟婆实特勤"。泥利可汗娶妻向氏，即便是发生在其逃奔西突厥之后，但此亦说明泥利与"中国人"之间关系融洽。此处，不排除泥利娶妻向氏可能与大义公主与其"连结"有关联。

据慧斯陶鲁盖碑文内容，可以了解到当时在泥利可汗支持下，突厥国内充满佛教色彩。谈起突厥佛教，不得不提在漠北鄂尔浑河流域出土的布古特碑文。该碑文发现于距慧斯陶鲁盖碑文西偏南直线距离约 110 公里处的塔米尔河北岸，现存蒙古国后杭爱省博物馆。碑顶与碑文右上部分损毁严重，碑顶浮雕是突厥著名的牝狼哺育婴儿的图案。碑文左面、正面和右面以粟特文写成，背面以婆罗米文写成，字迹漫漶。其中，粟特文面左面 5 行，正面 19 行，右面 5 行（现存 4 行），背面婆罗米文面纵书 24 行。科利亚什托儿内（S. G. Kljaštornyj）和列夫西茨（V. A. Livšic）最早对粟特文部分进行了解读。[1] 林梅村依据上述二位解读案，对相关人物与佛教传入突厥的问题进行了讨论。[2] 吉田丰在 1999 年发表了关于粟特文面的新释读成果，[3] 对上述二位的解读进行了大幅改进。其改进处主要有以下几点：① 并非"建造新的僧伽蓝"，而是"建造教法之石（即布古特碑文）"；② 被读作 βγβwmyn γ' γ'n（布民可汗，即土门可汗）的文字，应为 wmn' x' γ'n，即汉籍记录的菴罗可汗；③ 被读作 βγ' t'sp'r γ' γ'n（君主他钵可汗）的部分，应为 mγ' t'tp'r x' γ'n（莫贺他钵可汗，即佗钵可汗）；等等。关于受损严重的婆罗米文面，A. Vovin 等近来依据

---

　　〔1〕　S. G. Kljaštornyj，V. A. Livšic，"The Sogdian Inscription of Bugut Revised"，*Acta Orientalia Academiae Scientiarum Hungaricae*，vol. 26，no. 1，1972，pp. 69–102.

　　〔2〕　林梅村《布谷特所出粟特文突厥可汗纪功碑考》，《民族研究》1994 年第 2 期，第 66—70 页。

　　〔3〕　吉田丰《ブグド碑文》，载森安孝夫、奥其尔编《モンゴル国现存遗迹·碑文调查研究报告》，丰中，中央ユーラシア学研究会，1999 年，第 122—125 页。

红外线技术采集图片进行了解读。据其研究，婆罗米文面以古代蒙古语亲属语言写成，内容并非佛典，而是出现木杆可汗、他钵可汗、始波罗等称号的突厥建国初期的历史记录。[1] 吉田丰根据 Dieter Maue 提供的 3D 图像和上述关于婆罗米文面的释读，以英文发表了其关于粟特文部分的最新研究，并否定了自己之前关于"梵文佛典"的推定。[2] 但其他内容并无变化。兹从吉田丰 1999 年研究成果中转引相关部分译文，再做讨论。引文中，[ ]内文字为吉田丰的复原部分，( )内文字为笔者的补充说明。

左侧面：[1-3] 突厥(tr-'wkt)阿史那族(''šy-n's)诸王建造此教法之石于木杆可汗(mwx'n x' γ'n)之 Yaruka(y'rwk')兄弟 Niwar 可汗(nw'r x' γ'n)为 Urkupar Cracu 莫贺佗钵可汗('wr-kwp-'r cr-''cw mγ'' t'tp'r x' γ'n)……时。[3-4] 神一样的木杆可汗与神一样的莫贺佗钵可汗曾为自东至西全世界的统治者。[5-正面1]……于是，后来神一样的木[杆可汗]……他归于神(即死去)。

正面：[2-5] 于是，莫贺佗[钵可汗的诸]特勤、诸设、诸 Tarxwan(达干?)、诸 Xurxapcin(窟合真?)、诸吐屯、诸……[向佗钵可汗献言]："你的兄长木杆可汗去世了。他统治了……七州(即全世界)，并好好地养育了人民。现在，你，神莫贺佗钵可汗也[要成为统治者，并]统治七州，养育人民。"[5-7] 于是，神一样的莫贺佗钵[可汗]也……听取了进言，在兔年(571)当上了王。他统治[了]11 年(571—582)。[他的]身体……归于神(即死去)。[7-9] 之后，诸设、诸 Tarxwan、诸 Xurxapcin……了。于是，把莫贺菴罗可汗(mγ' wmn' x' γ'n)推到了王位上……[9-10][莫贺菴罗]可汗下令为(他的)父亲莫贺佗钵可汗建

〔1〕　A. Vovin, "A Sketch of the Earliest Mongolic Language: the Brāhmī Bugut and Khüis Tolgoi Inscriptions", *International Journal of Eurasian Linguistics*, vol. 1, 2019, pp. 188 - 190.

〔2〕　Yoshida Yutaka, "Sogdian version of the Bugut Inscription Revisited", *Journal Asiatique*, vol. 307, no. 1, 2019, pp. 97 - 108；中译文见王丁译《布谷特碑粟特语部分再考》，《中山大学学报》2020 年第 2 期，第 105—116 页。

造一个伟大的……并且还命令建造一个伟大的教法之石。[10-14]教法之[石被建成]的时候……神一样的莫贺佗钵可汗的诸特勤、诸孙、诸曾孙……诸设、诸 Xurxapcin、诸亲族、人民，（他们）和……骑兵一同 7 天时间……时，他们杀掉了……

　　碑文之后的部分损毁严重，无法完整释读。其中出现"二可汗"字样，这或许与菴罗任大可汗时期的另一位小可汗有关。因与本文关系不大，兹不赘引。另外，据 A. Vovin 的释读，该碑文婆罗米文面中亦出现 Tadpar Qaɣan（佗钵可汗）、Muɣan Qaɣan（木杆可汗）字样，虽然整体内容难以完全释清，但婆罗米文内容和粟特文面有相通之处。总之，据上引文可知，布古特碑文是菴罗可汗为纪念他的父亲佗钵可汗而建造的。考虑到经历佗钵可汗死后的权力争夺后，摄图继可汗位（即沙钵略可汗，582—587 年 2 月在位），而菴罗退任第二可汗，驻图拉河畔，则推定布古特碑文是在 582 年佗钵可汗去世后不久，由短暂继任可汗位的菴罗建造合乎情理。布古特碑文还歌颂木杆可汗之功绩，这或许可以视作菴罗可汗对未能获得大可汗位的木杆之子大罗便的某种抚慰。但无论如何，从这一点上不难看出，对于菴罗可汗来说，木杆可汗是与其父佗钵可汗同样重要的神一样的存在。

　　关于菴罗可汗后来的活动情况，虽然传统编撰文献并未给出更多信息，但可以推测出 6 世纪 80 年代他与泥利可汗同在突厥国内。笔者关心的是慧斯陶鲁盖碑文的发现地东南距图拉河直线距离约 50 公里。倘若碑文的发现地即是碑文建造地，则慧斯陶鲁盖碑文是建立在菴罗可汗领地内的。考虑到慧斯陶鲁盖碑文充满佛教色彩且大肆渲染泥利可汗功绩，而菴罗又信奉佛教，兹不否定菴罗暗中支持泥利可汗和碑文创建的可能性。

　　如前述，隋大义公主是佗钵可汗妻，菴罗可汗后母，后为沙钵略可汗妻，最终为沙钵略之子都蓝可汗所杀。[1] 从佗钵、菴罗父子信

―――――――――

〔1〕《隋书》卷 67《裴矩传》（第 1578 页）言"时突厥强盛，都蓝可汗妻大义公主，即宇文氏之女也，由是数为边患"。对比《隋书·突厥传》，突厥是在沙钵略可汗时期侵扰隋朝，都蓝时期与隋之间并未发生大的冲突。疑此处"都蓝可汗妻大义公主"为"沙钵略可汗妻大义公主"之误。

奉的佛教是受中原佛教影响而言，[1]不得不说他们崇信佛教可能与
大义公主之间存在一定的关联。慧斯陶鲁盖碑文记录的泥利可汗崇
信佛教，不排除是受其前辈可汗，即祖辈的佗钵、父辈的菴罗之影响，
并受大义公主"连接"之影响的可能。如此，虽然未被史料记载，但可
以发现，在突厥汗国早期佛教信仰的代表人物，即佗钵、菴罗、泥利三
位可汗之间，起串联作用的可能是大义公主。如这一看法无误，则慧
斯陶鲁盖碑文的创建应该与大义公主和泥利可汗之间的"连接"
有关。

　　回看慧斯陶鲁盖碑文，这是突厥国内图拉河一带的某一集团，听
从崇信佛教的新继位的泥利可汗之教导，进行某一活动的纪念碑文。
关于泥利可汗的前任可汗，碑文中未给出姓名。依据前面的分析，泥
利可汗是沙钵略可汗在擒获阿波可汗后册封的。关于阿波可汗的下
场，《隋书·突厥传》言"（处罗侯）既而上书请阿波死生之命"，隋朝的
回答是"存养以示宽大"。[2]若突厥遵从隋朝指令，则阿波可汗未必
在泥利可汗被封之前已经死亡。以此类推，此处泥利的前任可汗，代
指587年2月死去的沙钵略可汗的可能性最大。如此考虑，则慧斯
陶鲁盖碑文第5—6行"可汗的可敦们、弟弟们崇拜泥利可汗突厥可
汗的宗教"一文中，前者可敦们应包括沙钵略可汗之妻大义公主等，
这正好与汉籍记录的大义公主和泥利可汗"连接"相合。考虑到崇信
佛教的菴罗与沙钵略是同一辈分，后者弟弟们虽然代指沙钵略可汗
的弟弟们，但特指菴罗的可能性或许更大。

　　关于大义公主被杀的原因，据汉籍记录，可以理解作隋朝担心与
泥利可汗"连接"的大义公主怂恿都蓝可汗反隋，遂揭发其与胡人安

---

　　[1]　主要参见路易·巴赞（L. Bazin）《蒙古布古特碑中的突厥和粟特人》，耿升译，
《民族译丛》1987年第5期，第51页；林梅村《布谷特所出粟特文突厥可汗纪功碑考》，第
66—67页；杨富学、高人雄《突厥佛教盛衰考》，《南都学坛（人文社会科学学报）》第23卷第
2期，2003年，第17—19页。
　　[2]　第1871页。相关介绍，另见《隋书》卷51《长孙晟传》，第1332页。

遂伽私通，进而借刀杀人。[1]但以此来解释泥利可汗投奔西突厥，似乎过于牵强。如前述，突厥国内早期的佛教崇拜可能均与大义公主划上联系。而且，在沙钵略去世后两个月，其继任者处罗侯亦在西征中战死，之后的继任者雍虞闾（即都蓝可汗）"性懦"。[2]考虑到上述两点，不否定泥利可汗借助大义公主的"连接"，利用佛教扩大自己在突厥国内影响力的可能。进言之，亦不能否定沙钵略时期被迫充当第二可汗的、同样信奉佛教的菴罗在暗中支持泥利，进而允许在自己的领地内创建该碑文的可能。若此看法可通，则慧斯陶鲁盖碑文恰恰是这一背景的反映。值得一提的是，东突厥汗国境内的佛教崇拜，经由佗钵、菴罗之世后，至泥利可汗时期戛然而止。这一时期，正与泥利可汗西逃西突厥、大义公主被杀的时期相合。

综上几点，大义公主与泥利可汗的"连接"被揭发之后，大义公主在593年被杀，泥利可汗则逃奔西突厥，进而在595年派出使者告知东罗马自己的继位——此种说法，于理可通。以此类推，推定慧斯陶鲁盖碑文建于沙钵略可汗去世的587年2月后不久，背景是汉籍记录的大义公主与泥利可汗之间的"连接"，此说最为贴合情理。

小　结

《北史》列传出现数次"通鲜卑语""善鲜卑语""解鲜卑语"等字样。用于慧斯陶鲁盖碑文的语言是古蒙古语的近亲语言，解读者称之为拓跋语，即"鲜卑语"。总之，从碑文内容不难看出，建造碑文的这一集团原本就信仰佛教。若笔者上面的相关背景之解释无误，则创建碑文的集团存在属于北周皇族宇文氏千金公主所属集团的可能。当然，若考虑到此前柔然汗国的佛教崇拜，也不能否定他们是柔

---

[1]《隋书·突厥传》，第1872页；相关分析，参见朱振宏《从"小洪那海突厥石人"探讨泥利、泥撅处罗父子与隋朝关系发展》，第394—395页。

[2] 第1870—1871页。

然余部的可能。另外，据 A. Vovin 释读，布古特碑文的婆罗米文面同样是用拓跋语写成的。这些拓跋语婆罗米文碑文的存在，表明当时的突厥国内活动着一个操古代蒙古语族语言的集团。这也喻示拓跋鲜卑人或柔然人，在突厥人之前就存在使用婆罗米文记录自身语言的可能性。这一发现无疑有助于对《隋书·经籍志》记录的鲜卑语书籍所使用文字之探讨。关于拓跋鲜卑人和柔然人是否曾经使用过婆罗米文的问题，意义重大，影响深远，容另文再叙，兹不深究。

第二章　华夏称号"王"在暾欲谷碑中的发现

北方草原、叶尼塞河流域与中亚地区出土的胡汉语碑刻,是记录中国历史和相关地区人民历史及其与中原天朝政权间关系史的珍贵资料。关于其中的鲁尼文碑刻,国际上虽然有百年以上的研究历史,但由于受语言、文字、宗教等诸多因素的影响,时至今日仍然有不少文义晦涩、难以释清之处。虽然这些问题不大,但直接影响到碑文内容,甚至往往与碑文反映的重大历史背景有关。在充分掌握非汉文史料基础上,取其精华,从内外两面展现和构建中华民族历史,这是新时代民族语言文字和民族历史研究的关键所在。兹以后突厥汗国暾欲谷碑中之一例试做讨论。

暾欲谷碑第 19—20 行(第 1 碑东面第 1—2 行)讲述暾欲谷率领军队出征山东平原(šantuŋ yazï,实指今京津冀至辽宁一带)和海滨(taluy ögüz),摧毁了 23 个城镇。之后的文字,学术界公认换写作 W s i N B W nt T W:y W R T D a:Y T W Q L W R r t i:,[1]接下来谈到唐朝可汗和十箭可汗是他们的敌人。关于上引换写部分,笔者下载查看大阪大学综合学术博物馆网上公开的暾欲谷碑拓片图版,[2]并实地探查,[3]文字确切无误。不过,就其释义而言,学术界意见不

---

〔1〕　关于鲁尼文字的换写(transliteration)和转写(transcription),学术界无统一方式。兹据森安孝夫 1999 年模式。见森安孝夫、奥其尔编《モンゴル国现存遗跡・碑文调查研究报告》,第 119—120 页。文中引用其他学者的换写与转写时,均按此方式改写。

〔2〕　https://db.museum.osaka-u.ac.jp/jp/database/GstLogin.htm.

〔3〕　调查日期为 2018 年 8 月 8 日,2019 年 8 月 10 日。

一。其代表性的转写和相关译文,可归纳如下。[1]

序号	姓名	转 写	译 文	出 处
1	拉德洛夫	Usïn-bundatu (?) yurtta yatu qalur ärti	Er zerstörte drei und dreissig Städte und setzte sich an der Jurte Ussyn-Bundatu fest:他摧毁了33座城市,并居住在Ussyn-Bundatu营房内。	W. Radloff,"Die Inschrift des Tonjukuk",in:*Die Alttürkischen Inschriften der Mongolei*,vol.2,St. Petersburg:Eggers,1899,pp.10‒11第20行。
2	汤姆森		Dreiundzwanzig Städte verwüstete er und blieb im Lager zu Usïn Bundatu(?) liegen:他摧毁了23座城市,并滞留在Usin Bundatu的营地(?)。	V. Thomsen,"Alttürkische Inschriften aus der Mongolei,"*Zeitschrift der Deutschen Morgenländischen Gesellschaft*,Band 78,1924,p.165第19行。
3	汤姆森		Twenty-three towns did he lay waste,and made his camp in Usin Bundatu(?):他摧毁了23座城市,并在Usin Bundatu设置了营地。	Sir E. D. Ross,"The Tonyukuk Inscription:Being a Translation of Professor Vilhelm Thomsen's Final Danish Redering",*Bulletin of the School of Oriental Studies*,vol.6,1930‒32,p.39第19行。

[1] 除下表列出者之外,另有 M. Sprengling,"Tonyukuk's Epitaph:An Old Turkish Masterpiece Introduction,Text,Annotated Scientific Translation,Literary Translation and Transliteration",*The American Journal of Semitic Languages and Literatures*,vol.56,no.1,pp.1‒19,365‒383.惜只给出第一碑西面和南面的转写和译文。

（续表）

序号	姓名	转　写	译　文	出　处
4	奥尔昆	usïn bundatu yurtda yatu qalur ärti	Usïn Bundatu(?) yurtta yata kalïr idi：他在 Usïn Bundatu (?)营帐内休息。	H. N. Orkun, *Eski Türk Yazıtları*, vol. 1, Istanbul：Devlet Basımevi, 1936, p.106.
5	小野川秀美	usïn bundatu yurtda yatu qalur ärti	ウシンブンダツユルトニテ息コヒ留マリイタリ：在 Usïn Bundatu 营帐请求休息停留了。	小野川秀美《突厥碑文譯註》,《満蒙史論叢》第 4 期,1943 年,第 71 页。
6	马洛夫	usïn buntatu yurtda yatu qalur ärti	Онираз рушили Двадцать три города и остались на жительство в земле Усын бундату：他们摧毁了 23 座城市,留居在 Usïn Buntatu 的土地上。	С. Е. Малов, *Памятники древнетюркской письменности. Тексты и исследования*, Москва-Лениград：Издательство Академия наук СССР, 1951, pp.62, 66, 第 19 行。
7	阿勒陶	usïn buntatu yurtda yatu qalur ärti	In dem Usyn-Bundatu Wohnsitz wohnend verblied er (? —es?)：他住在 Usyn Bundatu 的住所中去世(? ～它?)。	P. Aalto, "Materialien zu den alttürkischen Inschriften der Mongolei, gesammelt von G. J. Ramstedt, J. G. Granö und P. Aalto", *Journal de la Société Finno-ougrienne*, vol.60, no.7, 1958, pp.36 - 37.
8	吉罗	usïn buntatu yurtda yatu qalur ärti	Laissant abêtir son esprit, on restait à se reposer sur la terre natale：让他的精神呆滞,我们停留在了我们的故土修养。	R. Giraud, *L'inscription de Bain Tsokto*, *Édition Critique*, Paris：Adrien Maisonneuve, 1961, pp.55, 62.

（续表）

序号	姓名	转 写	译 文	出 处
9	特金	usïn buntatu yurtda yatu qalur ärti	having not been able to sleep enough，he（i. e. the kagan）was stuck at the camp：由于未能睡足,他（即可汗）滞留在营帐内。	T. Tekin，*A Grammar of Orkhon Turkic*，Bloomington：Indiana University，1968，pp. 250，285.
10	芮跋慈	usïn buntatu yurtda yatu qalur ärti	Usïn Buntatu blieb ［tot］im verlassenem Lager liegen：Usin Buntatu 死于被遗弃的营地内	V. Rybatzki，*Die Toñuquq Inschrift*，Szeged：University of Szeged，1997，pp. 52，100‑101.
11	裕勒麦孜	usïn buntutu yurtda yatu qalur ärti	Akıllarını başlarından alıp ortalıkta yatar hale getirdim：我从他们的头脑中获取心智,并让他们躺在周围。	M. Ölmez，*Orhon-Uygur Hanlığı Dönemi Moğolistan'daki Eski Türk Yazıtları*，*Metin-Çeviri-Sözlük*. Ankara：BilgeSu，2012，pp. 179，186. 第 19 行。
12	韩儒林		彼掠夺 23 城,建营于 Usïn Bundatu(?)。	韩儒林《突厥文〈暾欲谷碑〉译文》,《禹贡》第 6 卷第 7 期,1936 年,收入氏著《蒙元史与内陆亚洲史研究》,兰州大学出版社,2012 年,第 235 页。
13	岑仲勉		彼建营于 Usïn Bundatu(?)。	岑仲勉《突厥文碑注释》,载氏著《突厥集史》,北京,中华书局,1958 年,第 859 页。
14	耿世民	usïn buntatu yurtda yatu qalur ärti	诸城成为一片废墟。	耿世民《古代突厥文碑铭研究》,北京,中央民族大学出版社,2005 年,第 99 页第 19 行。

（续表）

序号	姓名	转　写	译　文	出　处
15	芮传明		由于未能睡足,他(即可汗—笔者)滞留在营帐内。	芮传明《古突厥碑铭研究》,上海古籍出版社,1998 年,第 279 页;《古突厥碑铭研究(增订本)》,北京,商务印书馆,2017 年,第 243 页。

　　上表中,第 2、3、12、13、15 的作者未给出转写。其中,第 2 和第 3 的译文分别是汤姆森(V. Thomsen)丹麦文的德译文和英译文,也是第 12、13 中译文的蓝本,第 15 的中译文主要参照的是第 9 特金(T. Tekin)的英译文。受条件所限,笔者未能查阅汤姆森的丹麦文译注。不过,据铃木宏節介绍,汤姆森在丹麦文译注中并未给出暾欲谷碑的转写。[1] 据第 2 和第 3 的译文,推定得出其转写应为 usïn bundatu yurtta yatu qalur ärti。以上转写中,第 2 个词在第 1—5 中作 bundatu,在第 6—10 和第 14 中作 buntatu,在第 11 中作 buntutu。这是因为以下两点所致。第一,鲁尼文字◉早年被读作 nd,后被更正为 nt;第二,第 11 的作者裕勒麦孜把◉(nt)分读成 N 和 T,并将后者 T 与之后的 T 复原成动词 tut-(抓住,保持)。

　　造成学者们释读不一的根本原因是对 usïn buntatu 的理解多有不同。拉德洛夫、汤姆森、奥尔昆、小野川秀美、马洛夫、阿勒陶、韩儒林、岑仲勉视作地名,芮跋辞视作人名,吉罗、特金、裕勒麦孜解释作短语,耿世民未予以翻译。在古典文献的解读上,当遇到难以释清的疑难字词时,视其为专用名词,不失稳妥。不过,如果这一专用名词,其存在无法获得佐证,或在语义上无法释清,则不得不令人怀疑。usïn buntatu

即属此例。无论结果如何，按短句进行释读的吉罗、特金、裕勒麦孜的努力，为这一问题的解决提供了一条新的思路，值得肯定。

名词 us 具有智慧、判断力之义。[1] 据吉罗给出的词注，us 还包括信息之义，buntat-是与 munduz(笨拙)、munu-/mono-(变的愚笨)相关的动词，具有"使……愚蠢"之义。[2] 故他把 usïn buntatu 译作"让他的精神呆滞"。不过，克劳森(G. Clauson)词典 *An Etymological Dictionary of Pre-Thirteenth Century Turkish* （Oxford University，1972)并未收入 buntat-。不同于吉罗，特金是把 u 视作名词"睡眠"，buntat-视作"减少"。此译法也是他一贯的译法。[3] 裕勒麦孜的译文"我从他们的头脑中获取心智"，看来多少受到了吉罗的影响。虽然动词 buntat-的存在颇令人怀疑，且 bun 的"头脑"之义尚需要例证，[4]但上述三种意见均聊备一说。笔者注意到，暾欲谷碑东面第1—2 行中，前引换写的紧前面部分是：

qaɣanïma ötünüp sülätdim.

我向我的可汗陈述后让进军了。

šantuŋ yazïqa taluy ögüzkä tägürtim.

我让(军队)进抵到了山东平原与海滨。

üč otuz balïq sïdï.

他们(即军队)摧毁了 23 座城市。

在上引文第二句中，使役动词 tägür-(让抵达)的接受对象并未被标出。据文义，此接受对象可推定为军队。接下来的第 3 句中，动词 sï-(摧毁)的主语未被标出，但该词后续有第 3 人称语尾-ï。虽然

---

〔1〕 参见 G. Clauson，*An Etymological Dictionary of Pre-Thirteenth Century Turkish*，Oxford：The Clarendon Press，1972，p.240.

〔2〕 R. Giraud，*L'inscription de Bain Tsokto*，*Édition Critique*，pp.89 – 90.

〔3〕 T. Tekin，*Les inscriptions de l'Orkhon: Kul Tighin*，*Bilghé Qaghan*，*Tounyouqouq（Dil ve Edebiyat Dizisi 2)*，Simurg：T. C. Kültür Bakanliği，1995，pp.86 – 87；T. Tekin，*Orhon Yazıtları: Kül Tigin Bilge Kağan Tunyukuk*，İstanbul：Simurg Yayıncılık，1995，pp.86 – 87.

〔4〕 bun(基础，来自粟特语 pwn)参见 G. Clauson，*An Etymological Dictionary of Pre-Thirteenth Century Turkish*，p.374.

存在单数和复数的可能，但根据文义，此第 3 人称语尾-ï 应是复数形，代指军队。如此，其紧后面的一句，即前人多转写作 usïn buntatu yurtda yatu qalur ärti 中，结尾的第三人称语尾-i 同样充当主语，代表军队。概言之，进抵山东平原和海滨地区的后突厥汗国军队，摧毁了 23 座城市后，又进行了某一活动并滞留在了营帐内。

如特金之意见，单独一个鲁尼文字 W 转写作 u（睡眠），合乎常理。然在暾欲谷第 1 碑东面第 1 行，即前引部分的紧前面，"向山东（诸）城"（šantuŋ balïqqa）写作 S nt W ŋ B L ïQ a，是以一个文字 ▷（ïQ）表示连写的 2 个 q。此类以一个文字表示重叠的同一音的现象，在鲁尼文碑文中还有多例，兹不赘引。这样，W 还可以转写作 oo、uu、ou 或 uo 等。再看 B W nt T W，前人给出的 buntatu 或 buntutu 皆无可厚非，问题在于这两种复原在语法语义上均难以释清。此处笔者提议转写作 bunta atu，bunta 即"在那里，在那时"，atu 是动词 at-（投掷，射击）的副动词。如此，W s i N B W nt T W：y W R T D a：Y T W Q L W R r t i：可转写作 oosïn bunta atu yurtda yatu qalur ärti。

B. Csongo 曾专门讨论唐代回鹘文文献中的汉语音。[1] 由于其依据的材料均属于新疆出土晚唐以后五代宋元时期的回鹘文文献，故把这些汉字音全部归为唐代汉语音不免有牵强之嫌。虽然如此，他的研究仍有参考价值。据其归纳，在回鹘汉字音中，中古汉语宕摄字的-ng 存在三种音。第一，-ng 消失，元音圆唇音化；第二，圆唇元音发生鄂化；第三，元音保持不变，-ng 保留完整形式或有可能转变成-γ。[2] 此类汉语音的不同，或许只能从汉语方言上得到答案。[3] 由于俄藏回鹘文文献研究进展缓慢，B. Csongo 并未能够充

---

[1] B. Csongor，"Chinese in the Uighur Script of the T'ang-Period"，*Acta Orientalia Academiae Scientiarum Hungaricae*，vol. 11，no. 2，1952，pp. 73 – 121.

[2] B. Csongor，"Chinese in the Uighur Script of the T'ang-Period"，pp. 95 – 96.

[3] 相关考述，参见 B. Csongor，"Chinese in the Uighur Script of the T'ang-Period"，pp. 94 – 97.

分利用这部分文献。是故,就属于宕摄的"王"字而言,他只给出了一个回鹘语音 vang。实际上,"王"字在回鹘语中还存在另外两种语音。在庄垣内正弘研究的俄藏回鹘文标记汉文佛典中,元人释智汉译的《圣妙吉祥真实名经》的残片 SI Kr. IV 817 文书中,清净王换写为[sy sy]ww,[1]以多见于晚期回鹘佛典的草书体回鹘文写成的《礼忏文》残片 SI 4bKr. 175 文书中,释梵王、诸王、龙王的换写分别是 syk v'n wn[k]、cww wnk、lwnk wnk。[2]元仁宗延祐三年(1316),高昌回鹘亦都护纽林的斤被元廷封为高昌王。[3]在武威出土的亦都护高昌王世勋碑回鹘文面中,汉文高昌王被音写作 qao čang ong。[4]以上例子中,换写的 wnk 和 ww 即可分别转写为 ong 和 oo。其中的 ong,还见于碑文时代。如,阙特勤碑东面第 31—32 行 2 次记录的 W ŋ T W T W uQ>ong totoq 即汉字"王都督"的音写。[5]如前所述,出现"王(oo)"之音写的《圣妙吉祥真实名经》系元人释智汉译,那么其回鹘文译本不可能早于元代,应在元代或其后不久。阿不都热西提据前面介绍的庄垣内正弘研究,提出在较早时期回鹘语文献当中"王"被音写为 oo。[6]笔者以为"王"字的回鹘文之音写 oo 的来源存在两种可能:其一是元代汉语音,其二是唐宋以来的汉语音。在考虑唐宋西北方音的时候,日本汉字音会给我们很大

---

〔1〕 第 5 行,见庄垣内正弘《ロシア所蔵ウイグル文献の研究——ウイグル文字表記漢文とウイグル語仏典テキスト——》,京都大学大学院文学研究科《ユーラシア古文献研究叢書》第 1 辑,2003 年,第 24 页,图版见同书テキスト E SI Kr. IV 817。

〔2〕 分别为第 20、22、29 行。见庄垣内正弘《ロシア所蔵ウイグル文献の研究——ウイグル文字表記漢文とウイグル語仏典テキスト——》,第 34—35 页,图版见同书テキスト L SI 4bKr. 175。

〔3〕 亦都护高昌王世勋碑汉文面明确记录此事,见黄文弼《亦都护高昌王世勋碑复原并校记》,新疆社会科学院考古研究所编《新疆考古三十年》,乌鲁木齐,新疆人民出版社,1983 年,第 458—461 页。

〔4〕 残碑第 3 栏第 50 行、第 4 栏第 1 行、第 5 栏第 18 行。参见耿世民《回鹘文亦都护高昌王世勋碑研究》,《考古学报》1980 年第 4 期,第 517—520 页。

〔5〕 T. Tekin, *A Grammar of Orkhon Turkic*, pp. 235, 268;耿世民《古代突厥文碑铭研究》,第 129—130 页。

〔6〕 阿不都热西提·亚库甫《古代维吾尔语赞美诗和描写性韵文的语文学研究》,上海古籍出版社,2015 年,第 264 页。

启发。在日本汉字中，以现代汉语音 ang、eng、ing、ong 为韵母的汉字中，除种、瓶、梦、浜外，全部对应日语长音，其中包括王（oo）。[1]而日本汉字的长音公认源自隋唐汉语音。这种-ng 韵尾转为长音的现象，恐怕是隋唐政治核心，即长安一带的方音所带来的。考虑到"王"虽然最初是指古代的最高统治者，但秦汉以后成为封建皇族或功臣封爵的勋称，该称号流传到北方地区不足为奇。

综上几点，笔者以为暾欲谷碑第 20 行的 W s i N B W nt T W：y W R T D a：Y T W Q L W R r t i：应转写为 oosïn bunta atu yurtda yatu qalur ärti，译作"他们在那里（或在那时）射杀其王并滞留在了营帐内"，该段描述的是后突厥汗国军队进军山东诸城和海滨，摧毁 23 城时的战绩。关于上述突厥的"东征"，学术界观点不一。[2] 芮传明考述万岁通天元年（696）和神功元年（697）突厥对契丹的奔袭和征服是这次战役的重要组成部分。[3] 虽然其关于 yašil ögüz（绿河）即西拉木伦河的看法等尚存在疑问，但笔者大体赞同其意见。史料记录契丹首领被唐廷封王是在开元二十二年（734），[4]而暾欲谷碑约建于后突厥汗国毗伽可汗在位（716—732）早期，故此处"射杀其王"的"王"很难对号入座。不过，《旧唐书》卷 83《薛仁贵传》记录薛仁贵在显庆二年（657）"俄又与辛文陵破契丹于黑山，擒契丹王阿卜固及诸首领赴东都，以功封河东县男。"[5]看来，勋称王在唐朝册封契丹首领之前流传到契丹不无可能。当然，此处的"王（oo）"也有可能是古突厥人对汉语"王"字的单纯借用，并不意味当时

---

〔1〕 王保田《汉语韵母与日语汉字音读的对应规律》，《江苏大学学报（社会科学版）》2002 年第 4 期，第 71—72 页。

〔2〕 相关研究归纳，见芮传明《古突厥碑铭研究》，上海古籍出版社，1998 年，第 27—28 页；氏著《古突厥碑铭研究（增订本）》，北京，商务印书馆，2017 年，第 22—23 页。

〔3〕 芮传明《古突厥碑铭研究》，第 33—45 页；《古突厥碑铭研究（增订本）》，第 25—37 页。

〔4〕《旧唐书》卷 8《玄宗上》，开元二十二年条言"乙巳，幽州长史张守珪发兵讨契丹，斩其王屈烈及大臣可突干于阵，传首东都，余叛奚皆散走山谷。立其酋长李过折为契丹王"。见北京，中华书局，1975 年，第 200 页。

〔5〕 北京，中华书局，第 2780 页。

的契丹首领或唐朝边地有人称王或被封为王。重要的是，我们从后突厥汗国碑文中找到了一条借用华夏称号"王"的实例。

小　　结

笔者此前在蒙古西部发现的回鹘文乌兰浩木碑文中，释读出了汉语高昌王的回鹘文音写 Qočo oo。[1] 此外，鲁尼文叶尼塞碑铭中亦存在王的音写。结合蒙古语和契丹语中的"王"之音写，可以说中古时期"王"字在北方民族语言中的流传并非个案。其历史学背景及其意义值得深入挖掘。

---

〔1〕白玉冬、吐送江·依明《有关高昌回鹘历史的一方回鹘文墓碑——蒙古国出土乌兰浩木碑释读与研究》，《敦煌吐鲁番研究》第 20 卷，2021 年，第 223—242 页。

第三章　鄂尔浑突厥鲁尼文碑铭的 čü l g l(čü l g i l)

　　19 世纪末发现于今蒙古国鄂尔浑河流域、用古代突厥语鲁尼文镌刻的后突厥汗国(682—744 年)碑铭,被称为鄂尔浑突厥碑铭。自丹麦学者汤姆森(V. Thomsen)于 1894 年释读以来,国际上掀起一个古代突厥语言历史文化研究的高潮。[1] 中国的相关研究,在 20 世纪 50 年代以前,远远落后于国际水准。新中国成立之后,历经种种困难,近年来取得了长足的进展。[2] 但与国际相比,仍显滞后。造成这一现象的主要原因在于中国学者大多利用碑文的拉丁字母转写(transcription),几无利用碑文拓片或照片,对碑文刻写的鲁尼文字进行换写(transliteration),进而发现问题。笔者看来,鲁尼文字毕竟属于逝去的文字,至今仍有部分文字、词汇的解释存在疑障。这些疑障正是阻碍该项研究持续发展的瓶颈。本文所讨论的 čü l g l 一词,即为其中一例。

一、先行研究问题之所在

　　换写为 čü l g l 之词汇,鲁尼文写作 ᛁᛍᛟᛍᚼᛁ(鲁尼文读法自右向左),见于 732 年建成的后突厥汗国阙特勤碑东面第 4 行。碑文在东面第 1—3 行叙述完突厥第一汗国的开国始祖 Bumïn 可汗(汉籍的土门可汗)及其弟 İstämi 可汗(汉籍的室点蜜可汗)的功绩之后,在第

---

　　[1] 有关研究史的详细介绍,参见耿世民《古代突厥文碑铭的发现和解读研究》,载氏著《古代突厥文碑铭研究》,第 23—44 页。
　　[2] 有关国内研究状况的总结介绍,参见张铁山《我国古代突厥文研究六十年概述》,《西域研究》2009 年第 3 期,第 121—125 页。

3—4 行提到可汗去世并列举参加丧礼的民族或国家。čülgl 即参加丧礼的一员。下面，笔者引用阙特勤碑相关部分的拉丁字母换写、转写和译文。为便于讨论，čülgl 一词标注下横线，其转写和译文，暂时按换写标出。另本文所引鲁尼文碑铭史料中，换写和转写的/表示无法判读之处，∶代表原碑文所刻停顿符号，斜体字表示能够见到残余笔画文字，黑体字代表推测复原文字。译文之中，＊相当于未能判读之处，（ ）内文字表示补充说明，[　]内文字为推测复原文字的译文。

阙特勤碑东面第 3—4 行[1]

3　……ü z i n č a ∶

　　……özi anča ∶

　　……他们自身那样就

4　k r g k∶B W L m s∶Y W G č i∶s i G T č i∶ü ŋ r a∶ü k
　　ü n∶T W G S Q D a∶b ü k l i∶<u>č ü l g l</u>∶T B G č∶t ü
　　p ü t∶p R∶p W R m∶ï Q i R Q z∶ü č u Q W R i Q N∶
　　W T Z T T R∶ï Q i T ñ∶T T B i∶B W n č a∶B W D N∶
　　k l p n∶S i G T a m s∶Y W G L a m s∶……

　　kärgäk∶bolmïš∶yoγčï∶sïγïtčï∶öŋrä∶kün∶tuγsuqda∶
　　bökli∶<u>čülgl</u>∶tavγač∶tüpüt∶par∶purum∶qïrqïz∶üč
　　qurïqan∶otuz tatar∶qïtañ∶tatabï∶bunča∶bodun∶
　　kälipän∶sïγtamïš∶yoγlamïš∶……

　　去世了（直译：成为必然）。吊唁者、哀悼者——东方日出之地的高句丽、<u>čülgl</u>、中国、吐蕃、波斯、拂林（东罗马）、黠戛斯、三姓骨利干、三十姓达靼、契丹、奚——这些人民来哀悼，参加了丧礼。……

---

[1]　换写和转写在确认 Turkish International Cooperation Agency eds., *Orhun: The Atlas of Historical Works in Mongolia*, Ankara：Ünal Offset Matbaacılık Ltd. Şti, 1995，p.18 所收拉德洛夫（W. Radloff）图版照片基础上，参考小野川秀美《突厥碑文譯註》，《满蒙史论丛》1943 年第 4 期，第 289 页；T. Tekin, *A Grammar of Orkhon Turkic*, Indiana University, 1968, p.232. 译文参考小野川秀美《突厥碑文譯註》，第 289 页；耿世民《古代突厥文碑铭研究》，第 121 页和 T. Tekin 上文第 264 页。

上文亦见于 734 年建成的后突厥汗国毗伽可汗碑东面第 5
行。[1] 只是笔者关心的 čülgl，被改写成了 čülgil，鲁尼文为
ᛃᛁᚷᛚᚤᚷ。[2] 毗伽可汗碑东面第 2—24 行，除增加一小部分新内容
外，基本抄录阙特勤碑东面第 1—30 行内容。[3] 毗伽可汗碑在重复
利用阙特勤碑时，固然要对碑文上不足之处加以补正。可见，阙特勤
碑 čülgl 一词，其标准写法应按毗伽可汗碑 čülgil 为准。

在步入正题之前，让我们先了解一下上引碑文所列民族或国家
的排列顺序。碑文首先提到的是位于突厥所据蒙古高原的东方、朝
鲜半岛的北部和东北南部的高句丽，其次为 čülgil，再次为位于突
厥南方的唐朝和西南方的吐蕃。接下来的换写为 p R 的民族，转写
为 apar 者居多。[4] 本文采纳日本学者岩佐精一郎意见，按 par 转
写，释作西亚的波斯。[5] 而波斯之后的拂林位于东欧，其次的黠戛
斯位于蒙古高原西北的叶尼塞河上游。接下来的骨利干位于蒙古高
原北部贝加尔湖一带，而三十姓鞑靼的居地基本上与汉文史料记载
的室韦居地——蒙古高原以东的石勒喀河—大兴安岭一带相一致。
最后的契丹、奚位于内蒙古自治区东南部的西拉木伦河流域。这样，
我们不难发现碑文记录的这些民族或国家名称，是以蒙古高原为中
心，呈顺时针方向，按东→čülgil→南→西南→西→西北→北→东
北→东的顺序排列。那 čülgil 究竟代表何种民族呢？

关于 čülgil 的释读，学术界至今意见不一。概括起来，可划分
为两种观点。

第一种观点是按固有的古代突厥语词汇来解释。其中 19 世纪

---

　　〔1〕　参见 T. Tekin，*A Grammar of Orkhon Turkic*，Bloomington：IndianaUniversity，
1968，p.243；耿世民《古代突厥文碑铭研究》，第 151 页。

　　〔2〕　图版见 Turkish International Cooperation Agency eds.，*Orhun: The Atlas of
Historical Works in Mongolia*，p.32 所收拉德洛夫图版中的碑文东面断片照片。

　　〔3〕　详细介绍见耿世民《古代突厥文碑铭研究》，第 149 页脚注。

　　〔4〕　见 V. Thomsen，*Inscriptions de l'Orkhon déchiffrées*（Mémoires de la Société
Finno-Ougrienne 5），Helsingfors，1896，p.98，140；N. H. Orkun，*Eski Türk Yazıtları*，
vol.1，Istanbul：Devlet Basımevi，1936，pp.30 - 31；T. Tekin，*A Grammar of Orkhon
Turkic*，p.232；耿世民《古代突厥文碑铭研究》，第 121 页。

　　〔5〕　岩佐精一郎《古突厥碑文の Bökli 及び Par Purm に就いて》，载和田清编《岩佐精
一郎遗稿》，东京，岩佐传一发行，1936 年，第 69—71 页。

末的俄罗斯学者拉德洛夫读为 čölgi el，释作"草原诸民族"，视 čölgi 的词干为 čöl(草原)。[1] 同时期的汤姆森读作 čölig el、将 čöl 视为突厥语文献中的"沙漠"之意，释作"沙漠人民"。[2] 之后，土耳其的奥尔昆遵循汤姆森的读法，苏联的马洛夫则转写作 čöl(l)ig el、释为"草原人民"。[3] 接下来，土耳其裔旅美学者特金转写作 čöl(l)üg el，最初译作"平原人民"，后译作"沙漠人民"。[4] 日本学者護雅夫及耿世民先生的转写与马洛夫相同，前者译作"沙漠(或草原)人民"，后者译作"荒原人"。[5] 鈴木宏节转写作 čölüg el，译作"沙漠之国"。[6] 总之，这一观点的立足点在于将 čülgil 断读作 čülg + il"国、人民"，将 čülg 一词归于突厥语 čöl"沙漠"。

　　第二种观点是按非突厥语词汇来解释。最早提出这一观点的是 19 世纪末的芬兰学者万贝里(H. Vambéry)，他将该词与前面的 bükli 连起来，转写作固有名词 bükli čöläk-el，释为"bükli čöläk 人民"。[7] 之后，岩佐精一郎推测该词或许与蒙元称呼高丽的"莎朗合"、"肃良合"有关。[8] 而另一日本学者小野川秀美则转写作 čölüg el，译作"? 国"，以示存疑。[9] 后来，英国的克劳森(G. Clauson)在《十三世纪以前突厥语语源学辞典》中，按 čülig 收入该词。他认为依碑文所列民族排列顺序来看，位于高句丽和唐朝之间的 čülig 应为不

〔1〕 W. Radloff, *Die alttürkischen inschriften der Mongolei*, 3vols., St.-Petersburg：Eggers, 1894－1899, vol. 3, pp. 4－5, 45, 131.

〔2〕 V. Thomsen, *Inscriptions de l'Orkhon déchiffrées*, pp. 98, 139.

〔3〕 N. H. Orkun, *Eski Türk Yazıtları*, vol. 1, pp. 30－31；С. Е. Малов, *Памятники древнетюркской письменности：тексты и исследования*, Москва-Лениград：Издательство Академия наук СССР, 1951, pp. 29, 36.

〔4〕 T. Tekin, *A Grammar of Orkhon Turkic*, pp. 232, 264；*Les inscriptions de l'Orkhon：Kul Tighin, Bilghé Qaghan, Tounyouqouq* (*Dil ve Edebiyat Dizisi* 2), Simurg：T. C. Kültür Bakanliği, 1995, pp. 38－39；*Orhon Yazıtları：Kül Tigin, Bilge Kağan, Tunyukuk*, Ankara：Sanat Kitabevi, 2003, pp. 38－39.

〔5〕 護雅夫《いわゆる bökli について——民族学と歷史学とのあいだ——》，载氏著《古代トルコ民族史研究》第 2 冊，东京，山川出版社，1992 年，第 156 頁；耿世民《古代突厥文碑铭研究》，第 121 頁。

〔6〕 鈴木宏節《突厥可汗國の建國と王統觀》，《東方学》第 105 輯，2008 年，第 153 頁。

〔7〕 H. Vambéry, *Noten zu den alttürkischen Inschriften der Mongolei und Sibiriens*, Helsingfors：Druckerei der Finnischen Litteratur-Gesellschaft, 1899, p. 29.

〔8〕 岩佐精一郎《古突厥碑文の Bökli 及び Par Purm に就いて》，第 73 頁注 17。

〔9〕 小野川秀美《突厥碑文譯註》，第 289、345 頁注 40。

为人知的国家，推测其可能为朝鲜半岛上的某个王国，并提出该词汉语音近似于 chü li(g) 之音。[1] 芬兰的阿勒陶（P. Aalto）认为该词的 čöl 可解释作见于古代嚈哒硬币铭文的中古伊朗语 čōl"强壮的男子"之意。[2] 芮传明则读作 čöllüg el，指出应为《魏书》所记拓跋鲜卑属下、代郡（以现山西大同为中心的）西部的"叱利"。[3] 韩国学者 Li Yong-Söng 专此进行讨论，把该词转写作 čülüg el（čülüg 国），并在把其中的 čü 和 lüg 分别视作汉语"周"的音写和地名构词词缀的前提下，把 čülgil 视作北朝的北周。[4]

综上介绍，关于 čülgil 的解释，可谓众说纷纭。其中较具影响力的，当数第一种观点。但如前文所指，阙特勤碑东面第 3—4 行所列民族或国家，是按照顺时针方向排列，čülgil 位于高句丽和唐朝之间，大致位于东北南部—朝鲜半岛，而该地区并无任何沙漠存在。看来，解释为"沙漠人民"、"荒原人"、"沙漠之国"，以及由此衍生的"平原人民"、"草原人民"，均难免牵强之嫌。

笔者认为换写为 čülgil 的词汇，既然按古突厥语固有词汇解释很难给出令人信服的答案，那么毋庸视作某一国家或民族的专用名称较为稳妥。阿勒陶的意见只是立足于部分语音的雷同，难以服人。芮传明提议的"叱利"位于今大同以西地区，与碑文所反映的 čülgil 的位置，即高句丽与唐朝之间不符。Li Yong-Söng 所言 čü 为"周"的音写，表面上看来似乎很有说服力。不过，据与"周"同属章母尤韵开口三等的"州"在阙特勤碑东面第 31 行和毗伽可汗碑东面第 21 行中音写作 čuv 而言，[5] 其意见极为勉强。进言之，不论是北齐或北周，当时均是中国华夏的一部分，碑文中既然已经用一个

---

〔1〕 G. Clauson，*An Etymological Dictionary of Pre-Thirteenth-Century Turkish*，p. 420.

〔2〕 P. Aalto，"Iranian Contacts of the Turks in Pre-Islamic Times"，*Studia Turcica*，Budapest，1971，p. 33.

〔3〕 芮传明《古突厥碑铭研究》，第 175—180 页。

〔4〕 Li Yong-Söng，"On ČWLGL (or ČWLGIL) in the Kül Tegin and Bilgä Kagan Inscriptions"，*Acta Orientalia Academiae Scientiarum Hungaricae*，vol. 70，no. 4，2017，pp. 406 - 407.

〔5〕 文中的 altï čuv soɣdaɣ 对应汉籍的"六州胡"。关于六州胡之考订，见克利亚什托尔内（С. Г. Кляшторный）著《古代突厥鲁尼文碑铭：中亚细亚史原始文献》，李佩娟译，哈尔滨，黑龙江教育出版社，1991 年，第 76、86—88、100 页以及第 140 页注 84。

Tavγač 来指代中国，怎么可能还出现另外一个中国的代名词呢？ Li Yong-Sŏng 无奈把 Tavγač 比作北齐，这从地理位置和历史背景，以及碑文记录的参加突厥可汗丧礼的民族或国家的排列顺序而言，均是对一个统称 Tavγač 的任意肢解，欠缺逻辑感。既然如此，岩佐氏和克劳森的意见，不能不引起我们的重视。下面，笔者就 čülgil 一词，略抒己见，并求方家指正评判。

二、čülgil 的新释读 šülgil

上引阙特勤碑东面第 3—4 行所列参加突厥可汗丧礼的民族或国家，若未知的 čülgl 另当别论，则发现其余之名称具备一个共有特征。即这些名称中，无一个属于固有名词后续 el "国" 这一表达方式。[1] 这使我们倾向于 čülgil 应为表示某一民族或国家的固有名词。

探讨这一问题，当然要考虑阙特勤碑东面第 3—4 行所反映的历史年代。对此，铃木宏節专作考察，他认为上引碑文记录的是 553 年 Bumïn 可汗去世时的真实内容。[2] 换言之，阙特勤碑东面第 3—4 行所反映的历史年代应为 553 年。对此意见，笔者不敢苟同，姑且视 553 年为所反映的历史年代背景之上限。而下限则很明显，应为碑文所建后突厥汗国时期。这样，čülgil 这一不明民族或国家，其可能存在的历史年代可限定在 6—8 世纪。即 čülgil 应为 6—8 世纪

---

〔1〕　其中的 bökli "高句丽"，護雅夫解释作 "貃国"，即 bök "貃" 之 eli "其国"，并提出两条理由：第一条理由为岩佐氏推定的 "貃句丽" 并不见于其他任何史料；第二条理由为 bökli 的 k 并不是表示 ök、ük、kö、kü 或 k 音之字的 𐰉，而是表示 äk 或 k 音之字的 𐰜。见護雅夫《いわゆる bökli について》，第 137—138、153—156 页。按后突厥汗国的暾欲谷碑中，türük "突厥" 在第一碑文的西面第 1、3 行，南面第 2、4 行，东面第 1、3 行写作 türk，即 k 是表示 äk 或 k 音之字 𐰜。但在第二碑南面第 2、6 行写作 türük，即 k 是表示 ök、ük、kö、kü 或 k 音之字 𐰉。可见，突厥碑文中上述二字间存在相通现象，護氏的第二条理由难以服众。至于岩佐提出的 "貃句丽"，笔者认为日本藏《大正新修大藏经》卷 54 所收撰于 8 世纪末的《梵语杂名》中的 "高丽亩俱俚" 的 "亩俱俚"（mokuri）即为 "貃句丽"。有关暾欲谷碑转写参见耿世民《古代突厥文碑铭研究》，第 94—107 页，照片见大阪大学综合学术博物馆网站公开的暾欲谷碑拓片照片（https：//www. museum. osaka-u. ac. jp）。《大正新修大藏经》相关内容见东京大学大学院人文社会系研究科网站（http：//21dzk. l. u-tokyo. ac. jp）。

〔2〕　铃木宏節《突厥可汗國の建國と王統觀》，第 148—152 页。

存在于高句丽和唐朝之间的、位于东北南部—朝鲜半岛的某一民族
或国家。

按通常的古代突厥语鲁尼文的转写规则而言，čülgil可转写
作 čöligil/čölögil/čölügil/čüligil/čülögil/čülügil，同时存在词首辅音
č 前加元音 ä 进行转写的可能性。而古代突厥语中首音以元音 ä 出
现的外来词，一般可认为其原音之首音应为元音或 r 音或 z 音。[1]
根据正史，我们知道 6—8 世纪东北南部—朝鲜半岛的古国，主要有
靺鞨、高句丽、马韩、辰韩、弁韩、百济、新罗和渤海（震国）等。显然，
这些名称在古代突厥语中，几无首音以元音 ä 出现的可能性。即我
们在探讨 čülgil 的转写时，不予考虑词首辅音 č 前加元音 ä 的可
能性。下面，笔者参照古代突厥语文献在记录外来词时的一些特点，
就 čülgil 的音值，略做探讨。

毗伽可汗碑南面第 11 行中，čïntan（檀香）来自梵文 çandana，突
厥语 čïn 对应梵语 çan。[2] 阙特勤碑东面第 32 行 altï čub soγdaq
（六州粟特）的 čub，与汉语中古音知母的"州"（tɕĭəu）相对应。[3] 可
见，突厥鲁尼碑文在记录外来词时，词首辅音 č 主要用于拼写 ç 音和
汉语中古音的知母。遗憾的是，上面介绍的靺鞨、高句丽、马韩、辰
韩、弁韩、百济、新罗和渤海的名称，很难与此联系上。

我们知道，回鹘人也使用鲁尼文字来标记他们的语言回鹘语（古
代突厥语方言之一）。750 年所建磨延缀可汗纪功碑之一的特斯
碑[4]西面第 6 行有如下记载：[5]

---

[1] 辅音 r、z 在包括突厥语族、蒙古语族、通古斯语族在内的阿尔泰语系语言中，通
常不充当词首音。而这些语言在拼写 r 或 z 起始的外来词时，r 或 z 前多加元音。

[2] 参见 T. Tekin, *A Grammar of Orkhon Turkic*, pp. 246, 279 - 280, 323；耿世
民《古代突厥文碑铭研究》，第 116 页。

[3] 克利亚什托尔内（S. G. Klyashtorny）《古代突厥鲁尼文碑铭——中亚细亚史原
始文献》，第 100 页、第 140 页注 84。"州"字中古音参见李珍华、周长楫《汉字古今音表》，
北京，中华书局，1993 年，第 407 页。

[4] 关于特斯碑的建造年代及其所属，见大澤孝《北モンゴリア・テス碑文の諸問
題》（第 38 届野尻湖日本阿尔泰学会报告要旨），《東洋学報》第 77 卷第 3、4 号，1996 年，第
99—100 页。

[5] 换写和转写参照大澤孝《テス碑文》，载森安孝夫、奥其尔编《モンゴル国現存遺
跡・碑文調査研究報告》，第 159、161 页；照片见前述大阪大学综合学术博物馆网站公开的
特斯碑拓片照片。

（欠字不明）W L R T i W G L i：T R D s：Y B G W：tüls
čD：W L R T i：……

（欠 字 不 明）olurtï oγlï ：tarduš ：yabγu ： tölis čad ：
olurtï：……

……他（回鹘第二代磨延缀可汗）[继位]了。他的儿子们当上了
达头部（即右翼）叶护（yabγu，右翼最高统帅）和突利施部（即左翼）察
（čad"设"，左翼最高统帅）。……

上引特斯碑西面第 6 行提到磨延缀可汗之子担任右翼和左翼的
最高统帅，即达头部叶护（tarduš yabγu）和突利施部察（tölis čad）。
在 759 年或稍后不久建成的磨延缀可汗的纪功碑希内乌苏碑（即
磨延缀碑）中，纪年属于牛年（749）的东面第 7 行在记述完磨延缀
可汗率军击溃九姓达靼叛军并在于都斤山北越冬之后，有如下内
容：[1]

……k i：W G L m a：Y B G W：š D：T b i r t m：T R
D š：tüls：B W D N Q a：b i r t m：……

……eki：oγlïma：yabγu：šad：at bertim：tarduš：tölis：
bodunqa：bertim：……

……我（即磨延缀可汗）给我的两个儿子授予了叶护（yabγu）和
设（šad）的称号，我（把他们作为统帅）授予给了达头部和突利施部的
人民。……

上文谈到磨延缀可汗给两个儿子授予叶护（yabγu）和设（šad）
的称号之后，作为统帅置于右翼达头部和左翼突利施部之上。大
澤孝基于特斯碑为建于 750 年的、属于回鹘第二代可汗磨延缀纪
功碑这一看法，指出上引特斯碑西面第 6 行与希内乌苏碑东面第 7
行内容相对应。[2] 在此处，我们了解到记载同一事件的两个碑文
之中，回鹘左翼，即突利施部的最高将领，在希内乌苏碑中记作
šad，鲁尼文写作 𐰴𐰖，而在特斯碑中称为 čad，鲁尼文写作 𐰴𐰣。另同

----

〔1〕 换写和转写参照森安孝夫等《シネウス碑文訳注》，《内陆アジア言語の研究》第
24 期，2009 年，第 14、36 页。照片见 Plate V 及前述大阪大学综合学术博物馆网站公开的
拓片照片。

〔2〕 大澤孝《北モンゴリア・テス碑文の諸問題》，第 159、161、163 页。

属默延啜可汗纪功碑的塔里亚特碑（752 年建成）北面第 4 行存在如下内容：[1]

　　换写：……T u Q z B Y R u Q W ：Q ✉//B š m l ：T u Q z T T R ：B W n č a ：B W D N ：č D B W D N i

　　转写：……toquz bayïrqu ：////basmïl ：toquz tatar ：bunča ：bodun ：čad ：bodunï

　　译文：……九姓拔也古、＊＊＊＊、拔悉密、九姓达靼，这些人民为察（čad）的人民。

　　关于上引塔里亚特碑北面第 4 行的 ✉，学术界释读意见不一，笔者以为应读作 r t。[2] 虽然上文中尚有不明之处，但并不妨碍我们的讨论。该文中谈到九姓拔也古、拔悉密、九姓达靼等隶属于回鹘的 čad，即左翼 tölis"突利施部"的最高将领。[3] 在这里，我们又一次确切无误得知回鹘左翼突利施部的最高将领，曾被称为 čad（察）。相反，在突厥完整的左右翼体制之中，右翼的 tarduš（达头）部的最高将领被称为 šad（设）。虽左右可能相反，但回鹘碑文所记左翼最高将领之官职名称 čad 等同于突厥右翼的最高将领 šad，此点无疑。[4]

　　关于古代突厥语词首音 š，以色列学者爱尔达尔（M. Erdal）在关于古代突厥语语法的专著中，对此进行了专门讨论。[5] 他认为，古代突厥语词首音 š 是以借用语形式传入突厥语中。考虑到 šad 在上

　　〔1〕 换写和转写参照 S. G. Klyashtorny，"The Terkhin Inscription"，*Acta Orientalia Academiae Scientiarum Hungaricae*，vol. 36，no. 3，1982，pp. 341 - 343；T. Tekin，"The Tariat（Terkhin）Inscription"，*Acta Orientalia Academiae Scientiarum Hungaricae*，vol. 37，no. 1 - 3，1983，pp. 46 - 48；片山章雄《タリアト碑文》，载森安孝夫、奥其尔编《モンゴル国现存遗蹟・碑文调查研究报告》，第 168—171 页；照片见前述大阪大学综合学术博物馆网站公开的拓片照片。释读与译文等依据笔者意见。

　　〔2〕 详见第六章《突厥鲁尼文原字 ✉ 的释音》。

　　〔3〕 笔者曾认为该处的 čad 相当于右翼 Tarduš"达头部"首领。见白玉冬《回鹘碑文所见八世纪中期的九姓达靼》，《元史及民族与边疆研究集刊》第 21 辑，2009 年，第 163 页。但这一现象多见于突厥完整的左右翼体制之中。相关考证见森安孝夫等《シネウス碑文訳注》，第 60—61 页注释 E7。看来，就左右翼最高将领的配备而言，回鹘可能和突厥相反。

　　〔4〕 T. Tekin，"The Tariat（Terkhin）Inscription"，p. 59；S. G. Klyashtorny，"The Tes Inscription of the Uighur Bögü Qaghan"，*Acta Orientalia Academiae Scientiarum Hungaricae*，vol. 39，no. 1，1985，pp. 152，154.

　　〔5〕 M. Erdal，*A Grammar of Old Turkic*，Leiden，Boston，Köln：Brill，2004，p. 103.

面列举的回鹘的特斯碑和塔里亚特碑中被记作 čad 以及借用语 šato（梯子）在年代较早的文献中均被写作 č(a)to,埃氏进一步认为突厥语是后来才开始在词首使用 š 音。虽然我们无法明断古代突厥语在记录外来词时是何时开始在词头使用 š 音,但这一现象确实出现在 8 世纪的鲁尼文碑文中。那么,我们就可以这么认为,这一现象在属于碑铭时代的 8 世纪时期已经开始。

诚然,我们尚不能完全断言古代突厥语在记录外来词时,词首必定存在 č、š 二音交替现象。但如就 šad 一词而言,虽然关于其拼写的语音比定意见不一,学者们仍相信它来源于中古伊朗语。[1] 总之,重要的是,我们在这里了解到,属于碑铭时代的 8 世纪时,古代突厥语在拼写外来词时存在词首 č 音与 š 音相通现象。据此,作为突厥周边的国家或民族之称,čülgil 的首音 č 存在与 š 相通的可能性。如这一推断无误,čülgil 可能存在另外一种变体 šülgil,只是未能反映在突厥碑文中而已。按古代突厥语鲁尼文字转写的一般规则,šülgil 可转写作 šöligil/šölögil/šölügil/šüligil/šülögil/šülügil。下面,笔者就其中的 šölögil 可能存在的语音变化,进行进一步的探讨。

四、šölögil 与蒙古语 Solonggos“朝鲜”

作为历史范畴的民族,其重要特征之一的语言处于不断的变化发展之中。古突厥语自不例外。

古代突厥语曾经存在词中或词尾的软口盖鼻音 ng(ŋ) 与有声口盖音 γ、g 之间的交替现象。[2] 其中,第一种情况出现在动词第二人称过去时领属附加字之上。既在突厥和回鹘的 8 世纪的碑铭之中,见于后期写本时代（大致在 10 世纪以后）的-ting/-tïng（单数形）、

〔1〕G. Clauson, *An Etymological Dictionary of Pre-Thirteenth-Century Turkish*, p. 866; P. Aalto, "Iranian Contacts of the Turks in Pre-Islamic Times", p. 35; A. Bombaci, "On the Ancient Turkish Title 'Šað'", Gururajamanjarika: *Studi in onore di Giuseppi Tucci*, Naples, 1974, pp. 180, 185-191.

〔2〕包括本文所引部分例子在内,参见 T. Tekin, *A Grammar of Orkhon Turkic*, pp. 92-93, 123; M. Erdal, *A Grammar of Old Turkic*, pp. 80-81, 161.

-tingiz/-tïngïz（复数形）形式与不见于写本时代的-tig/-tïγ（单数形）、tigiz/-tïγïz（复数形）并存。比如，回鹘希内乌苏碑东面第 5 行有 öltiŋ"你（们）死亡了"，而阙特勤碑东面第 23 行则有 yaŋïltïγ"你（们）犯了错误"，北面第 10 行有 öltäči ärtigiz"你们会死亡的"。[1] 第二种情况出现在名词第二人称领属附加字之上。即见于写本时代的＋°ŋ（单数形）、＋°ŋ°z（复数形）形式与不见于写本时代的＋°g/γ（单数形）、＋°g°z/°γ°z（复数形）并存。[2] 如阙特勤碑南面第 8 行有 buŋuγ"你（们）的忧虑"，东面第 24 行有 qanïŋ"你（们）的汗水"，东南面有 oγlanïŋïz"你们的孩子们"。[3] 另据爱尔达尔介绍，在 11 世纪麻赫穆德·喀什噶里的《突厥语大辞典》和一部分摩尼教写本中，词干中的 ng 用阿拉伯语字母 k 或回鹘文的 k 来表示。[4] 爱尔达尔认为这些 ng 与 γ、g 之间的交替现象属于古代突厥语方言的表达形式。当然，按碑铭或写本的时代差区分这些交替现象再做横向比较，则爱尔达尔的观点无疑是正确的。但若将碑文和写本时代统一起来进行纵向对比，我们就不能否认，这一交替现象除了方言的特殊性之外，还存在年代上的差异这一可能性。[5] 在古代突厥语中，与 ng 共同见于 8 世纪碑文的 γ 和 g，在大约 10 世纪以后的写本时代已经消失或并入 ng 中，最大可能是，γ 和 g 应为较为古老的形式，而碑文所属的 8 世纪，正处于新旧两种形式的并存阶段。考虑到古代突厥语自

---

〔1〕 参见耿世民《古代突厥文碑铭研究》，第 127 页第 23 行、第 135 页第 10 行、第 197 页第 17 行。

〔2〕 文中"°"代表元音。

〔3〕 参见耿世民《古代突厥文碑铭研究》，第 118—119 页第 8 行、第 127 页第 24 行、第 136 页、第 197 页第 17 行。

〔4〕 M. Erdal, *A Grammar of Old Turkic*, pp. 80 - 81.

〔5〕 事实上，爱尔达尔将 ng 与 γ、g 之间的交替归于方言的观点过于笼统。德国梅茵茨大学的约翰逊（L. Johanson）认为，古突厥语中具有文献记录的第二阶段（回鹘人西迁之后的 9 世纪后半叶至 10 世纪末）可视为最早阶段（包括突厥、回鹘和黠戛斯的碑铭在内的 8—10 世纪的碑铭时代）的延续，而最迟开始于 11 世纪的第三阶段才出现以方言区别为主要特征的现象。见拉尔斯·约翰逊《古代突厥语的区域分布·断代分明·变体功能及与其他语言的接触》，阿不都热西提·亚库甫译，载《突厥语文学研究——耿世民教授八十华诞纪念集》，北京，中央民族大学出版社，第 139—140 页。约翰逊的观点与森安孝夫观点几近相同。见森安孝夫《トルコ仏教の源流と古トルコ語仏典の出現》，《史学雑誌》第 98 编第 4 号，1989 年，第 1—35 页，收入氏著《東西ウイグルと中央ユーラシア》，名古屋大学出版社，2015 年，第 618—621 页。

属于碑铭时代的 8 世纪起至 10 世纪以后的写本时代,其语音经历了词中的 γ、g 并入 ng 这一发展过程,笔者推断 10 世纪以后,šölögil 存在变体为 šölöngil 的可能性。遗憾的是,在能够确认到的回鹘文文书之中,笔者未能发现这一词汇。在此,我们不得不考虑到蒙古语词汇 Solonggos“朝鲜”。

虽然古代蒙古语史料的出现年代要晚于我们讨论的古突厥语史料的存在年代,但这并不否定古典蒙古语的存在。从事古代突厥语言学研究的学者们,大多认为蒙古语中与突厥语相通的词汇均来自古突厥语。[1] 不过,众所周知,蒙古语与突厥语同属阿尔泰语系,二者之间在句型构造、语法结构等诸多方面极其相近,并存在不少共通词汇。古突厥语 qaγan“可汗”就源自突厥人以前统治蒙古高原的属于古代蒙古语族的东胡后裔鲜卑和柔然。罗新考证,古突厥语中指代中国的 tavγač 一词是经过柔然传递给突厥的,突厥官号之一的 bäg 也源自鲜卑。[2] 即,突厥文化曾受到鲜卑、柔然之影响。顺而言之,蒙古境内出土婆罗米文慧斯陶鲁盖碑文虽然属于东突厥汗国时期,但它是以古代蒙古语亲属语言(Para-Mongolic)写成的。[3] 总之,在讨论突厥汗国碑文记录的以古突厥语难以释清的不明字词时,古代蒙古语材料亦可作为参考资料之一。笔者认为上面推测复原的 šölöngil 一词之解释,可以借鉴蒙古语 Solonggos“朝鲜”一词。

蒙古语 Solonggos“朝鲜”一词,因词干 Solonggo“虹”与 Solonga“鼬”的语音几近相同,学术界就其语源比定分歧颇大。《蒙古秘史》第 274 节记载征讨“莎郎合思”。“莎郎合思”可复原作 Solonggas/Solonggos,即统治朝鲜半岛的高丽王朝。[4] 因蒙古语史料始见于

〔1〕 相关先行研究之归纳,见罗新《虞弘墓志所见的柔然官制》,《北大史学》第 12 辑,2007 年,收入氏著《中古北族名号研究》,北京大学出版社,2009 年,第 127—130 页。

〔2〕 罗新《虞弘墓志所见的柔然官制》,第 130—132 页;罗新《论拓跋鲜卑之得名》,《历史研究》2006 年第 6 期,收入氏著《中古北族名号研究》,第 54、59—60、63—65 页。

〔3〕 相关解读与介绍,参见 D. Maue, "Signs and Sounds", *Journal Asiatique*, vol. 306, no. 2, 2018, pp. 291 - 301; A. Vovin, "An Interpretation of the Khüis Tolgoi Inscription", *Journal Asiatique*, vol. 306, no. 2, 2018, pp. 303 - 313.

〔4〕 参见村上正二《モンゴル秘史——チンギス・カン物語》第 3 册,东京,平凡社,1976 年,第 335—336 页;Igor de Rachewiltz, *The Secret History of the Mongol: A Mongolian Epic Chronicle of the Thirteenth Century*, Leiden, 2004, p. 1011.

13世纪，我们很难断定 Solonggas/Solonggos 更早的确切的音值。但考虑到 Solonggas/Solonggos 的＋s 为复数附加成分，则其单数形存在 Solonggal/Solonggol 的可能性。[1] 而 Solonggal/Solonggol 无疑与笔者在上面推定的，若存在于 10 世纪以后，则可复原作 šölöngil 的突厥语词汇 šölögil 密切相关。至于蒙古语中的 Solonggas/Solonggos，白鸟库吉早已将其与女真语 Solkuo（琐戈）一同比定为新罗。[2] 那新罗之名称有无可能出现在 8 世纪的突厥鲁尼文碑铭的可能性呢？

五、čülg l(čülgil)可视为"新罗"

关于新罗之名称出现在 8 世纪的鄂尔浑突厥鲁尼文碑铭，笔者重点从历史背景进行考述。

第一，在新罗联合唐军先后于 660 年、668 年灭掉百济和高句丽之前，古代朝鲜的三国时代，东北南部—朝鲜半岛北部为高句丽，而半岛东南部为新罗，西南部为百济。新罗的这一地理位置，与第一节介绍的阙特勤碑所记位于高句丽和唐朝之间的不明民族 čülgil 位置基本一致。

第二，8 世纪的新罗作为朝鲜半岛的代表势力，完全有可能与突厥发生关系。我们知道新罗在联合唐军灭掉百济和高句丽之后，直至 935 年为高丽所取代为止，一直是朝鲜半岛唯一的本土政权。而在唐对高句丽的战争中，有众多突厥出身将领随军出征。如，右领军大将军安国公执失思力，右骁卫大将军张掖郡国公契苾何力，右监门大将军阿史那弥射等。[3] 阙特勤碑东面第 8 行也提及降唐的突厥人随唐军出征高句丽。[4] 即突厥人与新罗在后突厥汗国成立之前

〔1〕 蒙古语名词后续复数附加成分＋s 时，原名词词尾的＋l 会发生脱落现象。

〔2〕 白鸟库吉《新羅の國號に就いて》，《白鸟库吉全集》第 3 卷，东京，岩波书店，1970 年，第 285—286 页。

〔3〕 王钦若《册府元龟》卷 117《帝王部·亲征 2》，北京，中华书局，1960 年，第 1398 页；《新唐书》卷 220《高丽传》，北京，中华书局，1975 年，第 6189，6192 页。

〔4〕 主要参见 T. Tekin, *A Grammar of Orkhon Turkic*, pp. 233, 264；耿世民《古代突厥文碑铭研究》，第 122 页。

已经有过接触。

第三,新罗作为唐朝以东政权的代表,为内亚所知。新罗僧慧超在 723 年利用海路到达印度之后,于 727 年通过现在的巴基斯坦、阿富汗进入唐境。另近年来以丝绸之路为中心的东西方经济文化交流之研究表明,西方的众多物产以及西域的乐器、杂技、工艺技法等,主要经由在丝路沿线开展各种交流活动的中亚出身的粟特商人传到了新罗。[1] 而粟特商人与 8 世纪统治蒙古高原的突厥、回鹘有着千丝万缕的关系。甚至粟特商人的故里——昭武九姓之一中亚古康国的、纪年属于 7 世纪中后期的都城遗址 Afrasiab 的壁画上,也出现了古代朝鲜人使者的形象。[2] 总之,虽然我们并未掌握新罗与地处蒙古高原的突厥直接进行交往的史料,但新罗之名称出现在 8 世纪的鄂尔浑突厥鲁尼文碑铭之中并不意外。

朝鲜高丽朝期的金富轼于 1145 年编撰的史书《三国史記》卷 1《新罗本纪 1》提到:[3]

> 始祖姓朴氏,赫居世。前汉孝宣帝五凤元年甲子四月丙辰(一日正月十五日)即位⋯⋯国号徐那伐。

另 13 世纪末的高丽僧人一然所撰《三国遗事》纪异卷 1《新罗始祖赫居世王》言:[4]

> 国号徐罗伐。又徐伐(今俗训京字云徐伐,以此故也),或云斯罗,又斯卢。

据上引两条史料,新罗之名称,除众所周知的新罗之外,更早的还存在"徐那伐"、"徐罗伐"之称。关于"徐那伐"、"徐罗伐"的"伐",白鸟库吉指出为多见于新罗地名的城邑之意。[5] 而关于二者的中期朝鲜汉字音,据日本学者伊藤智ゆき的研究,"徐那伐"可复原为

〔1〕 王小甫《"黑貂之路"质疑——古代东北亚与世界文化联系之我见》,《历史研究》2001 年第 3 期,第 81—87 页。

〔2〕 穴澤和光、馬目順一《アフラシャブ都城遺跡出土の壁画に見られる朝鮮人使節について》,《朝鮮学報》第 80 期,1976 年,第 9—10、30—31 页。

〔3〕 朝鲜史学会编《三国史記》,东京,国书刊行会,1971 年,第 1 页。

〔4〕 朝鲜史学会编《三国遗事》,第 16 页。

〔5〕 白鳥庫吉《新羅の國號に就いて》,第 278—281 页。

siə-na-pəl、"徐罗伐"可复原为 siə-ra-pəl。[1] 虽然后来的朝鲜语不能简单视为曾经存在的新罗语的延续，但中期朝鲜汉字音传承了新罗语语音，此看法可通。在同一地区、同一历史文化背景下，作为民族或国家之名称的固有词汇很难出现重大的语音变化。基于此，笔者推断新罗时代的"徐那伐"、"徐罗伐"之音与中期朝鲜汉字音 siə-na-pəl、siə-ra-pəl 应基本相同。我们知道，古代突厥语存在 p 音和 b 音。若突厥人将新罗语城邑之意的 pəl"伐"直接借自新罗，那在突厥语中，该词词首辅音以 p 音或 b 音出现更为合理。这显然与笔者在第三节推测复原的 šölögil 的第三音节 gil 不符。笔者推断在突厥与新罗直接交往之前，新罗之名称存在业已经由第三者传递到突厥的可能性。

众所周知，魏晋至隋唐期间，东北南部至朝鲜半岛的古国中，高句丽无疑最为强盛。出自东北地区的高句丽，不仅对包括新罗在内的朝鲜半岛诸国直接施加影响，而且与以蒙古高原为核心的游牧政权直接进行交往。《魏书》卷 103《蠕蠕传》记载柔然之地"东则朝鲜地"，实指柔然、高句丽二者相接壤。又《魏书》卷 100《契丹传》提到"太和三年(479)，高句丽窃与蠕蠕谋，欲取地豆于分之"。可见，高句丽与统治蒙古高原的柔然汗国早在 479 年之前已保持来往。至于高句丽与取代柔然汗国的突厥第一汗国间的密切关系，岩佐精一郎已做过专门考察，[2] 兹不赘述。

综上，笔者认为新罗之名称应是通过与蒙古高原的游牧政权保持直接来往且长期压制朝鲜半岛其他古国的高句丽传递给蒙古高原游牧政权的。《魏书》卷 100《东夷传·高句丽》谈到"沟娄者，句丽名城也"。[3] 据日本学者井上秀雄考证，在唐灭掉高句丽后的总章二年(669)，唐将李绩与高句丽莫离支泉盖苏文之子男生一同记录并向唐庭报告的鸭绿江以北的地名群之中，汉语的"城"与高句丽语的"忽"相对应。[4] 可见，《魏书》所记"沟娄"以及唐时李绩与高句丽

---

〔1〕 伊藤智ゆき《朝鮮漢字音研究》(資料篇)，东京，汲古书院，2007 年，第 1、2、23、147 页。

〔2〕 岩佐精一郎《古突厥碑文のBökli 及びPar Purm に就いて》，第 63—66 页。

〔3〕 《魏书》卷 100《东夷传·高句丽》，北京，中华书局，1974 年，第 2216 页。

〔4〕 井上秀雄《古代朝鮮の文化領域——三国時代地名語尾よりみて——》，《新羅語基礎研究》，东京，东出版株式会社，1974 年，第 25—30 页。

人一同记录的"忽",表达的应同为高句丽语"城"之音。而据伊藤氏研究,在中期朝鲜汉字音之中,"沟娄"音为 ku-ru,"忽"音为 hol。[1] 虽然后来的朝鲜语不能轻易的与高句丽语画上等号,但看得出朝鲜语至少传承了高句丽语的一部分。如是,新罗的旧称"徐那伐"(siǝ-na-pǝl)、"徐罗伐"(siǝ-ra-pǝl)传入高句丽后,第三音节的"伐"(pǝl)应按高句丽语习惯被改称为"沟娄"(ku-ru)或"忽"(hol)。即在高句丽语中,"徐那伐"变为"徐那沟娄"(siǝ-na-ku-ru)或"徐那忽"(siǝ-na-hol),"徐罗伐"变为"徐罗沟娄"(siǝ-ra-ku-ru)或"徐罗忽"(siǝ-ra-hol)。其中,以高句丽人自己记录的 hol"忽"为依据推断的"徐那忽"(siǝ-na-hol)、"徐罗忽"(siǝ-ra-hol)最为接近。至于"徐那忽"(siǝ-na-hol)、"徐罗忽"(siǝ-ra-hol)究竟经过何种语音变化传入古突厥语后最终变为 čölögil,因史料所限,笔者很难做出完美的解释。考虑到突厥人以前统治蒙古高原的柔然汗国已在479年之前与高句丽保持来往,而且出自蒙古高原西部阿尔泰山的突厥人曾经长期充当柔然的锻奴,笔者推断高句丽语"徐那忽"(siǝ-na-hol)、"徐罗忽"(siǝ-ra-hol)应是通过柔然传递给突厥的。不仅如此,突厥碑文上的 bökli"高句丽",也应是经由柔然传递给突厥的。

小　　结

关于古代蒙古语和古代突厥语之间借用词的关系,以欧洲学者为核心,国际上主流意见多认为是古蒙古语借自古突厥语。不过,正如近年来在国际突厥学界和蒙古学界引起轰动的慧斯陶鲁盖碑文所反映那样,在东突厥汗国时期突厥国内存在操用古代蒙古语亲属语言的部族,他们使用婆罗米文记录自己的历史。[2] 在慧斯陶鲁盖碑文中,存在 darqan(达干),bitig(书写物)等以往被认为属于古代突厥语的词汇。不难看出,平行于古代突厥语,古代蒙古语族语言中已经存在这些词汇。本文从突厥碑文记录的不明部族或国家名称 čülg

〔1〕　伊藤智ゆき《朝鮮漢字音研究》(资料篇),第 15—16、94—95 页。
〔2〕　详见第一章。

l(čülgil)入手，着重探讨突厥人经由柔然借入了新罗的名称。一
孔之见，敬乞评判。

（原载《西域研究》2011 年第 1 期，第 83—92 页，收入本书时进行
了修订）

第四章 蒙古国回鹘四方墓出土鲁尼文刻铭释读

——兼谈鲁尼文字形之演变

　　2005 年，内蒙古自治区文物考古研究所走出国门，与蒙古国游牧文化研究国际学院携手，进行"蒙古国境内古代游牧文化遗存考古调查及发掘研究"项目的合作。其科研成果《蒙古国古代游牧民族文化遗存考古调查报告（2005—2006 年）》《蒙古国浩腾特苏木乌布尔哈布其勒三号四方形遗址发掘报告（2006 年）》深获好评。[1] 2011 年，笔者拜访内蒙古自治区文物考古研究所，蒙时任所长陈永志慷慨馈赠上述两部报告文集。多年来，在给学生讲解北方民族历史遗存时，笔者每每利用其中的精美图片，受益匪浅。

　　2018—2019 年，兰州大学敦煌学研究所组织"胡汉语碑刻考察团"，与蒙古国游牧文化研究所和蒙古国立大学合作，在蒙古国境内进行了科研合作调查。在 2018 年 8 月 11 日下午，考察团一行在蒙古国游牧文化研究所国际联络员奥其尔（A. Ochir）教授陪同下，调查了 Hoton 山脚下的回鹘人墓葬。[2] 奥其尔也是上述中蒙合作"蒙

---

　　〔1〕 研究成果见塔拉、恩和图布信主编《蒙古国古代游牧民族文化遗存考古调查报告（2005—2006 年）》，北京，文物出版社，2008 年；塔拉、恩和图布信、陈永志、奥其尔《蒙古国浩腾特苏木乌布尔哈布其勒三号四方形遗址发掘报告（2006 年）》，北京，文物出版社，2008 年。

　　〔2〕 详见白玉冬、吐送江·依明《"草原丝绸之路"东段胡汉语碑刻考察简记》，《敦煌学辑刊》2019 年第 4 期，第 196—197 页。

古国境内古代游牧文化遗存考古调查及发掘研究"项目的蒙方领队。此后,在 2018 年 11 月 22 日,兰州大学敦煌学研究所组织"草原丝绸之路历史文化"国际工作坊,邀请奥其尔做学术报告"The Uighur Mausoleums Excavated in Mongolia",介绍上述中蒙合作的考古调查成果。[1] 据其说,这些回鹘墓葬遗址群分布于鄂尔浑河畔回鹘牙帐近旁的山麓地带,其建筑布局呈四方形状,与突厥汗国的祭祀遗址区别很大,但与发现于回鹘汗国磨延啜可汗希内乌苏碑的祭祀遗址上的四方形遗址相同;墓葬群出土有唐开元通宝铜钱一枚和刻有鲁尼文的弓形骨片和筒瓦各一;北京大学所提供的碳 14 数据表明遗址时间为 7—9 世纪;四方形遗址发现的建筑元素与俄罗斯图瓦波尔巴珍遗址的建筑元素非常相似,陶片与砖瓦也与回鹘牙帐城遗址出土的同类遗物极为相似。奥其尔据此指出,所有这些证据都表明这些四方形墓葬属于漠北回鹘汗国。

　　笔者对考古学完全是个门外汉,对上述奥其尔的观点无异议。不过,在关于此次中蒙合作调查时所发现的鲁尼文刻铭的解读与年代考证问题上,笔者的看法与前人不尽相同。故撰此稿,冀与大家分享自己的点滴体会,并敬祈方家指正。

一、弓形骨片鲁尼文刻铭

　　据奥其尔介绍,该文物出自后杭爱省浩腾特苏木胡拉哈山 1 号遗址 2 号墓。[2] 不过,中方考古报告介绍说出自胡拉哈山谷 1 号墓园 14 号墓。[3] 该刻铭最早由蒙古国立大学巴图图鲁噶(Ts.

　　〔1〕 奥其尔先生的报告内容,此前已经发表于蒙古国《丝绸之路(The Silk Road)》第 8 期,2010 年,第 16—26 页。中译文见阿·奥其尔、策·奥德巴特尔、巴·昂哈巴雅尔、勒·额尔敦宝力道《蒙古国发现的古代回鹘陵墓》,孟繁敏、杨富学译,《西夏研究》2020 年 2 期,第 104—108 页。
　　〔2〕 阿·奥其尔等《蒙古国发现的古代回鹘陵墓》,第 106 页。
　　〔3〕 塔拉、恩和图布信、陈永志、奥其尔《蒙古国浩腾特苏木乌布尔哈布其勒三号四方形遗址发掘报告(2006 年)》,第 13 页。

Battulga)教授解读,其研究成果《弓形骨片上的铭文》在 2007 年与奥其尔联名发表在《蒙古人类学考古学民族学杂志》上。[1] 2016 年,巴图图鲁噶再次刊布其释读成果,并给出了精美的图版。[2] 同年,包文胜、张久和二位在讨论四方形遗址年代时,给出了黑白图版和换写与转写,并认为弓形骨片上的文字 T 的写法不同于突厥汗国鲁尼文碑铭的 T,而与回鹘汗国碑铭的 T 的写法接近或相同,进而主张该弓形骨片文物应属于漠北回鹘汗国时期。[3]

关于该弓形骨片,笔者未能探查实物。据陈海玲介绍,[4]是附着于弓柄中部两侧的附件,动物骨骼制作。平面呈梯形,背面较粗趮,正面弧隆,中间磨光,两端和其中一边刻画有密集的网格状纹饰,正面磨光部分刻有鲁尼文。看得出,该骨片应是弓柄的加强板。据巴图图鲁噶给出的图片(图版 4 - 1),自右向左,鲁尼文文字 ⋀ ⟩⟩⟩ ᚺ 清晰可见。关于这五个文字的换写,学者们意见相同,均作 T W N W z,笔者对此毫无异议。然关于其转写,学者们之间意见不一。巴图图鲁噶转写作 tunuz(tunoz,tonoz,tonuz),推定是人名,同时指出难以判断是弓箭的所有者,抑或是制作加强板的人物之名。包文胜、张久和二位转写与巴图图鲁噶相同,但未作任何考述。笔者以为,该刻铭应转写作 ton uz,是"首席工匠"之义。

第一,古突厥语 ton 意为"第一个出生的",即"头胎、老大"之义。[5] 汉籍记录的后突厥汗国权臣阿史德元珍的元珍与鲁尼文碑

〔1〕 A. Ochir,Ts. Battulga,"Numiin yasannaalt deerhi bi- chees",*Mongolian Journal of Anthropology*,*Archaeology and Ethnology*,vol. 3,no. 1,2007,页数不明。

〔2〕 Ts. Battulga,"Inscription on the Bone Plate for Reinforcing Bow",in:*Turkic Footprints in Mongolia*,Ulaanbaatar:Mönhiin Üseg,2016,pp. 121 - 123.

〔3〕 包文胜、张久和《蒙古国"四方形遗址"所属时代考——以出土器物上的两组突厥卢尼文字判定》,《内蒙古社会科学(汉文版)》2016 年第 5 期,第 82—84 页。

〔4〕 陈海玲《回鹘汗国哈喇巴拉嘎斯都城遗址及周边墓葬研究》,内蒙古大学硕士学位论文,2017 年,第 42 页。

〔5〕 G. Clauson,*An Etymological Dictionary of Pre-Thirteenth Century Turkish*,Oxford:The Clarendon Press,1972,p. 513.

文的 tonyuquq（暾欲谷）正相对应，其中的 ton 对应汉字"元"。[1]

第二，古突厥语 uz 为"弓匠或技术高超"之义。[2] 除克劳森（G. Clauson）词典给出的例子之外，兹略作补充。叶尼塞碑铭中，E26 奥楚瑞（Ochury）碑铭属于墓碑，出土于叶尼塞河与阿巴坎河之间的 Ochury 村附近，现藏米努辛斯克博物馆，馆藏编号为 32。该墓碑的 3 面各镌刻有 4 行鲁尼文铭文，第 4 面镌刻 1 行，共 13 行铭文。关于该碑铭，瓦西里耶夫（D. D. Vasilyev）依据拉德洛夫（W. W. Radloff）《蒙古古物图录》Atlas 的图版进行了规范和重建，[3] 笔者则重新进行了解读。[4] 据笔者释读，该墓碑主人叫颉于伽斯亦难赤毗伽（el ögäsi ïnanču bilgä），其手下有被带来的 Az 族民众。下面，从笔者释读成果中转引该碑文第 5 行：[5]

录文：///(⟩ ✗):૧૬↑⫶⫸⌐:↑ ✕ ⩕⫶⫶D(⋏)⫶⫶)⩙⌐:↑⫻⫶(⋁⬧)⌐///

换写：///（W z）：y g r m i：r z b s：Y(č) i：N T a：r d m：（L D）i///

转写：///uz yegirmi är az beš yačïnta ärdäm aldï///

译文：……工匠（uz）20 名战士从 Az 族 5 名弓箭手那里获得了技术……

显然，工匠 20 名战士从 Az 族 5 名弓箭手那里获得的技术应该是制作弓箭的技术。碑文中工匠（uz）前面的文字虽然已经脱落，但

---

〔1〕 关于阿史德元珍的元珍与突厥碑文的 tunyuquq（暾欲谷）之间的关系，俄罗斯学者克里亚施托尔内（С. Г. Кляшторныи）进行了考证。此处转引自護雅夫《エス＝ゲー＝クリャシュトルヌィの突厥史研究》，载氏著《古代トルコ民族史研究》第 1 卷，东京，山川出版社，1967 年，第 562—564 页。

〔2〕 G. Clauson，*An Etymological Dictionary of Pre-Thirteenth Century Turkish*，p.277.

〔3〕 Васильев，Д. Д. *Корпус тюркских рунических памятников бассейна Енисея*，Ленинград：Наука，1983，pp.24，64，102.

〔4〕 白玉冬《突厥鲁尼文叶尼塞碑铭整理与研究（整理篇）》，国家社科基金一般项目"突厥鲁尼文叶尼塞碑铭整理与研究"（15BMZ015）成果报告文集，2020 年，第 37—39 页。以下介绍的该碑铭内容均据笔者释读，与前人之间的释读差异，兹不赘述。

〔5〕 鲁尼文原文行文自右向左，本文录文按中文习惯改成自左向右行文。

我们可以推断出这些工匠应该与弓箭有关。在冷兵器时代，制作弓箭等武器装备的技术人员属于匠户的一种。如唐代设有番匠，即工匠在官营手工作坊内服番役。元代设有专门的匠户，在官营的手工业局、院中服役，从事营造、纺织、军器、工艺品等各种手工业生产。《宋会要辑稿·职官一六》弓弩院条记录：嘉祐三年（1058）十二月三日，提举司言："后苑御弓箭库抽取弓弩院工匠人二人赴库造箭，实违条制。"[1]虽然笔者未能找到与突厥或回鹘相关的弓弩匠人的实例，但上引《宋会要辑稿》文可以为我们提供一些参考资料。ton uz（首席工匠）虽然不能完全否定人名的可能，但鉴于使用 ton（第一个）来修饰 uz（工匠），此弓形骨片，即弓柄加强板视作由游牧国家内部著名的弓箭师，甚至游牧政权汗廷御用的弓箭匠人制作比较贴合。推而言之，出土有弓形骨片的墓葬的主人勘同为上述著名弓箭师或游牧政权汗廷御用的弓箭匠人比较稳妥。

二、筒瓦鲁尼文刻铭

该筒瓦是奥其尔在 2011 年率领中蒙联合考古队时发现，出土于后杭爱省浩腾特苏木赫列克斯浩莱山谷 6 号回鹘墓园。2016 年，宋国栋、陈永志、包文胜三位在讨论回鹘汗国瓦类建筑构件的制造工艺时，给出了刻铭的释读与注释。[2]同年，包文胜、张久和二位在讨论四方形遗址年代时，再次给出了同样的释读。[3]也在同一年，巴图图鲁噶刊布其释读成果，并给出了精美的彩色图版和详细的词注。[4]

---

〔1〕（清）徐松辑《宋会要辑稿》，北京，中华书局影印本，1957 年，第 2733 页；刘琳、刁忠民、舒大刚、尹波等点校《宋会要辑稿》，上海古籍出版社，2014 年，第 3446 页。

〔2〕宋国栋、陈永志、包文胜《蒙古国赫列克斯浩莱山谷 6 号回鹘墓园出土突厥鲁尼文瓦考析》，《文物》2016 年第 4 期，第 51—53 页。

〔3〕包文胜、张久和《蒙古国"四方形遗址"所属时代考——以出土物上的两组突厥卢尼文字判定》，第 82—84 页。

〔4〕Ts. Battulga, "Inscription on the Bone Plate for Reinforcing Bow", pp. 124 - 129.

2019 年，笔者与吐送江·依明联名，在介绍"胡汉语碑刻考察团"的调查成果时，给出了我们的释读。[1] 然受限于文章的类别和篇幅，未能详尽。兹予以补充完善。

2018 年 8 月 12 日 12:00，我们"胡汉语碑刻考察团"一行出发前往和硕柴达木博物馆，15:00 查看该博物馆收藏的回鹘墓葬出土筒瓦。考察队员 4 人分别各自调换角度拍照，并进行测量。筒瓦长 31 厘米，宽 12 厘米，高 6 厘米，上下 2 行鲁尼文刻铭（图版 4 - 2）。白玉冬、裕勒麦孜、吐送江·依明各自进行了识读，结论相同。以下给出我们的释读，以及必要的注释和说明。

录文：1　D＞☉D♯ＮⅠ᛭ᛞ᛭ᛁᚼ♯ᛞ𐎅D

换写：1　Y W nt Y i L Q a y i t i nč Y

转写：1　yunt yïlqa yitinč ay

录文：2　𐎅ᛏᛂᛁᛞ♯ᚥᛂↆ𐎁ᛁ᛭♯ᛄ𐎅ᛏᚼ✕ᚢ

换写：2　b i z y i g r m i k a b i t d m

转写：2　biz yegirmikä bitidim

译文：马年 7 月 20 日，我们写了。

注释：

♯：表示筒瓦裂痕。该筒瓦现已断裂为三截，中间有两道裂痕。第 1 道裂痕贯穿第 1 行第 4 字 D(Y) 与第 5 字 Ⅰ(i) 之间，并贯穿于第 2 行第 5 字 Ⅰ(i) 之上。第 2 道裂痕贯穿第 1 行第 11 字 ᚼ(t) 与第 12 字 Ⅰ(i) 之间，并贯穿于第 2 行第 10 字 ᛞ(k) 之上。

2 行，𐎅ᛏᛂ＞b i z＞biz（我们）：前人的换写与笔者完全相同。其中，巴图图鲁噶给出两种转写：biz（我们）和 äbiz，并把后者视作人名。此姑备一说。宋国栋、陈永志、包文胜以及包文胜、张久和的转写与笔者相同，只是各位把 biz 译作"5"，进而把筒瓦鲁尼文的刻写

〔1〕白玉冬、吐送江·依明《"草原丝绸之路"东段胡汉语碑刻考察简记》，第 197—198 页。

时间解读为马年 7 月 15 日。不过，古代突厥语中，5 通常是 biš 或 beš。我们知道，回鹘文文献中存在唇齿音 Z 和 S 之间的文字互换现象，也存在以相同文字共写 S 字与 Š 字的现象。不过，此种现象仅限于回鹘文文献，且虽然在蒙元时期之前已有出现，但最多见于蒙元时期。据笔者浅识，在鲁尼文文献中，尚无此种 Z 与 S 或 Š 之间的文字互换现象。即，该筒瓦的鲁尼文刻铭写于马年 7 月 20 日，并非马年 7 月 15 日。

2 行，ᛓᚾᚺᚷᚷ＞b i t d m＞bitidim（我写了）：巴图图鲁噶的换写和转写、译文与笔者相同。不过，宋国栋、陈永志、包文胜以及包文胜、张久和均转写作 biritidim，译作"我切割了"。而且，前三者主张根据筒瓦的制作流程来看，就是工匠切割筒瓦时刻写文字，之后烧制而成。查看实物，第 2 行第 13 字并非诸位所释读的前舌音文字 ᚣ(r)，而是 ᚠ(i)。

综上，上述筒瓦鲁尼文刻铭表明其写于马年。不难看出，该筒瓦也建造于马年。不过，由于这些文字与突厥汗国的鲁尼文字体完全相同，仅依据上述刻铭，就断言这些四方形墓葬属于回鹘汗国，为时尚早。如前面介绍的奥其尔之文，笔者以为只有把该刻铭与这些四方形墓葬的其他特征结合起来，方敢言这些墓葬属于回鹘汗国所拥有。

三、从鲁尼文字体的变化看刻铭年代

鲁尼文碑刻铭文，主要分布于蒙古高原、叶尼塞河流域、中亚的天山和阿尔泰山地区。此外，国内新疆、内蒙古、西安偶有分布。其中，叶尼塞碑铭、天山和阿尔泰山碑铭，以及吐鲁番雅儿湖石窟第 5 窟刻铭等之中，存在一部分有别于突厥汗国和回鹘汗国大型碑文字体的异体字。[1] 关于这些异体字的产生，可以归纳出两种可能性：

---

[1]　关于包括这些异体字在内的换写、转写，参见白玉冬《E68（El-Baji）叶尼塞碑铭译注》，余太山、李锦绣主编《欧亚学刊》新 9 辑，北京，商务印书馆，2019 年，第 202—203 页。关于吐鲁番雅儿湖石窟第 5 窟鲁尼文题记的最新研究，见白玉冬《吐鲁番雅儿湖石窟第 5 窟鲁尼文题记释读与研究》，朱玉麒主编《西域文史》第 15 辑，2021 年，第 37—50 页。

第一，鲁尼文在封闭环境下的进化与演变。如后舌音辅音字 B 在突厥与回鹘的大型碑文中通常写作 ◌，但在叶尼塞河流域和阿尔泰山的碑刻中还写作 ◌、◌、◌、◌、◌。第二，对当地方言差异的适应。如闭口元音 e 在突厥与回鹘的大型碑文中无专用文字，但在叶尼塞河流域和阿尔泰山的碑刻中写作 ◌ 或 ◌，el（人民、国家、地方）写作 ◌Y 或 ◌Y。此外，叶尼塞碑铭中还频繁出现清音的浊音化现象与浊音的清音化现象，相关文字也随之发生变化。[1] 无疑，这些异体字，对于判断相关碑刻铭文的历史背景或所属年代等，均具有重要的参考意义。

笔者并非断然否定在突厥与回鹘的大型碑文中不存在"异体字"。如，后舌音辅音 T 在突厥与回鹘的碑文中均存在 ◌ 与 ◌ 两种写法。但在暾欲谷碑第一碑的北面第 2 行中，tuγ（纛）作 ▨，其中的 ▨ 即是 ◌（T）的变体或误刻。不过，相比叶尼塞碑铭和中亚碑铭，突厥与回鹘碑文中的"异体字"数量极其有限，甚至不能称其为"异体字"。由于在突厥与绝大多数回鹘的碑文中，鲁尼文字的写法几近相同，实际上仅仅依靠个别文字的写法来确定这些碑文刻铭属于突厥汗国还是回鹘汗国极其勉强。

不过，我们知道，鲁尼文存在两种字体：第一种是在此介绍的以突厥汗国碑文为代表的棱角分明的字体，第二种是以敦煌吐鲁番出土鲁尼文写本文献为代表的具有一定弧度的字体。突厥汗国的所有碑文，回鹘汗国的大部分碑文，叶尼塞碑铭和阿尔泰山、天山铭文，以及雅儿湖石窟第 5 窟刻铭等，均属于第一种字体，笔者称之为突厥碑文体。九姓回鹘可汗碑（喀喇巴剌噶孙碑）、敦煌出土 Or. 8212 - 161 鲁尼文占卜文书，米兰出土 Or. 8212 - 76 鲁尼文军需文书等，均属于第二种字体。百年前的汤姆森（V. Thomsen）指出，九姓回鹘可汗碑

〔1〕 详见白玉冬《突厥鲁尼文叶尼塞碑铭整理与研究（整理篇）》，国家社科基金一般项目"突厥鲁尼文叶尼塞碑铭整理与研究"（15BMZ015）成果报告文集，第 106 页。

的鲁尼文字体圆润优美，与吐鲁番出土的鲁尼文写本字体相似。[1]
克里亚施托尔内也提出九姓回鹘可汗碑字体有别于回鹘汗国的特斯
碑、塔里亚特碑(铁尔痕碑)和希内乌苏碑(默延啜碑)。[2] 在吐峪沟
出土的鲁尼文摩尼教写本 TⅡT 20(Mainz 0377)残片中，在 19 个鲁
尼文字母下方以摩尼文标出读音，看得出该文书是摩尼教徒学习鲁
尼文的习字本或范本。[3] 该 TⅡT 20(Mainz 0377)文书的字体与
其他敦煌吐鲁番出土的鲁尼文写本文献的字体相一致，具有一定的
弧度。森安孝夫称这种鲁尼文字体为摩尼教字体，并指出称得上是
回鹘官方历史文献的九姓回鹘可汗碑具有浓厚的摩尼教色彩，这可
从碑文中的鲁尼文字体与上述摩尼教字体极其相近得到佐证。[4]
关于九姓回鹘可汗碑的建造年代虽然意见不一，但关于碑文的被纪
念者是漠北回鹘汗国第 8 代君主保义可汗(808—821 年在位)这一点
上，学术界已无异议。而回鹘汗国早期的特斯碑(建于 750 年)、塔里亚
特碑(建于 752 年)和希内乌苏碑(建于 759 年或稍后)，其字体明显不
同于九姓回鹘可汗碑，与突厥汗国碑文字体一致，属于突厥碑文体。

此外，西安大唐西市博物馆藏汉文鲁尼文双语"故回鹘葛啜王子
墓志"的鲁尼文字体亦值得关注。[5] 从第 1 行末尾字 ﹀(ŋ)、第 2 行

---

〔1〕　V. Thomsen, "Ein Blatt in türkischer Runenschrift aus Turfan", *Sitzungsberichte
der Preussischen Akademie der Wissenschaften*, 1910，p. 300.

〔2〕　S. G. Klyashtorny, "The Tes Inscription of the Uighur Bögü Qaghan", *Acta
Orientalia Academiae Scientiarum Hungaricae*，vol. 39，no. 1，1985，p. 156.

〔3〕　A. von Le Coq, "Köktürkisches aus Turfan. Manuskript fragmente in
köktürkischen „ Runen " aus Toyoq- und Jdiqut-Schähri ［Oase von Turfan］",
Sitzungsberichte der preussischen Akademie der Wissenschaften，Berlin，1909，pp. 1047 -
1052.

〔4〕　森安孝夫《大英図書館所蔵ルーン文字マニ教文書 Kao. 0107の新研究》，《内陸
アジア言語の研究》第 12 辑，1997 年，第 58—65 页。

〔5〕　关于鲁尼文铭文的主要研究.参见以下论文. 成吉思《〈葛啜墓志〉突厥文铭文
的解读》，《唐研究》第 19 卷，2013 年，第 443—446 页；Ç. Alyılmaz, "Karı Çor Tigin
Yazıtı", *International Journal of Turkish Literature Culture Education*，vol. 2，no. 2，
2013，pp. 1 - 61；白玉冬《回鹘王子葛啜墓志鲁尼文志文再释读》，《蒙古史研究》第 11 辑，
2013 年，第 45—52 页；M. Ölmez, "Xi'an Yazıtı", *Orhon-Uygur hanlığı dönemi
Moğolistan'daki eski Türk yazıtları*，2nd version，2013，pp. 322 - 325；M. （转下页）

末尾字 ꓭ(k)、第 4 行末尾字 ꓬ(š)与第 12 行第 6 字 ꓮ(i)等文字的形状看得出，这些文字的竖线已经出现弧度。即，相比回鹘汗国早期的特斯碑、塔里亚特碑和希内乌苏碑，该碑文鲁尼文字体与九姓回鹘可汗碑和前述摩尼教字体极其相近。就该碑文建于猪年（乙亥年，即795 年）而言，可以说葛啜墓志的鲁尼文字体正处于从回鹘汗国早期的突厥碑文体向 9 世纪的摩尼教字体过渡的阶段。

需要指出的是，鲁尼文、粟特文双语赛部来碑（Severy Inscription）残损严重且字迹漫漶。[1] 根据现有的残存文字虽然难以判明其字体，但其中的 W 和 z 已经出现弧度。[2] 森安孝夫主张赛部来碑建于 821—823 年唐、吐蕃、回鹘三国会盟时，与拉萨的《唐蕃会盟碑》具有同等意义。[3] 不过，史料介绍贞元三年（787）"回纥可汗铭石立国门曰：'唐使来，当使知我前后功'"云云。[4] 此处不否定该碑建立于回鹘助唐平定安史之乱后的 8 世纪 60—80 年代的可能。总之，不论

　　（接上页）Ölmez，"Uygur Prensinin Yazıtı"，*Atlas*，aralık，2014，no. 261，p. 128；芮跋辞、吴国圣《西安新发现唐代葛啜王子古突厥鲁尼文墓志之解读研究》，《唐研究》第 19 卷，2013 年，第 425—442 页；张铁山《〈故回鹘葛啜王子墓志〉之突厥如尼文考释》，《西域研究》2013 年第 4 期，第 74—80 页；V. Rybatzki and Wu Kuosheng "An Old Turkic Epitaph in Runic Script from Xi'an（China）：The Epitaph of Qarï čor tegin"，*Zeitschrift der Deutschen Morgenländischen Gesellschaft*，vol. 164，no. 1，2014，pp. 115 - 128；林俊雄《2013 年西安発見迴鶻王子墓誌》，《創価大学人文論集》第 26 輯，2014 年，第 1—11 页；E. Aydın and E. Arız，"Xi'an yazıtı üzerinde yeni okuma ve anlamlandırmalar"，*Türk Dünyası Sosyal Bilimler Dergisi*，vol. 71，2014，pp. 65 - 80；森安孝夫《漠北回鹘汗国葛啜王子墓志新研究》，白玉冬译，《唐研究》第 21 辑，2015 年，第 499—526 页；白玉冬《葛啜墓志鲁尼文志文第 1 行再释读》，《西域历史语言研究辑刊》第 13 辑，2020 年，第 26—31 页。

　　〔1〕 该碑发现于额济纳河北面的蒙古巴彦洪格尔省赛部来苏木，即唐代史料所言花门山一带。现面为鲁尼文、粟特文各 7 行。吉田豊等认为残损更为严重的另一面应为汉文面。见吉田豊、森安孝夫、片山章雄《セブレイ碑文》，载森安孝夫、奥其尔编《モンゴル国現存遺跡・碑文調査研究報告》，第 225—227 页。

　　〔2〕 包括塞部来碑图版在内，森安孝夫率领的日蒙联合考察队所采集的拓片图版，绝大部分可以在大阪大学"综合学术博物馆统合资料データーベース"http://www. museum. osaka-u. ac. jp. 上检索。

　　〔3〕 森安孝夫、吉田豊《モンゴル国内突厥ウイグル時代遺蹟・碑文調査簡報》，《内陸アジア言語の研究》第 13 辑，1998 年，第 165 页；森安孝夫《シルクロードと唐帝国》，东京，讲谈社，2007 年，第 352—353 页。

　　〔4〕《旧唐书》卷 12《德宗纪》上，北京，中华书局，1975 年，第 358 页；《新唐书》卷 217《回鹘传》上，北京，中华书局，1975 年，第 6123 页。

建立于二者中的何时,赛部来碑的鲁尼文字体接近于摩尼教字体。

以上,就字体属于突厥碑文体而言,可以认为前述弓形骨片鲁尼文刻铭与筒瓦鲁尼文刻铭年代属于突厥汗国或回鹘汗国早期。若再结合奥其尔所指出的这些四方形墓葬所具有的回鹘汗国特征,那我们方可以说上述两种刻铭属于漠北回鹘汗国(745—840 年)早期。再看摩尼教在回鹘的传播,最早是帮助唐朝镇压安史之乱的牟羽可汗在 763 年时从唐朝引入。之后在顿莫贺达干的政变时一度遭到镇压,在怀信可汗(795—805?)时期得到大力发展。结合此点而言,筒瓦鲁尼文刻铭所言马年视作鲁尼文字体尚未受到摩尼教影响的 754 年,或影响仍小的 766、788、790 年中的某一个较为稳妥。

此外,依据对蒙古高原的突厥汗国、回鹘汗国和元代遗迹出土砖瓦胎土的化学分析,三辻利一、村冈伦二位多年前早已指出在回鹘汗国遗迹中,鄂尔浑河畔的喀喇巴刺噶孙遗址和色楞格河畔的富贵城(Bay Balïq)遗址出土的瓦片产自当地,表明其近旁就有瓦窑。[1] 希内乌苏碑文南面第 10 行记录,默延啜可汗"在鄂尔浑河和 Balïqlïγ 河的合流处,令人营造了国家的宝座"。[2] 据前后文记录的事件及其时间推算,这是指回鹘汗国在 753 年之际建造宫城,即喀喇巴刺噶孙遗址故城。同碑西面第 5 行还记录在 757 年之际,默延啜可汗令人在色楞格河畔为粟特人和唐人建造了富贵城。[3] 不言而喻,在建造宫城的 753 年之际,回鹘人无疑就在其近旁修建瓦窑,制作瓦片。从喀喇巴刺噶孙遗址故城的规模看,上述回鹘宫城的建造,不可能在 753 年当年结束。以此推之,754 年回鹘人仍然在喀喇巴刺噶孙遗址近旁建造瓦片不悖于理。

综上几点,关于喀喇巴刺噶孙遗址故城附近回鹘墓葬出土的、镌刻有马年字样的筒瓦的建造年代勘同为 754 年于理相合。关于弓形

---

〔1〕 三辻利一、村冈伦《突厥・ウイグル・モンゴル時代の遺蹟出土瓦とレンガ》,载森安孝夫、奥其尔编《モンゴル国現存遺跡・碑文調査研究報告》,第 108—109 页。

〔2〕 白玉冬《〈希内乌苏碑〉译注》,《西域文史》第 7 辑,2013 年,第 91、111—112 页。

〔3〕 白玉冬《〈希内乌苏碑〉译注》,第 93、114 页。

骨片鲁尼文刻铭的年代，依据其字体属于突厥碑文体，推定其是在753年之后，约795年之前较为稳妥。

小　　结

近年来，在哲学社会科学领域，国家对相关蒙古高原历史研究的支持力度明显加强，可喜可贺。不过，此类研究与蒙古国境内多语种民族文字文献史料密切相关。此种状况，迫使我们的研究必须从基本的语文学出发，逐字逐词去识别验证。本章以回鹘四方形墓葬出土的鲁尼文刻铭为例，给出了有别于前人的新的解读。同时，通过对鲜为人知的鲁尼文字体变化的探讨，致力于确定上述鲁尼文刻铭的年代。旨在以小见大，督促学界同仁推陈出新。

第五章　米兰出土 Or. 8212 - 76 鲁尼文军需文书研究

　　大英图书馆藏 Or. 8212 - 76 鲁尼文文书,斯坦因(A. Stein)第三次中亚考古期间,1914 年初发现于新疆米兰(Miran)的古城堡遗址。关于该文书的发现经过,以及斯坦因关于该文书年代背景的意见,俱载于其所著第三次中亚考古的报告文集中。[1] 据其介绍,该文书斯坦因编号为 M. I. xxxii. 006,同时发现的还有数十件藏文文书。文书共三件,一件保存完整,另两件为残片。其黑白图版,以 M. I. xxxii. 006. a、b、c 的编号,由斯坦因最先刊布。[2] 文书整体则由受斯坦因之托的、突厥鲁尼文文献研究的先驱汤姆森(V. Thomsen),以 M. I. xxxii. 006. a(单面 22 行)、b(正面 12 行和背面 10 行)、c(单面 9 行)的顺序,最早进行了解读研究。[3] 之后,奥尔昆(H. N. Orkun),以及爱丁(E. Aydin)的团队,按汤姆森的释读顺序重新进行了研究。[4] 克劳森(G. Clauson)在编撰 13 世纪以前的突厥语词源辞典

　　[1]　A. Stein, Serindia: *Serindia*, *Detailed Report of Explorations in Central Asia and Weternmost China*, 5 vols, London and Oxford : Clarendon Press, 1921, vol. 1, pp. 471 - 476.

　　[2]　A. Stein, *Serindia*, vol. 4, Plate CLIx. 其中,缺少文书 c 图版。

　　[3]　V. Thomsen, "Dr. M. A. Stein's manuscripts in Turkish 'Runic' script from Miran and Tunhuang", *Journal of the Royal Asiatic Society*, 1912, pp. 181 - 189.

　　[4]　H. N. Orkun, *Eski Türk Yazıtları*, 4vols., Istanbul: Devlet Basımevi, 1936 - 1940, vol. 2, pp. 63 - 68; E. Aydin, R. Alimov and F. Yıldırım eds., *Yenisey-Kırgızistan Yazıtları ve Irk Bitig*, Ankara: BilgeSu Yayıncılık, 2013, pp. 467 - 470.

时，亦大量引用该文书内容。[1] 不过，受条件所限，汤姆森仅给出了字迹清晰部分的释读案，而且未能给出相关部分词汇的词意。奥尔昆虽然对汤姆森未能释清的相关词汇进行了修正，但文字释读并没有超出汤姆森解读水平。爱丁等人亦未对前此二位的读法进行补正，文字释读上未有新的进展。笔者此前刊出译注，但未能对整体进行考述。[2]

据国际敦煌项目（IDP）网站公开的图版，M. I. xxxii. 006 文书现编号为 Or. 8212 - 76(1)(2)(3)，纸本墨书，褐色纸张，各纸均长 33 厘米，宽 26 厘米。其中，Or. 8212 - 76(1)保存完好，单面墨书 22 行突厥鲁尼文。而 Or. 8212 - 76(2)(3)文书，纸张中间少有欠损。笔者确认上述图版，发现 Or. 8212 - 76(2)与 Or. 8212 - 76(3)图版完全一致。最初的解读者汤姆森把 Or. 8212 - 76(2)(3)文书分读作断片b（正面和背面）和断片 c（单面），且奥尔昆、爱丁等遵循此读法。不过，汤姆森的断片 b（正面和背面）实际上是文书(2)的下半断片（正面 12 行，背面 10 行），汤姆森的断片 c 是文书(2)的上半断片（背面10 行）。而关于文书(2)上半断片的正面 12 行，即汤姆森断片 c 的反面，汤姆森并未进行录文，也未给出图版。

综上，关于 Or. 8212 - 76 文书的构成情况，笔者意见是该文书由两部分构成。其中，Or. 8212 - 76(1)文书单面 22 行，Or. 8212 - 76(2)文书正面 24 行，背面 20 行。下面，笔者在前人研究基础上，依据IDP 提供的图版，给出 Or. 8212 - 76(1)(2)文书的换写（transliteration）、转写（transcription）和简单必要的词注。其中，换写的大写字母代表后舌音文字，小写字母代表前舌音文字与双舌音文字。换写与转写中，"："为文书所书停顿符号，"｜"为文书中 bir（一）的缩写。换写

---

　　〔1〕 G. Clauson，*An Etymological Dictionary of Pre-Thirteenth Century Turkish*，Oxford：The Clarendon Press，1972.

　　〔2〕 白玉冬《Or. 8212/76 突厥鲁尼文文书译注》，《民族古籍研究》第 4 辑，2018 年，北京，中国社会科学出版社，第 123—133 页；《米兰出土 Or. 8212/76 鲁尼文文书译注》，余太山、李锦绣主编《丝瓷之路》第 7 辑，2019 年，北京，商务印书馆，第 31—50 页。

中,"（ ）"文字为见到残余笔画文字,"☐"为推定复原文字,"／／"表示
完全破损文字。译文中,"（ ）"内文字为补充说明,"……"相当于破
损文字部分。

一、文 书 译 注

（一）Or. 8212－76(1)

（图版 5－1,汤姆森断片 a）

1. t ü r（t）i nč：Y：T W uQ z：W T W z：Q a

   törtinč：ay：toquz：otuz：qa

2. W N G N č W R：Y R i ïQ i：W R ŋ W：T W D W

   onγun čor：yarïqï：urungu：tudu-

3. N：č i g s i：k a：Y R L G：B W L T i：

   -n：čigši：kä yarlïγ：boltï：

4. L N i：i č i r ä k i：Y R ï ïQ i：č i k：

   alanï：ičiräki：yarïqï：čik：

5. b i l g ä：č i g s i k ä：Y R L G：B W L T i：

   bilgä：čigšikä：yarlïγ：boltï：

6. W T Q a：k ü n m i s：Q i L i č：ü z i k ä：

   otqa：könmiš：qïlïč：özikä：

7. Y R L G：B W L T i：k ü l ü g：W R ŋ W

   yarlïγ：boltï：külüg：urungu

8. Q a：b i r：Y R L G：B W L T i：k ü p ä：

   qa：bir：yarlïγ：boltï：küpä

9. Y R（ï）ïQ：ü č ü n b i r：Y R i ïQ：Y R

   yarïq：üčün bir：yarïq：yar-

10. L G：B W L T i：L N i：i č r ä k i：s ü d(a)

    -lïγ：boltï：alanï：ičräki：südä

11. k l ü r m i s：ü č：Y R i ïQ D a：ü g ä k ä
    kälürmiš：üč：yarïqda：ögäkä

12. b i r：Y R L G：B W L T i：k d i m：W R ŋ W
    bir：yarlïγ：boltï：kädim：urungu

13. Q a：｜：d (č) ü š ŋ W N：t i r a k a：｜：
    qa：｜：ädčü sangun：tiräkkä：｜：

14. S W G č W B L i ïQ：D a：k i r m i s：Y R i
    suγču balïq：da：kirmiš：yarï-

15. ïQ：D a：B Y i r Q W L R：Q a：L t i：Y R i ïQ
    -q：da：bayïrqular：qa：altï：yarïq

16. t i g i n k a：｜：B R š Q N š ŋ W N Q (a)：｜：
    tiginkä：｜：bars qan sangunqa：｜：

17. Q W T W z：W R ŋ W：Q a：｜：k ü l：č i g s i：i
    qotuz：urungu：qa：｜：köl：čigši：i-

18. n i s i ŋ a：｜：š R G č W R Q a：｜：k n s i g：Q
    -ninsingä：｜：sarïγ čorqa：｜：känsig：q-

19. a：｜：t ŋ l i g p a：Q a：｜：Q W T L W G：Q a：｜：
    -a：｜：tänglig apa：qa：｜：qutluγ：qa：｜：

20. s ü č ü r k a：｜：W R ŋ W：š ŋ W N：Q a：｜：
    süčörkä：｜：urungu：sangun：qa：｜：

21. b č a p a：i č r a k：i k a：b i r：Y R i ïQ：Y W
    bäčä apa：ičräk：ikä：bir：yarïq：yo-

22. S W uQ：b i r l a：Y R L G B L T i
    -šuq：birlä：yarlïγ boltï.

[1]于四月二十九日：[2-3]给藁官吐屯敕史（Urungu Tudun Čigši）分发了温衮啜（Onγun Čor）的盔甲。[4-5]给鞠（Čik）毗伽敕史（Bilgä Čigši）分发了阿剌尼（Alanï）内廷大臣（Ičräki）的盔甲。[6-10]用火烤直的剑分发给了于兹（Özi）。给曲律藁官（Külüg Urungu）分发了一套

（盔甲），作为锁甲分发了一套盔甲。[10-13] 从阿剌尼（Alanï）内廷大臣带自军队的三套盔甲中，给于伽（Ögä）分发了一套，给迦帝姆纛官（Kädim Urungu）一套，给阿惕楚（Ädčü）将军柱国（Sangun Tiräk）一套。[14-22] 从抵达自肃州城（Suɣču Balïq）的盔甲中，给拔野古（Bayïrqu）们分发了六套盔甲，给特勤（Tigin）一套，给拔塞干将军（Bars Qan Sangun）一套，给阔图兹纛官（Qotuz Urungu）一套，给阙敕史（Köl Čigši）的弟弟一套，给撒里啜（Sarïɣ Čor）一套，给健石（Känsig）一套，给登陆阿波（Tänglig Apa）一套，给骨咄禄（Qutluɣ）一套，给苏啜（Süčör）一套，给纛官将军一套，给巴茶阿波内廷大臣（Bäčä Apa Ičräki）分发了一套盔甲和一把剑。

词注：

2. Y R i ïQ＞yarïq（盔甲）：早年的汤姆森按不明文字处理，奥尔昆指出为盔甲之意。克劳森词典 yarïq 条引用该段内容时，遵循奥尔昆意见。[1]

2. W R ŋ W＞urungu（纛官）：原意为旗帜，频繁出现于叶尼塞碑铭中。克劳森词典 urungu 条引用本文书，指出共出现 13 次的 urungu 为某称号。[2] 唐张羲之夫人阿史那氏墓志言"夫人姓阿史那，本部落左厢第二纛官、双河郡都督慑舍提噉啜第二女"。[3] 其中的纛官，应即 urungu 之意译。

4. yarlïɣ boltï：yarlïɣ 原意为命令，此处与 boltï 连用，表示"下达了命令"。克劳森词典 yarlïɣ 条引用该文，解释作"被发布，被分配"。[4]

〔1〕 G. Clauson，*An Etymological Dictionary of Pre-Thirteenth Century Turkish*，p. 962.

〔2〕 G. Clauson，*An Etymological Dictionary of Pre-Thirteenth Century Turkish*，p. 236.

〔3〕 郭茂育、赵振华《〈唐张羲之夫人阿史那氏墓志〉与胡汉联姻》，《西域研究》2006年第 2 期，第 92 页。

〔4〕 G. Clauson，*An Etymological Dictionary of Pre-Thirteenth Century Turkish*，pp. 966 - 967.

4-5. č i k：b i l g ä：č i g š i＞čik bilgä čigši（鞠毗伽敕史）：人名。关于 čik 即汉文史料记录的鞠，参见拙文。[1]

8-9：yarïq：最初忘写，后来添加。按前后文义而言，应加在 küpä 之后。

14. kirmiš：kir-（进入）后续动词过去式的形动词词缀-miš。克劳森词典 kir-条引用该处，翻译作 out of the breastplates which arrived from the city of Suchou。[2] 本书从其说。

14. S W G č W B L i ïQ＞suɣu balïq（肃州城）：即河西走廊的肃州。相关突厥、回鹘等部族与肃州之关系的文献史料，除传统汉籍外，还包括敦煌出土多语种文书。这些文献史料所反映的肃州与文书发现地米兰之间的关系有助于本文书年代之考察。

15. B Y i r Q W L R＞bayïrqular（拔野古们）：bayïrqu（拔野古）后续复数词缀＋lar（们）。bayïrqu 即九姓铁勒之一的拔野古。bayïrqu 之名，不仅见于后突厥汗国和回鹘汗国时期的鲁尼文碑铭，还出现于 10 世纪时期的敦煌出土文献中。此处之拔野古，对判断该文书年代有参考意义。

18. š R G č W R＞sarïɣ čor（撒里啜）：人名。前人读作 sarïɣ čïr。笔者与杨富学合作研究的和田出土 10 世纪时期的突厥鲁尼文木牍文书中出现部族名称 sarïɣ，即汉文史料记录的黄头回纥。[3] 德藏吐鲁番出土第一件木杵文书（回鹘文）中，作为寺院施主出现人名 sarïɣ baš，杨富学译作"黄头"。[4]

21. b č a p a＞bäčä apa：人名。存在转写作 bäč apa、äbäč apa、

──────────

〔1〕 白玉冬《8 世紀の室韋の移住から見た九姓タタルと三十姓タタルの関係》，《内陸アジア史研究》第 25 辑，2011 年，第 92—95 页。

〔2〕 G. Clauson，*An Etymological Dictionary of Pre-Thirteenth Century Turkish*，pp. 735-736.

〔3〕 白玉冬、杨富学《新疆和田出土突厥卢尼文木牍初探：突厥语部族连手于阗对抗喀剌汗朝的新证据》，《西域研究》2016 年第 4 期，第 41、43、48 页。

〔4〕 杨富学《沙州回鹘及其政权组织》，赞丹卓尕主编《裕固族研究论文续集》上册，兰州大学出版社，2002 年，第 458—460 页。

äbič apa 等的可能。

(二) Or. 8212－76(2)正面

（图版 5－2，汤姆森断片 c 反面与断片 b 正面）

1. (W Y?)G R Q N k(ü)č Y R L(G)N // b n (r?) s / R s (L
   N č) ü (m l) k
   uyγur? qan küč yarlïγïn bän /// arslan čümül? k-

2. a /// W (R) D W ///// W / T // B Y：| ：/// b z
   -ä/// ordo ///////////// ：| ：/// biz

3. ///////////// n Y (R) L (G) /// i ///// S R (k ü č m s)
   ///////////// /yarlïγ//////sar köčmiš

4. (Q T G)č：(Y) G (i B) š (m) L (G R W) S r L W ////W
   N W N
   qatïγ ač：yaγï basmïl? aγrusar ////// on on

5. ///////////// b ////s B č i
   //////////////////sabčï

6. /////////// L/////////R b ///

7. /////////// ük ////R b r /////

8. ///////////// R (G i) l / /　/ R //s
   ///////////// arïγ el ///// /

9. ///////////////// i：T /////

10. /////////////////////// (m Q)

11. /////////////////////

12. /////////////////////

13. (i) n a L：W R (ŋ) W：Y (R i) ïQ (i)：(T W N)？a S：
    Q (a)
    ïnal：urungu：yarïqï：ton as：qa

14. Y R L G：B W L t (i)：(Y W) R T a：T：ü č W (N Y) W
    yarlïγ：boltï：yurtta：at：üč unayu

15. k l m i š：Y R Q（n Y G M S）：T W T W uQ

kälmiš：yarïqïn yïɣmïš：totoq

16. Q a：Y R L G：B W L T i：b i n d i r

qa：yarlïɣ：boltï：bindir

17. k a：Y R（ïQ Y）R L G：B W L T i：

kä：yarïq yarlïɣ：boltï：

18. Y W L T a：T k ü g ü r m s：r k ä：▎：Y

yolta：at kügürmiš：ärkä：▎：ya-

19. R ïQ：Y R L G：B W（L）T i：k ü l ü g：S（ŋ）

-rïq：yarlïɣ：boltï：külüg：sang-

20. W N：Q a：▎：Y W S W（uQ）Y R L G：B W L T i

-unqa：▎：yošuq yarlïɣ：boltï

21. k ü r i b i r：W R ŋ W：š ŋ W N Q a：▎：

küribir：urungu：sangunqa：▎：

22. Q i L i č：▎：B R D W uQ：Y R L G：B W L T

qïlïč：▎：barduq：yarlïɣ：bolt-

23. i：Q（W č）W：（B L i）ïQ：D a：k l m i š：Q i（L）

-ï：qočo：balïq：da：kälmiš：qïl-

24. i č：k ü č Q（R）a：Q（a）Y R L G：B W L T i：

-ič：küč qara：qa yarlïɣ：boltï：

[1] 奉回鹘？汗强有力的圣旨，我……阿萨兰向处密（？Čümül）[2]……斡耳朵……一个……我们[3]……圣旨……如果……出发的[4] 非常饥饿的敌人拔悉蜜（？Basmïl）如果衰弱的话，……十个十个地[5]……传话人[6-7]……[8]……高贵的国家（el，或人民）……[9-12]……[13-14] 把亦难纛官（Ïnal Urungu）的盔甲分发给了暾阿斯（Ton As）。[14-16] 把（以）三匹马从毡房（大本营?）满满地运来的盔甲分发给了依格迷失都督（Yïɣmïš Totoq），[16-17] 分发给了宾迪尔（Bindir），[18-19] 分发给了从路上带回马匹的士兵一套，[19-20] 给俱禄将军（Külüg Sangun）分发了一

套头盔，²¹⁻²³给屈罗勿（Küribir）纛官将军（Urungu Sangun）分发了一把剑、一面旗。²³⁻²⁴把来自高昌城（Qočo Balïq）的剑分发给了曲出喀剌（Küč Qara）。

词注

13.（T W N）？a S＞ton as：ton 即后突厥汗国大臣暾欲谷 tonyuquq 之暾 ton，"第一，元"之意，as 为"貂，黄鼠狼"之意。前者或可读作（T）m＞tam（墙，泥土建筑，砖结构建筑，坟茔）等，姑存疑。

14. W（N Y）W＞unayu（满满地）：汤姆森以来均读作 on（十），然与紧随其后的 kälmiš（来的）之间语义不通。据上下文义，该词应修饰 kälmiš（来的）。una-详见克劳森介绍。[1]

18. k ü g ü r＞kügür（带来）：克劳森词典 kügür-条引用该处，认为是带来之意，但文后加"？"，以表存疑。[2] 笔者以为是源自 kir-（来）的使役动词 kirgür 的音变，即 kirgür＞kigür＞kügür。

20. Y W S W（uQ）＞yošuq（头盔）：详见克劳森词典 yošuq 条。[3]

21. k ü r i b i r＞küribir（屈罗勿）：回鹘九姓之一。

22. B R D W uQ＞barduq：分发物品名，但前人未给出答案。据克劳森之说，batraq（旗、帜）大概通过粟特语借自梵语，但在回鹘语中，辅音 b 与 p，d 与 t 之间的区别不明确。[4] 考虑到突厥语词汇中出现-r-音的换位现象，此处的 barduq 或为 batraq 之-r-换位后之

---

〔1〕 G. Clauson, *An Etymological Dictionary of Pre-Thirteenth Century Turkish*, p.171.

〔2〕 G. Clauson, *An Etymological Dictionary of Pre-Thirteenth Century Turkish*, p.713.

〔3〕 G. Clauson, *An Etymological Dictionary of Pre-Thirteenth Century Turkish*, p.977.

〔4〕 G. Clauson, *An Etymological Dictionary of Pre-Thirteenth Century Turkish*, p.307.

音。姑按此解释，但不排除其他不明物品之可能。

11. Q（W č）W：（B L i）ïQ＞qočo：balïq（高昌城）：即今吐鲁番。历史上高昌地区和文书发现地米兰之间的关系，应有助于文书年代的考证。兹不详述。

（三）Or. 8212 *- 76（2）背面

（图版 5-3，汤姆森断片 c 和断片 b 背面）

1. ///（可见到三个文字的下半部残余笔画，惜被修复纸盖住，无法认读）

2. B W č W R Q a：丨：Y R i ïQ：
   bočorqa：丨：yarïq：

3. b i r：ü g a k a：b i r：Y R i ïQ：B R D i：
   bir：ögäkä：bir：yarïq：bardï：

4. t ü z m i s k ä：丨：Y R i ïQ：Q i Y G N：Q a：b i r
   tüzmiškä：丨：yarïq：qïyaγan：qa：bir

5. Y R i ïQ：Q W L a p a：W R ŋ W Q a：丨：Y R i iQ
   yarïq：qul apa：urunquqa：丨：yarïq

6. Q W（ñ）č i：l r k a：丨：Y R i ïQ：T Y ü g a k a
   qonyčï：lärkä：丨：yarïq：tay ögäkä

7. b i r：k ü k ü z m a k：Y R i iQ Y R L G
   bir：köküzmäk：yarïq yarlïγ

8. B W L T i：l a k ü l ///
   boltï：lä köl ///

9. ïQ：i n a n č W ///
   ïq：ïnanču ///

10. ü r ///
    ür ///

11. ：丨：k i ///
    ：丨：ki ///

12. //(Q) D i：Y W L uQ：W R ŋ W：Y R (i) ïQ i

//(Q) D i：yolluq：urungu：yarïqï-

13. (n) T Y i r k (i n) š (R) G W (L) S W R ŋ (W) Q a Y

R L i G

-n tay irkin sarïɣ uluš urunguqa yarlïɣ

14. B W L T i：L a č i (N) B Y ŋ W (uQ)：č ŋ s (Y R i)

boltï：lačïn bayanguq：čingis yar-

15. i ïQ i n：B (R S) W R ŋ W Q a：Y R L G B

-ïqïn：bars urunguqa：yarlïɣ bo-

16. L T i：Y r k i(?) n (š ŋ W)N：t i r k

-ltï：ay irkin(?) sangun：tiräk

17. Y R i ïQ i n：i n (a) L：(W R ŋ)W Q a：Y R

yarïqïn：ïnal：urunguqa：yar-

18. L G：B W L t i：

-lïɣ：boltï：

19. W T š ŋ W N：Y R i ïQ i N：Q i Y G N：W R

ot sangun：yarïqïn：qïyaɣan：ur-

20. ŋ W Q a：b r d i：

unguqa：bärdi：

[1] …… [2-3] 给宝啜（Bočor）（分发了）一套盔甲，给每一个于伽（Ögä）分发了一套盔甲，[4-5] 给图兹迷失（Tüzmiš）一套盔甲，给阙阿波纛官（Qul Apa Urungu）一套盔甲，[6] 给羊倌们（Qonyčilär）一套盔甲，[6-8] 给大于伽（Tay Ögä）分发了一套护胸用盔甲。[8-9] 刺阙亦难处（Lä Köl Ïnanču）[10-11] …… [12-14] ……把药禄纛官（Yolluq Urungu）的盔甲分发给了大俟斤，（即）撒里地方纛官（Tay Irkin Sarïɣ Uluš Urungu）。[14-16] 把腊真巴彦谷成吉思（Lačïn Bayanguq Čingis）的盔甲分发给了末斯纛官（Bars Urungu）。[16-18] 把爱俟斤（Ay Irkin?）将军谛

略（Sangun Tiräk）的盔甲分发给了亦难蘀官（Ïnal Urungu）。[19-20] 把奥特将军（Ot Sangun）的盔甲分发给了奇耶汗蘀官（Qïyaɣan Urungu）。

词注：

6. Q W（ñ）č i l r k a＞qonyčï lärkä（给牧羊人们）：表示复数形的词缀及后续与格词缀以前元音文字 l r k a 书写，与之前的名词 Q W（ñ）č i＞qonyčï 的后元音不合。

7. k ü k ü z m a k＞köküzmäk（护胸甲）：克劳森词典 köküzmäk 条引用该处，指出源自 kögüz（胸部），应为护胸甲之意。[1]

13. T Y i r k（i n）š（R）G W（L）S W R ŋ（W）＞tay irkin sarïɣ uluš urungu（大俟斤，即撒里地方蘀官）：笔者当下的看法是，tay irkin 为人名，末尾的 urungu 为其称号，中间的 sarïɣ uluš 修饰之后的 urung。其中，urungu（蘀官）之前的部分，前人未能释读。W（L）S＞uluš 的 L，写法近似于 Q。若按 uquš（理解）来识读，则文义不清。相对于蒙古语的 ulus（人们，国家）而言，突厥语 uluš 强调的是地理概念。sarïɣ uluš 即 sarïɣ 地方，可以解释作 sarïɣ 部族所在的地区。

14. L a č i（N）B Y ŋ W（uQ）č ŋ s＞lačïn bayanguq čingis（腊真巴彦谷成吉思）：人名，前人未能释读。其中，lačïn 原意为鹰隼，元代汉文史料多写作剌真、腊真。该词还作为女性用名，出现于茨默解读的 U1568 回鹘文佛典跋文残片中。[2] 松井太解读的敦煌洞窟回鹘语题记中，莫高窟第 332 窟主室甬道北壁、女供养人像西侧的回鹘

〔1〕 G. Clauson，*An Etymological Dictionary of Pre-Thirteenth Century Turkish*，p. 714 - 715.

〔2〕 P. Zieme，"Materialien zum uigurischen Onomasticon I"，*Türk Dili Araştırmaları Yıllığı Belleten*，1978，pp. 74，81.

语题记中的人名，可复原为 Lačïn Tegin。[1] 第二个单词 bayanguq 是漠北回鹘汗国第二代可汗名磨延啜之磨延（bayan）后续构词词缀 guq。第三个单词原字为 č ŋ s。该文书中，前舌音文字 s 除用于书写前舌音文字 s 外，还用于书写前后舌双舌音文字 š。是故，理论上而言，č ŋ s 存在读作 čängäs/čängis/äčingäs/äčingis/ičängäs/ičingis/čingäs/čingis 及其尾音改读作 š，甚至于 č ŋ 与 s 断读的可能性。高昌回鹘王国前期，由回鹘人胜光法师（Šïngqu Säli）翻译的回鹘文《大慈恩寺三藏法师传》记录有动词 čïngï-（增强、增大）。[2] Kahar Barat 把该词转写作 čïngï-。按文字图版，该词转写作 čingi-于理可通。笔者以为，此处 č ŋ s 转写作 čingis 最为适合。如是，对探讨成吉思汗 čingis qan 名号的由来，以及回鹘文中 s 字与 z 字的交替现象而言，č ŋ s＞čingis 可以说是个全新的材料。

16. Y r k i(?) n (S ŋ W)N＞：ay irkin(?) sangun：人名。其中的 i，写法不同于频现于同一写本的突厥鲁尼文正字法的 i，而是接近于叶尼塞碑铭的 ïq 的变体文字。本稿姑从汤姆森读法，但不完全否定 ïq 或 g 之异体字的可能性。

16. t i r k＞tiräk：来自动词 tirä-（支起，帮助）的名词，原意为支柱、柱子，作为官号频繁出现于叶尼塞碑铭中。唐五代文献多以"谛略，地略"对译该词。[3]

二、文书年代之蠡测

本文重点要探讨的是这部军需文书完成的时间和地点问题。由

〔1〕 松井太、荒川慎太郎编《敦煌石窟多言語資料集成》，东京外国语大学亚非言语文化研究所，2017 年，第 48—49 页。

〔2〕 B. Kahar, *XUANZANG—Ninth and Tenth Chapters*, Bloomington：Indiana University，2000，pp. 49，391.

〔3〕 J. R. 哈密顿《十世纪突厥语的汉文对音研究》，载氏著《五代回鹘史料》，耿升、穆根来译，乌鲁木齐，新疆人民出版社，1982 年，第 161、173 页。

于文书(2)正面第1—12行损毁严重，且未能查看实物，亦未能获得高清图版，笔者对该部分中的回鹘汗、处密和拔悉蜜的释读是否正确持有些许疑虑。虽然如此，文书(1)(2)中，多次出现 tigin(特勤)、tudun(吐屯)、ögä(于伽)、čigši(敕使)、sangun(将军)、totoq(都督)、ičräki(内廷大臣)、tiräk(谛略，即柱国)、urungu(纛官)等古代突厥语官职名称。这说明该文书成立于操古代突厥语部族构成某一国家时期。

众所周知，米兰位于罗布泊南，扼控塔里木盆地通往敦煌的道路。汤姆森依据文书中出现将军、敕史等中国式的官职名称，主张当时的米兰及其邻近地区是在中国(唐朝)的统治之下，而且因文书并不与吐蕃相关，故得出的结论是该文书年代不晚于吐蕃在米兰地区建立起统治的8世纪中叶，并补以文书的格式和纸质。[1] 斯坦因反驳言中国式官职名称的出现未必能够证明当时的米兰是处于唐朝统治之下，并提出三条年代考证的证据：第一，在吐蕃侵占唐河西道的大历元年(766)后没有突厥语族士兵可能从肃州前往米兰；第二，文书中记录的部落拔野古与回鹘有着密切关系，生活在漠北；第三，766年起，天山南北的中国(唐朝——笔者)守军与回鹘并肩抵抗吐蕃25年，文书恰好记录有一个 yarlïγ(斯坦因视作"命令"——笔者)被给予前往高昌城的喔罗勿纛官将军(Küribir Urungu Sangun)。在此基础上，他倾向文书可能的年代是安西和北庭的中国守军在被吐蕃隔离的紧前时期，并推定米兰城堡是在吐蕃统治期间——约8世纪下半叶开始的一百年间建造和使用，这一时期突厥语族部族军曾一时占领米兰，Or.8212 - 76文书可能即是当时所遗留，亦有可能是由突厥人带自敦煌或安西。[2] 斯坦因的上述意见获克里亚施托尔内(S. G. Klyashtorny)的全面赞同。克氏进而断言"这里没有理由怀疑文

---

〔1〕 V. Thomsen, "Dr. M. A. Stein's manuscripts in Turkish 'Runic' script from Miran and Tun-huang", pp. 184 - 185.

〔2〕 A. Stein, *Serindia*, vol. 1, pp. 472 - 474.

档的年代——8 世纪下半叶或 9 世纪初，当时漠北回鹘汗国正为争夺塔里木盆地北部绿洲主导权而与吐蕃进行拉锯战"。[1] 森安孝夫质疑上述汤姆森和斯坦因的看法，认为该文书中出现的众多人物所带有的称号，如 tigin、tudun、ögä、čigši、sangun、totoq、ičräki、tiräk，均是操突厥语部族构成某一国家时期的高级官员之称号，若该文书年代属于 9 世纪后半叶以后，则上述称号与西州回鹘王国或河西回鹘王国的官号相符。[2] 显然，森安孝夫倾向 Or.8212－76 文书年代在回鹘西迁之后。

笔者以为，确定 Or.8212－76 文书的成立年代，需要对文书中出现的部族名、地名、官职名等进行勘定排查。此处，以嗢罗勿纛官将军（Küribir Urungu Sangun）、鞠毗伽敕史（Čik Bilgä Čigši）、拔野古（Bayïrqu）、肃州城（Suγču Balïq）、拔塞干将军（Bars Qan Sangun）、高昌城（Qočo Balïq）、大俟斤撒里地方纛官（Tay Irkin Sarïγ Uluš Urungu）为例试作考述。

嗢罗勿纛官将军（Küribir Urungu Sangun）中，嗢罗勿（Küribir）又作咄罗勿，为构成回鹘内九族的一部。《旧唐书》卷 195《回纥传》言："开元中，回鹘渐盛……有十一都督，本九姓部落：一曰药罗葛，即可汗之姓；二曰胡咄葛；三曰咄罗勿；四曰貊歌息讫；五曰阿勿嘀；六曰葛萨；七曰斛嗢素；八曰药勿葛；九曰奚耶勿。每一部落一都督。破拔悉密，收一部落，破葛逻禄，收一部落，各置都督一人，统号十一部落。"《新唐书》卷 217 上《回鹘传上》在介绍完骨力裴罗建国后，记录有回鹘内九族名称，除咄罗勿作嗢罗勿外，其余与上述《旧唐书》内容相同。回鹘希内乌苏碑北面叙述有默延啜可汗的祖先功绩，其中第 3 行言"/　///-nta qalmïšï bodun on uyγur toquz oγuz üzä yüz

---

〔1〕　克里亚施托尔内《新疆与敦煌发现的突厥卢尼文文献》，杨富学、王立恒译，《吐鲁番学研究》2010 年第 2 期，收入杨富学著《回鹘学译文集》，兰州，甘肃民族出版社，2012 年，第 127 页。

〔2〕　森安孝夫《吐蕃の中央アジア進出》，载氏著《東西ウイグルと中央ユーラシア》，名古屋大学出版会，2015 年，第 184—185 页。

yïl(在……留存的人们在作为民众的十姓回鹘及九姓乌古斯之上)"字样。[1] 哈密顿(J. Hamilton)主张上述十姓回鹘中包括咄罗勿。[2] 于阗使者在沙州写给于阗王庭的报告书,即著名的钢和泰(A. V. Stael-Holstein)藏卷,经蒲立本(E. G. Pulleyblank)考定年代为925年。[3] 该文书正面为汉文佛典,背面为藏文和于阗文部分。其中于阗文的第二部分,记录有甘州回鹘的左右翼部族名称,左翼包括药罗葛(Yaɣlaqar)、仆固(Boqu)、貂歌息讫(Bosqot)、崛罗勿(Küräbir)、契苾(Qorbar)等,右翼包括思结(Sïqar)、同罗(Tongra)、奚耶勿(Ayabïr)、药勿葛(Yabutqar)、Čarïq 等。[4] 另,高昌回鹘又自称十姓回鹘王国(On Uyɣur Eli)。[5] 关于高昌回鹘的十姓,虽然没有查到准确的记录,但不否定上述崛罗勿包含在内的可能。

鞠毗伽救史(Čik Bilgä Čigši)的鞠(Čik),[6] 还见于后突厥汗国毗伽可汗碑东面第26行和希内乌苏碑东面第7—8行。另,叶尼塞碑铭中,E27 奥娅(Oya)碑铭出现 B i ŋ č ïQ＞bing čïq(千 Čïq)[7] 虽然是以后元音写成,但考虑到叶尼塞碑铭语言文字所具有的方言特

〔1〕 白玉冬《〈希内乌苏碑〉译注》,《西域文史》第7辑,北京,科学出版社,2013年,第82页。

〔2〕 哈密顿《九姓乌古斯和十姓回鹘考(续)》,耿升译,《敦煌学辑刊》1984年第1期,第134页。

〔3〕 E. G. Pullyblank, "The Date of the Staël-Holstein Roll", *Asia Major* (new series), vol.4, no.1, 1954, p.90.

〔4〕 H. W. Bailey, "The Staël-Holstein Miscellany", *Asia Major* (new series), vol.2, no.1, 1951, pp.3, 17 - 22. 相关甘州回鹘的左右翼体制,参见 J. Hamilton, "Nasales instables en turc khotanais du Xe siècle", *Bulletin of the School of Oriental and African Studies*, vol.40, no.3, 1977, pp.517 - 518;田中峰夫《甘州ウイグル政権の左右翼体制》,载森安孝夫编《ソグドからウイグルへ》,东京,汲古书院,2011年,第270—278、282—285页。

〔5〕 哈密顿《九姓乌古斯和十姓回鹘考(续)》,第132页。

〔6〕 关于 Čik 可以视作汉籍的"鞠",详见白玉冬《8世紀の室韋の移住から見た九姓タタルと三十姓タルの関係》,第92—98页;白玉冬《九姓达鞑游牧王国史研究(8—11世纪)》,第六批《中国社会科学博士后文库》,北京,中国社会科学出版社,2017年,第23—27页。

〔7〕 白玉冬《突厥鲁尼文叶尼塞碑铭整理与研究(整理篇)》,国家社科基金一般项目"突厥鲁尼文叶尼塞碑铭整理与研究"(15BMZ015)成果报告文集,第39—40页。

色和异体字,上述 čïq 可以视作 čik 的变体,bing čïq 即 Čik 族的千人队之义。总之,据这些碑刻内容,推断得出鞠部落是黠戛斯统领下的部族,同时还是突厥和回鹘征讨的对象,其居地在剑河流域。希内乌苏碑南面第 2 行记录回鹘的千人队驱赶着 Čik 百姓而来,默延啜给 Čik 百姓任命了都督之名号,赐予 Čik 始波罗(复数形)与达干(复数形)之称号。可以认为,在希内乌苏碑反映的龙年(752)之后,鞠(Čik)从属了回鹘。[1] 鞠毗伽敕史(Čik Bilgä Čigši)字面意思应该是统领鞠(Čik)部落的名为 Bilgä 的敕使,鞠(Čik)之名出现于此反映 Or.8212-76 文书写于 752 年以后,当然不能否定属于西州回鹘时期的可能。

　　拔野古(Bayïrqu)是九姓铁勒的重要一员,长期生活在漠北。后突厥汗国时期叛服无常,是突厥主要征讨对象之一。开元四年(716),拔野古斩杀突厥默啜可汗,并与回纥、同罗、霫、仆固投奔唐朝,被安置在今山西朔州马邑县北的大武军北。至迟在开元八年(720),拔野古尚在河东北部一带活动。[2] 回鹘汗国时期,拔野古构成回鹘汗国外九族重要一部。希内乌苏碑记录,拔野古的大毗伽都督在 750—751 年参与八姓乌古斯与九姓达靼针对回鹘的叛乱。[3]回鹘西迁后,甘州回鹘存在拔野古部落。前面介绍的钢和泰藏卷于阗文文书记录有突厥拔野古(Türk Bayarqu)。P. 2741、Ch.00269于阗语文书同为于阗使者在沙州写成的报告书底稿,二者记录有甘州回鹘与沙州归义军政权之间的冲突和甘州回鹘内部分裂的情况。上述 P. 2741、Ch.00269 文书年代同在 924—925 年左右,二者同样

　　〔1〕　白玉冬《8 世紀の室韋の移住から見た九姓タタルと三十姓タルの関係》,第 97—98 页;白玉冬《九姓达靼游牧王国史研究(8—11 世纪)》,第 26—27 页。
　　〔2〕　石附玲《唐前半期の農牧接壤地帯におけるウイグル民族——東ウイグル可汗国前史——》,载森安孝夫编《ソグドからウイグルへ》,第 240—241、247—255 页。
　　〔3〕　东面第 5 行。参见白玉冬《〈希内乌苏碑〉译注》,第 86、102 页。

记录拔野古在甘州一带活动。[1] 另外，涉及甘州、沙州间同一场战争的 P.2790 于阗文书同属于阗使者在沙州写给于阗汗廷的公函底稿，年代约在 925—926 年。[2] P.2790 文书作者首先报告因其带领的回鹘人遭到沙州方面刁难，故与沙州方面进行交涉。[3] 其中言"于是我们说：'大金国的诏令已到，但你却未能按命令去做，自从甘州和沙州彼此互相骚扰，这些回鹘人不在那里，他们现在从大金国来到这里，你还不接收他们'"。关于上述于阗使者带来的回鹘人，黄盛璋主张是西州回鹘人，[4]笔者以为应是此前由甘州派往于阗的使者。P.2790 文书在谈到甘州和沙州的情况时言："我们静静地听说：甘州的汗和西州的汗联合建立政府，他们还想统帅一支由两方面组成的军队，在麦收时开赴沙州。"[5]虽然不能否定 Or.8212-76 文书的拔野古出自西州回鹘的可能性，但想象得出在 10 世纪初期这段时间，存在拔野古部族从河西前往 Or.8212-76 文书发现地米兰的可能性。此看法亦可以从于阗与沙州归义军间的交往，即乾德三年(965)十二月于阗国王遣使与甘州回鹘、瓜沙归义军一同遣使宋朝得到补充。[6] Or.8212-76 文

————————

　　[1]　相关内容参见 H. W. Bailey, *Saka Documents Text Volume* (Corpus Inscriptionum Iranic- arum, Pt. 2: Inscriptions of the Seleucid and Parthian Period and of Eastern Iran and Central Asia, vol.5: Saka), Lund Humphries, 1968, pp.61-67; J. Hamilton, "Le pays des Tchong-yun, Čungul, ou Cumuda au X Siècle", *Journal Asiatique*, vol.265, 1977, pp.370-372；黄盛璋《敦煌于阗文 P.2741、Ch.00296、P.2790 号文书疏证》,《西北民族研究》1989 年第 2 期，第 42—45 页；白玉冬《九姓达靼游牧王国史研究(8—11 世纪)》,第 99—100 页。关于 P.2741、Ch.00269 于阗文文书的成立年代，学术界长期以来意见不一。笔者主张成立于 924—925 年。详见白玉冬《P.T.1189〈肃州领主司徒上河西节度天大王书状〉考述》,《丝路文明》第 1 辑，2017 年，第 121—123 页；白玉冬《九姓达靼游牧王国史研究(8—11 世纪)》,第 126—128 页。

　　[2]　白玉冬《P.T.1189〈肃州领主司徒上河西节度天大王书状〉考述》,第 121—123 页；白玉冬《九姓达靼游牧王国史研究(8—11 世纪)》,第 126—128 页。

　　[3]　第 1—19 行。H. W. Bailey, "Śri Viśa Śūra and the Ta-uang", *Asia Major* (New series), vol.11, no.1, 1964, p.2；黄盛璋《敦煌于阗文 P.2741、Ch.00296、P.2790 号文书疏证》,第 65 页。

　　[4]　黄盛璋《敦煌于阗文 P.2741、Ch.00296、P.2790 号文书疏证》,第 69 页。

　　[5]　第 80—90 行。H. W. Bailey, "Śri Viśa Śūra and the Ta-uang", p.4；黄盛璋《敦煌于阗文 P.2741、Ch.00296、P.2790 号文书疏证》,第 66 页。

　　[6]　相关内容，参见荣新江、朱丽双《于阗与沙州归义军的交往》,载荣新江、朱丽双著《于阗与敦煌》,兰州，甘肃教育出版社，2013 年，第 113—149 页，尤见第 136—137 页。

书言"从抵达自肃州城(Suɣču Balïq)的盔甲中,给拔野古(Bayïrqu)们分发了六套盔甲",表明此前不久肃州和文书发现地米兰一带,或者是与文书书写者所隶属的古代突厥语部族政权之间有着联系。类似肃州和米兰一带的交流时段,虽然存在唐河西道尚未被吐蕃占据之前的可能性,但也存在 10 世纪时期的可能性。当然,来自肃州的盔甲亦有可能是作为贸易品而流通。

另,Or.8212-76 文书记录把来自肃州城(Suɣču Balïq)的盔甲,分发给拔塞干将军(Bars Qan Sangun)一套。拔塞干(Bars Qan)最初是西突厥弩失毕部五部落之一部名,唐乾陵石人君长像有"故右卫将军兼颉利都督拔塞干蓝羡"[1]者。唐灭西突厥后,拔塞干部被置于蒙池都护府下,居地大体在碎叶城〔遗址在今吉尔吉斯斯坦托克马克城西南 8 公里处的阿克-贝希姆(Ak-Beshim)古城〕及其以西地区。[2] 9 世纪伊斯兰地理学家伊本·胡尔达兹比赫(Ibn Khōrdhādbeh)在《道里邦国志》中记录有通往东方的道路。其中言"从苔拉兹(即怛逻斯)至下努舍疆(Nushajan al-Sufla,即弩室羯)为 7 法尔萨赫",又介绍说继续东行,过葛逻禄人冬营地、突骑施可汗城等地后,最终抵达与中国的边界上努舍疆。[3] 这里的努舍疆,应为拔塞干或八儿思汗(Barskhān)之误,即拔塞干有上下(东西)之分。[4] 上拔塞干位于伊塞克湖东南,下拔塞干位于怛逻斯东。内藤みどり以为有上下之分,是因为拔塞干部落自东向西发展所致。[5]

〔1〕 陈国灿《唐乾陵石人像及其衔名的研究》,《文物集刊》第 2 集,北京,文物出版社,1980 年,第 195 页;内藤みどり《西突厥史の研究》,东京,早稻田大学出版部,1988 年,第 35 页。

〔2〕 松田壽男《古代天山の歴史地理學的研究(增補版)》,东京,早稻田大学出版部,1970 年,第 328 页。

〔3〕 宋岘译注《道里邦国志》,北京,中华书局,1991 年,第 31—32 页。

〔4〕 V. Minorsky, *The Regions of The World: a Persian geography*, London: Messrs, Luzac, 1937, p.292;张广达《碎叶城今地考》,载《北京大学学报(哲学社会科学版)》1979 年第 5 期,收入氏著《西域史地丛稿初编》,上海古籍出版社,1995 年,第 6—7 页;华涛《高昌回鹘在东部天山地区的发展》,载氏著《西域历史研究(八至十世纪)》,上海古籍出版社,2000 年,第 128—129 页。

〔5〕 内藤みどり《西突厥史の研究》,第 39—43、49 页。

如九姓回鹘可汗碑所记录，漠北回鹘汗国曾经"攻伐葛禄吐蕃……西至拔贺那国（今中亚费尔干纳盆地）"。[1] 不过，中古波斯语 M1《摩尼教赞美诗集》（Mahrnāmag）是 761—762 年在焉耆的摩尼教寺院开始书写，后在宝义可汗（808—821 年在位）执政时期完成的。如华涛所言，上述 M1《摩尼教赞美诗集》记录的可汗和大臣，有北庭、高昌、库车、喀什噶尔、拔换、焉耆、温宿等地官吏，但并无自此以西地区。这说明，当时回鹘的控制区域只有东部天山。[2] 虽然不排除西突厥拔塞干部落日后可能加入回鹘的可能，但考虑到 9 世纪时期阿拉伯势力在中亚的向东扩张和葛逻禄、突骑施等在西部天山地区的活动，难以想象回鹘能够控制拔塞干一带。反言之，Or. 8212 - 76 文书记录把来自肃州城（Suɣču Balïq）的盔甲分发给拔塞干将军（Bars Qan Sangun），反映即便是在名目上而言，当时的拔塞干地区也是隶属回鹘人的。

吐鲁番出土德藏第三件木杵铭文，是以回鹘文写成，是以 Tarduš Tapmïš Yayatɣar(?)长史 Yälü Qaya 及其妻 Tängrikän Körtlä 可敦公主为首的善男信女捐资敬造佛寺时，在楔形木柱上书写并钉入土中的功德记。关于该铭文，早期的缪勒、葛玛丽（A. von Gabain）、普里查克（O. Pritsak）等认为属于漠北回鹘汗国。不过，经哈密顿、巴赞、安部健夫、森安孝夫、华涛、杨富学等学者研究，主张其属于西州回鹘时期这一观点，现几成定说。其中，森安孝夫的最新研究，在依据其实地调查的 2001 年论文基础上，[3] 还吸取了哈密顿依靠红外线摄影而得出的研究成果。现从上述森安研究成果中，转引该文书开头部分。[4] 文中译文据笔者理解。

---

〔1〕 森安孝夫主编《シルクロードと世界史》，丰中，大阪大学 21 世纪 COE プログラム〈インターフェイスの人文学〉，2003 年，Fig. 2，第 20 行。

〔2〕 华涛《8 世纪中期以后葛逻禄在西域的活动》，载氏著《西域历史研究（八至十世纪）》，第 21—24 页。

〔3〕 Moriyasu Takao, "Uighur Buddhist Stake Inscriptions from Turfan", *Silk Road Studies*, vol. 5, 2001, pp. 149 - 223.

〔4〕 森安孝夫《西ウイグル王国史の根本史料としての棒杭文書》，载氏著《東西ウイグルと中央ユーラシア》，名古屋大学出版会，2015 年，第 694—701 页。

1. qutluγ ki ot qutluγ qoyn yïl ikinti ay üč yangï-qa ：kün ay
   tängridä qut bulmïš uluγ

2. qut ornanmïš alpïn ärdämin il tutmïš alp arslan qutluγ köl
   bilgä tängri ilig on uyγur xan ’//////MYŠ · öngtün šačiu

3. kidin uč barsxan-qatägi illänü ärksinü yarlïqayur uγurda

在具有火之元素的、有福气的己未年二月初三日，Kün Ay
Tängridä Qut Bulmïš Uluγ Qut Ornanmïš Alpïn Ärdämin Il Tutmïš
Alp Arslan（原义为自日月神获得福气、身具洪福、以勇气与恩德掌
控国家的勇猛的狮子）——有福气的智海天王十姓回鹘汗……了。
在他统治着东至沙州、西至 Uč（即 Uč-Turfan，今乌什）和拔塞干
（Barsxan，天山北麓伊塞克湖东南岸的上拔塞干）的（地域）时……

上引史料提到的 On Uyγur Xan（十姓回鹘汗）无疑为西州回鹘
可汗。森安氏将其比定为 1020 年遣使北宋的龟兹回鹘国王（即西州
回鹘，也即西州回鹘）"可汗狮子王智海"。[1] 荣新江在对西州回鹘
可汗名号进行系统归类时，持相同意见，并将其在位时间推定为 11
世纪 10 年代末至 30 年代初。[2] 据此我们可以得知，当可汗狮子王
智海在位时，西州回鹘西部疆域抵达乌什和上拔塞干一带。

无独有偶，中国文化遗产研究院所藏 xj 222-0661.9 回鹘文文
书，已由张铁山、茨默（P. Zieme）二位圆满解读。[3] 该文书创作于
13 至 14 世纪，是关于西州回鹘王国初期某位可汗（Tängrikän）及其
王国历史的文书断片。第一部分介绍这位国王在青年时期，协助其
父王东征西讨。关于向西方的进军，文书第 22—24 行言 kerüki

---

〔1〕　森安孝夫《ウイグルと敦煌》，榎一雄编《讲座敦煌 2 敦煌の历史》，东京，大东出
版社，1980 年，第 334—335 页；森安孝夫《西ウイグル王国史の根本史料としての棒杭文
书》，第 685 页。
〔2〕　荣新江《〈西州回鹘某年造佛塔功德记〉小考》，载张定京、阿不都热西提·亚库
甫编《突厥语文学研究——耿世民教授 80 华诞纪念文集》，北京，中央民族大学出版社，
2009 年，第 185 页。
〔3〕　Zhang Tieshan and P. Zieme, "A Memorandum about the King of the On
Uygur and His Realm", *Acta Orientalia Academiae Acientiarum Hungaricae*, vol. 64, no.
2, 2011, pp. 129-159.

talaz yudun atlanu yarlïqap baɣučaq sipasalar bašïn on artuq känt
bäglärin közündürü yarlïqap yititü yontdurup talaz atl(ï) ɣ balïqïɣ
elig ičin alu yarlïqadï〔他进军摧毁西方的怛罗斯（城），他使得以
Baɣučaq 将军为首的十多个城主出现（在他面前），在刀光剑影中，他
获取称为怛逻斯的这个城市和这个王国，使之成为自己的内属〕。此
处，西州回鹘攻陷怛逻斯城这一事件，发生在伊斯兰萨曼王朝攻陷怛
逻斯的 893 年之前，被征服的以 Baɣučaq 将军为首的十多个城主，属
于葛逻禄部族联盟。[1] 鉴于下拔塞干位于怛逻斯城东 3 法尔沙赫
（约 18 公里）处，则可以认为 893 年之前的征服活动中，西州回鹘攻
下了上下拔塞干。不过，考虑到 10 世纪时期信仰伊斯兰教的喀喇汗
朝对西州回鹘的战争，且木杵文书记录的 Uč 即 980 年左右成书的佚
名作者著波斯文《世界境域志》(Ḥudūd al-ʿĀlam) 记录的地名 Ūj，[2]
也即《突厥语大辞典》记录的与上巴尔斯汗南北夹持别迭里山口的
Uj，[3] 则木杵文书的拔塞干视作上拔塞干较为合理。总之，相比漠
北回鹘汗国和甘州回鹘，西州回鹘确切无疑曾经扩张到上拔塞干地
区。以此类推，Or. 8212‐76 文书记录的拔塞干将军（bars qan
sangun）视作西州回鹘西端的拔塞干地区首领较为稳妥。

　　Or. 8212‐76 文书(2)背面第 12—14 行言"把药禄纛官（Yolluq
Urungu）的盔甲分发给了大傒斤撒里地方纛官（Tay Irkin Sarïɣ
Uluš Urungu）"。中亚塞尔柱王朝御医马卫集（Sharaf al-Zamān
Ṭāhir Marvazī）在 1120 年完成的论著《动物的自然属性》(Ṭabāʾiʿ al-
ḥayawān/The Natural Properties of Animals) 中记录有通往东方之

　　〔1〕　白玉冬《有关高昌回鹘的一篇回鹘文文献——xj222‐0661.9 文书的历史学考
释》，《中国边疆史地研究》2014 年第 3 期，第 141—142 页。
　　〔2〕　V. Minorsky, *The Regions of The World*, p. 98.
　　〔3〕　Maḥmūd al-Kāšɣārī, *Compendium of the Turkic Dialects*, Edited and
Translated with Introduction and Indices by Robert Dankoff, in Collaboration with James
Kelly, Cambridge: Harvard University Printing Office, 3 vols, 1982‐1985, vol. 1,
p. 300, L. badal.

旅程。[1] 其中,第 19 节介绍有由喀什噶尔经由于阗、沙州后,通往中国、契丹和回鹘(西州回鹘)的三条路线。第 20 节谈到前往契丹的旅行者从 Sānjū 需要半月路程会到达 Shārī 族地面,此集团因他们的一个首领之名 Bāsm.l (Basmïl,拔悉密) 而为人所知,他们因畏惧伊斯兰教的割礼而逃亡至此地。[2] 诚如米诺尔斯基所言,[3] 上述有关从沙州到达契丹首都之路程的原始情报,当来自马卫集书中第 22 节所介绍的、于 1027 年同西州回鹘使者一同访问哥疾宁王朝的契丹使者。即,上述 Shārī 族定是在 1027 年之前移居至此地的。关于地名 Sānjū,米诺尔斯基视作 Sājū(沙州),巴哈提视作鄯州。[4] 不过在新发现的马卫集书的波斯文抄本中,该地名写作 Sājū(沙州)。[5] 这里值得注意的是——Shārī 族是遭到伊斯兰教攻击后才向东方移动的。按 sarï 可以视作 sarïγ 的尾音-γ 脱落后的简化形式。[6] 佐口透与巴哈提把其与马卫集书中记录的活动于钦察草原上的 al-Shāriya 相联系起来,固然可备一说。[7] 唯二者相距异常遥远,似有牵强之嫌。相反,米诺尔斯基与哈密顿将其与撒里畏兀儿(Sarï Uyγur)联系起来是有道理的。[8] 不过,米诺尔斯基将其与甘州回鹘直接联系起

<hr>

[1] 有关马卫集生平见 *The Encyclopaedia of Islam*,new edition,Leiden,1995,vol.6,p.628.

[2] V. Minorsky,*Sharaf al-Zamān Ṭāhir Marvazī on China*,*the Turks and India*,London:Royal Asiatic Society,1942,pp.18 - 19.

[3] V. Minorsky,*Sharaf al-Zamān Ṭāhir Marvazī on China*,*the Turks and India*,pp.72,76.关于契丹使者抵达时间,比鲁尼(Biruni)和噶尔迪吉(Gardīzī)记作 1026 年,马卫集记作 1027 年。

[4] V. Minorsky,*Sharaf al-Zamān Ṭāhir Marvazī on China*,*the Turks and India*,p.72;巴哈提·依加汗《辽代的拔悉密部落》,《西北民族研究》1992 年第 1 期,第 141—142 页。

[5] 乌苏吉《〈动物之自然属性〉对"中国"的记载——据新发现的抄本》,王诚译,邱铁皓校,《西域研究》2016 年第 1 期,第 105 页。

[6] G. Clauson,*An Etymological Dictionary of Pre-Thirteenth Century Turkish*,p.848.

[7] 佐口透《サリク・ウイグル種族史考》,《山本博士還暦記念東洋史論叢》,东京,山川出版社,1972 年,第 199—200 页;巴哈提·依加汗《辽代的拔悉密部落》,第 145—146 页。

[8] V. Minorsky,*Sharaf al-Zamān Ṭāhir Marvazī on China*,*the Turks and India*,p.73;哈密顿《仲云考》,耿升译,《西域史译丛》,乌鲁木齐,新疆人民出版社,1985 年,第 174—176 页。

来，则缺乏论据。哈密顿推定，11 世纪时期出现在于阗东面的黄头回鹘原本是操突厥语的佛教部族，因遭到伊斯兰教徒的驱逐而离开了塔里木盆地。反观 Or.8212 - 76 文书记录的大俟斤撒里地方蘜官（Tay Irkin Sarïɣ Uluš Urungu），俟斤是部族长之义，Sarïɣ Uluš 的 Uluš 强调的是地域，相当于英语的 country，Urungu（蘜官）原意为"旗帜"，此处是部族首领之义。总之，Tay Irkin Sarïɣ Uluš Urungu 指的是统领 Sarïɣ 部族居住地的首领。

反观汉籍史料，981 年出使西州回鹘的宋使王延德谓其"所统有南突厥、北突厥、大众熨、小众熨、样磨、割禄、黠戛斯、末蛮、格哆族、预龙族之名甚众。[1] 其中的众熨即仲云，当时活动在于阗东北、罗布泊南大屯城（今米兰）一带。[2] 这表明当时的西州回鹘，势力已经发展到塔里木盆地东缘。无独有偶，稍晚的汉籍史料记录 11 世纪时期有黄头回鹘在于阗北面地区活动。《宋会要辑稿》蕃夷 4《拂菻》言："元丰四年（1081）十月六日，拂菻国贡方物。大首领你厮都令厮孟判言：'其国东南至灭力沙，北至大海，皆四十程，又东至西大石及于阗王所居新福州，次至旧于阗，次至约昌城，乃于阗界。次东至黄头回鹘，又东至达靼，次至种榅，又至董毡所居，次至林檎城，又东至青唐，乃至中国界。西至大海约三十程。'"[3] 同《宋会要辑稿·蕃夷四·于阗》在介绍元丰六年（1083）于阗使者入贡时也提到"道由黄头回鹘、草头达靼、董毡等国"。[4] 上文中出现的黄头回鹘，居地位于沙

---

〔1〕 （南宋）王明清《王延德历叙使高昌行程所见》，《挥麈录·前录》卷 4，上海书店出版社，2015 年，第 28—31 页。另见王国维《古行记四种校录》所收《王延德使高昌记》，王东点校，载《王国维全集》第 11 卷，杭州，浙江教育出版社，2009 年，第 161—164 页。

〔2〕 榎一雄《仲雲族の牙帳の所在地について》，鈴木俊教授還暦記念会編《鈴木俊教授還暦記念東洋史論叢》，东京，1964 年，收入氏著《榎一雄著作集》第 1 卷，东京，汲古书院，1992 年，第 149—157 页；哈密顿《仲云考》，耿升译，《西域史论丛》，第 164—165 页。

〔3〕《宋会要辑稿》蕃夷 4《拂菻》，北京，中华书局，1957 年，第 7723 页。相同史料还见于《续资治通鉴长篇》卷 317《神宗元丰四年》十月己未条。

〔4〕《宋会要辑稿·蕃夷四·于阗》，第 7722 页。

州西南，于阗以东，即今柴达木盆地、敦煌与罗布泊之间，[1]即是元代史料所见撒里畏吾（Sarïγ Uyγur）。[2] 则此黄头回鹘，视作 Or.8212-76 文书记录的撒里地方（Sarïγ Uluš）的大俟斤纛官（Tay Irkin Urungu）所统领的部族后裔似为稳妥。另外，笔者释读的和田出土鲁尼文木牍文书中，木牍文 b3 行—c1 行出现 sarïγ upasi upasančïγ bïng ačsïz biz el yarattïm〔撒里族的优婆夷、优婆塞一千人，没有贪欲的我们让（他们）组织了“国”〕。[3] 虽然仍有必要对实物进行探查，但 Or.8212-76 中大俟斤撒里地方纛官（Tay Irkin Sarïγ Uluš Urungu）的发现，表明笔者关于木牍文书的解读存在极大的可靠性。

小 结

综上，依据对文书中出现的拔塞干将军（Bars Qan Sangun）和大俟斤撒里地方纛官（Tay Irkin Sarïγ Uluš Urungu）等的考释，笔者以为 Or.8212-76 文书属于西州回鹘王国时期。文书中直言“把来自高昌城（Qočo Balïq）的剑分发给了曲出喀剌（Küč Qara）”进一步证实了这一可能性。鉴于文书发现地米兰位于塔里木盆地东面，该文书反映的是西州回鹘向塔里木盆地东面的势力扩张。

---

〔1〕 主要参见李符桐《撒里畏吾儿（Sari-vigurs）部族考》，《边政公论》第 3 卷第 8 期，1955 年，收入氏著《李符桐论著全集》，台北，学生书局，1992 年，第 45—46 页；高自厚《黄头回纥与河西回鹘的关系》，《西北民族文丛》1984 年第 2 期，收入赞丹卓尕主编《裕固族研究论文续集》上册，兰州大学出版社，2002 年，第 44—46 页。

〔2〕 相关考证主要参见王国维《黑鞑事略笺证》，1926 年，收入《王国维遗书》，上海古籍出版社，1983 年，胡逢祥点校本收入谢维扬、房鑫亮主编《王国维全集》第 11 卷，杭州，浙江教育出版社，第 397—398 页；佐口透《サリク・ウイグル種族史考》，第 191—192 页；李符桐《撒里畏吾儿（Sari-vigurs）部族考》，第 48—51 页。

〔3〕 白玉冬、杨富学《新疆和田出土突厥卢尼文木牍初探，突厥语部族连手于阗对抗喀剌汗朝的新证据》，第 41 页。

第六章　突厥鲁尼文原字 ᛟ 的释音

　　北方草原、叶尼塞河流域与中亚地区出土的胡汉语碑刻,是记录上述相关地区人民历史及其与中原天朝政权间关系的珍贵资料。其中的突厥鲁尼文碑刻,年代多属于 8 至 11 世纪,主要是突厥汗国、回鹘汗国和黠戛斯汗国,以及操古代突厥语的中亚诸民族的遗物。关于上述突厥鲁尼文碑刻,国际上虽然有百年以上的研究历史,但由于受语言、文字、宗教等诸多变化因素的影响,时至今日仍然有不少文义晦涩、难以释清之处。虽然这些问题不大,但直接影响到碑文内容,甚至往往与碑文所反映的重大历史背景有关。一言以蔽之,关于突厥鲁尼文碑刻,我们仅仅停留在宏观上的了解仍显不足,尚需要在微观上进一步精雕细琢。譬如,学术界尚无统一读法的突厥鲁尼文原字 ᛟ 即是其中之一。

　　据本人现阶段了解,原字 ᛟ 出现于 9 方突厥鲁尼文碑刻和日本龙谷大学藏吐鲁番吐峪沟出土突厥鲁尼文写本残片中。其中,前者包括后突厥汗国暾欲谷第 1 碑(北面第 2 行,总第 26 行)、叶尼塞碑铭的 Uyk-Arjan 碑铭(E2)、Buy-Bulun 第 2 碑铭(E49)、Yur-Sayïr 第 2 碑铭(E94),中亚伊赛克湖畔的 Ak-Ölön 第 2 铭文,阿尔泰山 Kalbak 第 26 铭文(A48)和 Karban 铭文(A50),漠北草原的特布什(Tebush)铭文,以及回鹘汗国塔里亚特碑碑(北面第 3 行与第 4 行)。[1]

---

〔1〕　此外,据巴图图鲁噶(Ts. Battulɣa)之说,西内夫(M. шинэхүү)曾介绍漠北的达日必(Darbi)铭文中出现 ᛟ 并读作 baš。见 Ts. Battulɣa《特布什刻铭重新释读》,《蒙古国人类学、考古与民族学》2005 年第 1 卷第 1 期,中译文见哈斯巴特尔、陈爱峰译《一组突厥卢尼文刻铭研究(一)》,收入杨富学编著《回鹘学译文集新编》,兰州,甘肃教育 (转下页)

近年,笔者搜集到上述 9 方碑刻铭文或其拓片的图版或摹写,经逐字研读,发现该字读作 rt 最为合理。值得一提的是,塔里亚特碑碑北面第 3 行与第 4 行缺损严重,前人读法不一,且内容涉及回鹘汗国建国早期的左右翼部族名称,问题复杂。若能够结合 ⋈ 的读法对相关问题进行讨论,想必对学术界是一大贡献。不过,本章的创作初衷是探讨语言文字学方面的释读问题。涉及历史学的相关讨论,恐怕会影响到拙文核心观点,且容易节外生枝。是故,关于出现于塔里亚特碑碑的原字 ⋈,笔者仅主张其可读作 rt,兹不予以介绍,拟另作研究。

总之,关于突厥鲁尼文原字 ⋈,追本溯源,发现虽然另有 lïq、baš、s(ïs/sï)、ča 等读法,且前人亦有主张读作 rt 者,但均仅限于言及,并无依据诸多碑刻内容的综合性考察。本章有望为 ⋈ 问题的解决提供强有力的证据。故撰此文,以求教于大家。

一、史料概述与引文范例

本文引用的突厥鲁尼文碑刻与铭文,包括后突厥汗国早期的暾欲谷碑、叶尼塞碑铭、中亚的阿尔泰山铭文和天山铭文,以及漠北草原小型碑铭。其中,暾欲谷碑约建于 8 世纪初期,其余碑刻与铭文虽无特定的年代指标,但学术界一般认为应在 8—11 世纪。由于回鹘汗国碑文所使用的突厥鲁尼文及其记录的语言与后突厥汗国完全相同,可以认为暾欲谷碑原字 ⋈ 的语音与回鹘碑文上的语音相同。是故,可以说以下引用的 9 方(条)碑刻与铭文涵盖古代东部突厥语的

（接上页）出版社,2015 年,第 40 页。笔者确认巴图图鲁噶本人及其引用的对达日必铭文进行过实地调查的科尔姆辛(И. В. Кормушин)的摹写和换写,并未发现 ⋈。见 Ts. Battulγa《达日必碑刻》(Darbi Bichees), *Acta Mongolica*, vol. 9, 2009. 中译文见哈斯巴特尔、陈爱峰译《一组突厥卢尼文刻铭研究(二)》,收入杨富学编著《回鹘学译文集新编》,第 54—61 页。西内夫关于 ⋈ 的摹写、换写和转写见第 57 页碑刻 3—2。兹不取西内夫之说。

主要分布地，极具代表性。接下来，我将依据拓片图版等，逐一给出上述 9 方碑刻铭文相关部分的换写（transliteration）、转写（transcription）、中译文和必要词注，并分别略作分析。其中，⋈ 换写时按原字录文，并在之后的［］内标注 rt，转写作 rt。其他引文范例如下：

换写：元音：a＞ä/a,e＞e,i＞i/ï,W＞o/u,ü＞ö/ü；辅音：小写字母代表拼写前舌音文字与前后舌双舌音的文字，大写字母代表拼写后舌音文字。另，叶尼塞碑铭中，用于拼写前舌音 s/š 和后舌音 S/Š 的文字∧以 ṡ 来换写，ŋ 的异体字⬦以 ŋ̇ 来换写，m 的异体字ꑖ以 ṁ 来换写。符号："（ ）"内文字表示能见到残余笔画文字，"［ ］"内文字表示完全破损文字的推测复原，"/"表示完全破损文字，":"表示碑文所刻停顿符号，"♯"表示断裂处。

转写："＜ ＞"表示忘刻或误刻的文字，"/"表示不能复原的破损之处，下方加点文字为需要改读文字。

译文："（ ）"内文字为补充说明，"/"相当于换写和转写之中不能复原的破损部分。

另，关于相关碑刻铭文的研究史，以及与前辈学者的解读之间的区别等，必要者除外，因过于繁琐，兹不一一指明。为保持文章格式的一致性，引用苏联等国外学者的相关换写、转写时，均按上述范例改写引用。

二、暾欲谷第一碑北面第 1—2 行

暾欲谷第一碑北面第 1—2 行，即总碑文第 25—26 行。下面是依据大阪大学博物馆网站（https://db. museum. osaka-u. ac. jp/jp/database/GstLogin. htm）公开的拓片图版（图版 6‑1,6‑2）给出的换写、转写和译文。

 1 ü t n t m：s ü Y E R i T D m：T L T（N D uQ）m（W z）t

r m l k č a；W G R Q L T d m；T ü z a；b(i z)r a Q R G；
s ük d m；Y uQ R W；T y t a Y D G N；[T](š) i G č T W
T N W；G T W R T m；ü ŋ r k i r；

ötüntüm；sü yorïtdïm；atlatanduqumuz tärmil käčä；uγur
qalïtdïm；at üzä；bizrä；qarïγ；sökdim；yoqaru；at yetä
yadaγïn；taš ïγač tutunu；aγturtïm；öŋräki är；

2　Y W G R č a；(W D)[W]；i B R ◄ [r t]；S D m z；Y W
B L W；i n t m z；W N tün k a；Y nt Q i；T W G b i r ü；
B R D m z；y r č i；y r Y ŋ L p；B W G z L nt i；B W ŋ D
p；Q G N；y l ü ük r t m s

yoγurča；udu；ï bar art；ašdïmïz；yubalu；entimiz；on
tünkä；yantaqï；tuγ äbirü；bardïmïz；yerči；yer yaŋïlïp；
boγuzlantï；buŋadïp；qaγan；yälü kör temiš.

[1]我请求了(我的可汗)。我让军队出征了。我们上马了。越过
tärmil 河,我让(军队)等待时机。我在马上冲开了我们这边的雪。
我让(军队)向上牵着马,徒步抓着石头和树木攀登。前面的战士[2] 踏
开(路),我们跟着越过了长有灌木的山口。我们克服(困难)下了山。
十个晚上,我们绕行着身边的障碍物而前进。向导搞错了路,被杀掉
了。困难之际,可汗说:"驱马看看!"

词注

1. t r m l▷tärmil(塔米尔河):拉德洛夫(W. Radloff)在 t 之
前复原出 Q,转写作 aq tärmäl,视作专用名词。[1] 这一读法影响深

〔1〕 W. Radloff, *Die Alttürkischen Inschriften der Mongolei*, 3vols., St.-
Petersburg：Eggers, 1894 - 1899, vol. 3, 1899, pp. 12 - 13, *l.* 26 (rep.：Osnabrück,
1987).

远，奥尔昆（H. N. Orkun）、[1]M. Sprengling、[2]小野川秀美、[3]
马洛夫（C. E . Малов）、[4]P. Aolto 等[5]、吉罗（R. Giraud）[6]、
芮八慈（V. Rybatzki）、[7]Á. Berta，[8]均遵循此读法。特勤
（T. Tekin)转写作 aq tärmil。[9] 耿世民转写作 aq tärmäl，翻译作
Aq Tarman。[10] 鈴木宏節建议拉德洛夫复原所读的 Q 应为 W，是
前一词 T L T（N D uQ) m(W z)＞atlatanduqumuz（我们上马了）的
一部分。笔者确认大阪大学收藏的拓片及其网上公开的图版，以往
被复原作 Q 的残余笔画实际上就是 W，W 与 t 之间是 z 的下半部。
不过，鈴木宏节同时提议 t r m l 应转写作 tärmäl。笔者以为，按特
勤转写 tärmil 为好。克劳森（G. Clauson）推定 aq tärmil 是位于杭
爱山和唐努山之间的河流。[11] 吉罗以为是特勒敏湖（Telmen

[1] H. N. Orkun, *Eski Türk Yazıtları*, 4vols., Istanbul: Devlet Basımevi, 1936 -
1940, vol. 1, 1936, pp. 108 - 109, *l*. 25.

[2] M. Sprengling, "Tonyukuk's Epitaph: An Old Turkish Masterpiece
Introduction, Text, Annotated Scientific Translation, Literary Translation and
Transliteration", *The American Journal of Semitic Languages and Literatures*, vol. 56,
no. 1, 1939, p. 15, *l*. 25.

[3] 小野川秀美《突厥碑文譯註》,《满蒙史論叢》第 4 辑，1943 年，第 73 页第 25 行。

[4] C. E . Малов, *Памятники древнетюркской письменности: тексты и
исследования*, Москва-Ленинград: Академия наук СССР, 1951, pp. 58, *l*. 25, 62, *l*. 25.

[5] P. Aalto, "Materialien zu den alttürkischen Inschriften der Mongolei,
gesammelt von G. J. Ramstedt, J. G. Granö und Pentti Aalto", *Journal de la Société
Finno-Ougrienne*, vol. 60, no. 7, 1958, pp. 38 - 39, *l*. 25.

[6] R. Giraud, *L'inscription de Baïn Tsokto*, *édition critique*, Paris: Adrien
Maisonneuve, 1961, pp. 26, *l*. 25, 55, *l*. 25.

[7] V. Rybatzki, *Die Toñuquq-Inschrift*, Szeged: University of Szeged, 1997,
pp. 33, 57, 106.

[8] Á. Berta, *Szavaimat jól halljátok* ..., *A türk és ujgur rovásírásos emlékek
kritikai kiadása*, Szeged: Jate, 2004, pp. 36, 58, 81.

[9] T. Tekin, *A Grammar of Orkhon Turkic*, Indiana University, 1968, pp. 251,
286; T. Tekin, *Les inscriptions de l'Orkhon: Kul Tighin*, *Bilghé Qaghan*, *Tounyouqouq*
(*Dil ve Edebiyat Dizisi*, vol. 2), Simurg : T. C. Kültür Bakanliği, 1995, pp. 86 - 87; T.
Tekin, *Orhon Yazıtları: Kül Tigin*, *Bilge Kağan*, *Tunyukuk*, Ankara: Sanat Kitabevi,
2003, pp. 86 - 87, 141.

[10] 耿世民《古代突厥文碑铭研究》，第 100 页第 25 行。

[11] G. Clauson, "Some Notes on the Inscriptions of Toñuqoq", L. Ligeti ed.,
Studia Turcica, Budapest: Akadémiai Kiadó, 1971, p. 129.

Nor)。[1] 芮传明遵循特勤意见，转写作 aq tärmil，考证为塔米尔河。[2]《周书》卷 42《突厥传》言突厥"又以五月中旬，集他人水，拜祭天神"。[3] 此处"他人水"是唐人为避唐太宗李世民讳所改称，实应为"他民水"。"他民"语音上与 tärmil 有共通之处。虽然芮传明关于 aq tärmil 的 aq 之讨论现在看来未必有益于问题的解决，但其把 tärmil 视作塔米尔河，即唐人所记他人（民）水有一定道理。

就上引文而言，学术界的最大分歧点在于对第 2 行出现的文字 ◪ 的释读上。关于该字，笔者释读作 r t，[4]视作与之前的 i B R＞ï bar（长有灌木的）构成词组 i B R◪[r t]＞ï bar art（长有灌木的山口或山岭）。汤姆森仅转录出 X，[5]拉德洛夫（W. Radloff）摹写作 ïQ i，换写作 Qi，视作与之前的 i B R＞ï bar 构成固有名词。[6] 小野川秀美推定作 ïγ，视作名词宾格语尾。[7] 吉罗换写转写均作 ča，视作与之前的 B R＞bar 构成 barča（完全，从头到尾）。[8] 马洛夫转写作 bas（应即 baš——笔者），但未译出。[9] 兰斯铁转写作 lïq，括号内后加"？"，以示存疑，并在注释中介绍可能是 luq。[10] 笔者除外的上述诸意见中，拉德洛夫的摹写虽然获得奥尔昆（H. N. Orkun）

───────────

〔1〕 吉罗（R. Giraud）著，耿升译《东突厥汗国碑铭考释》，乌鲁木齐，新疆社会科学院历史研究所，1984 年，第 240 页。

〔2〕 芮传明《古突厥碑铭研究（增订本）》，第 68—69 页。

〔3〕 北京，中华书局，1971 年，第 910 页。

〔4〕 白玉冬著《九姓达靼游牧王国史研究（8—11 世纪）》（北京，社会科学出版社，2017 年，第 51 页）引用塔里亚特碑碑北面第 4 行时，◪ 的释音作（R?）。此为排版错误，实为（R T?）。兹予以更正。

〔5〕 转引自 R. Giraud, *L'inscription de Baïn Tsokto*, *édition critique*, p. 97.

〔6〕 W. Radloff, *Die Alttürkischen Inschriften der Mongolei*, vol. 3, pp. 14 - 15, *l*. 27.

〔7〕 小野川秀美《突厥碑文譯註》，第 74 页第 26 行。

〔8〕 R. Giraud, *L'inscription de Baïn Tsokto*, *édition critique*, pp. 26, *l*. 26, 55, *l*. 26, 97 - 98.

〔9〕 С. Е. Малов, *Памятники древнетюркской письменности: тексты и исследования*, pp. 58, *l*. 26, 62, *l*. 26, 67, *l*. 26.

〔10〕 P. Aalto, "Materiaikien zu den alttürkischen Inschrifften der Mongolei", pp. 38 - 39, *l*. 26, 55, *l*. 26.

首肯，[1]但该释读案并非立足于对词义文义的分析，臆测成分较大，后人多不信从。小野川秀美的读法词义上可通，但用于拼写 ïγ 的 G 字在突厥鲁尼文碑文上利用率极高，难以想象此处专用一个并不常见的另一原字来代替它。而吉罗的释读 B R✕>barča（一切，所有物），就 i B R>ï bar（长有灌木）的 i 之前是停顿符号"："，即 B R>bar"有，存在"是与 i（灌木丛）构成词组而言，难以服人。再者，就紧前面相隔约 7—8 字即有原字 č a 而言，亦不理解为何此处专用另一个单独的文字来特意代替它。而马洛夫和兰斯铁的释读，相比其他意见具有一定的说服力。其中，马洛夫的释读案 baš 获得 Á. Berta、特勤、耿世民、西内夫（М. шинэхүү）、宝乐德（Л. Болд）、片山章雄等人的支持。[2]后者兰斯铁的释读案 lïq 则获芮八慈支持，芮氏进而在注释中介绍 barlïq 是一个与 barïm（财产）有关的地名，位于图瓦最西部。[3]另，特伊贝科娃（Л. Н. Тыбыкова）等《阿尔泰山古代突厥鲁尼文纪念铭文图录》中列出的相关铭文字母表，[4]阿里莫夫《天山铭文：对古代突厥鲁尼文铭文的考察》中列出的西部天山地区的铭文字母表，亦从兰斯铁释读案。[5]

　　由于这段内容讲述的是行军爬山越岭，文义上而言，前人复原作

〔1〕 H. N. Orkun, *Eski Türk Yazıtları*，vol.1，pp.108-109，*l*. 26.但未给出转写和译文。

〔2〕 Á. Berta, *Szavaimat jól halljátok ...*，*A türk és ujgur rovásírásos emlékek kritikai kiadása*，pp.36，*l*. 26，59，*l*. 26，81；T. Tekin, *A Grammar of Orkhon Turkic*，pp.251，286；T. Tekin, *Les inscriptions de l'Orkhon: Kul Tighin*，*Bilghé Qaghan*，*Tounyouqouq*，p.88；T. Tekin, *Orhon Yazıtları: Kül Tigin*，*Bilge Kağan*，*Tunyukuk*，pp.88，141；耿世民《古代突厥文碑铭研究》，第 100 页第 26 行；М. Шинэхүү, "Орхон-Енисейн бичиг Монголын малын тамгатай холбогдох нь"，*Монголын этнографийн асуудал*，Улаанбаатар：Шинжлэх ухааны академийн хэвлэл，1976，p.67；Л. Болд, *Орхон бичгийн дурсгал*，vol.2，Улаанбаатар：Соёмбо принтинг，2006，p.10；片山章雄《タリアト碑文》，森安孝夫、奥其尔编《モンゴル国现存遗迹・碑文调查研究报告》，第 168—171 页。

〔3〕 V. Rybatzki, *Die Toñuquq-Inschrift*，pp.33，58-59，n. 163，106，n. 274.

〔4〕 Л. Н. Тыбыкова, И. А. Невская, М. Эрдал, *Каталог древнетюркских рунических памятников Горного Алтая*，Горно-Алтайск：Горно-Алтайского государственного университета，2012，p.26.

〔5〕 R. Alımov, *Tanrı Dağı Yazıtları: Eski Türk Runik Yazıtları Üzerine Bir İnceleme*，Konya：Kömen Yayınları，2014，p.26.

baš(山头)不悖于理。而 lïq 或 luq 属于名词后续词缀,与之前的名词构成"用于……的(东西),为了……的(东西)"之义。ï barlïq 或 ï barluq 可以理解作"长有灌木丛之地"。有鉴于此,ᛗ 复原作 lïq/luq 亦于理可通。不过,用于表示山的名词,古突厥语中另有 qïz(山的阴面),yïš(山林),taγ(山、山峰),qïr(高地、独石山),art(两侧高地之间的低洼地,山口、山岭)等。就这些词汇所包含的词义,以及上引暾欲谷碑内容而言,ᛗ 完全存在以上其他单词之一的可能性。

三、中　亚　铭　文

中亚突厥鲁尼文铭文,重点指的是约 90 条阿尔泰山和约 45 条西部天山地区的题记铭文。前者主要分布在今俄罗斯阿尔泰共和国和蒙古国西端,后者主要分布在今吉尔吉斯斯坦的塔拉斯(Talas)、Koçkor(纳伦州北部)和伊赛克湖等地区。19 世纪末以来陆续发现的这些碑铭题记,字体虽然接近于叶尼塞碑铭,但其中包括一些与突厥回鹘的大型碑文所使用的文字写法不同的异体字。是故,相比其他地区出土的突厥鲁尼文文献,其相关研究分散且进展缓慢。幸有特伊贝科娃(Л. Н. Тыбыкова)等在《阿尔泰山古代突厥鲁尼文纪念铭文图录》中刊出了前者 90 条铭文的图版、摹写、换写、转写和俄译文,阿里莫夫(R. Alimov)在《天山铭文:对古代突厥鲁尼文铭文的考察》中刊出了后者 44 条铭文的图版、摹写、换写、转写和土耳其语译文。另,库兹拉索夫(И. Л. Кызласов)在《欧亚草原上的鲁尼文铭文》中,着重进行了考古学和文字学方面的介绍和研究,并刊出了南叶尼塞地区 18 条铭文的图版或摹写,其中包括部分阿尔泰山铭文。[1] 上述前辈学者刊出的图版和摹写,为笔者提供了难得的第一手数据。以下笔者主要依据这些图版或摹写,给出关于镌刻有原字

---

〔1〕 И. Л. Кызласов, *Рунические письменности евразийских степей*, Moskva: Rossijskaya Akademiya Nauk, Institut Arheologii, 1994, pp. 289 - 320.

⋈的 3 方铭文的研究成果，并稍加考释。

（一）阿尔泰山 Kalbak Tash 第 26 铭文

Kalbak Tash 地理坐标为北纬 50.4 度、东经 86.8 度，距新西伯利亚市 721 公里，距俄蒙边境 215 公里，集中有 29 条铭文。[1] Kalbak Tash 第 26 铭文，即特伊贝科娃编号阿尔泰山第 8 铭文，共 13—15 个字符，长 39.5 厘米，文字高 2.2—4.5 厘米。铭文最早由瓦西里耶夫换写作 d z s z，转写做 bediz esiz（图画，遗憾！）。[2] 之后，特伊贝科娃等人读出 9 个字符，对上述瓦西里耶夫的释读进行了重大改进，然未能给出整段文字的转写和译文。以下是根据特伊贝科娃刊出的摹写（图版 6 - 3），并参考其换写给出的换写、转写和译文。[3]

⋈［r t］z T（uQ）ś（k）n r ŝ i R m a［G N］

art aztuq as äkin ärsi armaɣan[4]

在山口迷路的貂幼崽是个微薄的礼物。

笔者关注的原字 ⋈［r t］＞art，铭文中写作⧖。关于该文字，特伊贝科娃等录文和换写均作（?），以示存疑。由于第 2、3、4 字构成动词 az-的形动词 aztuq-（迷路的），此处第 1 字 ⋈ 应单独构成一词。结合第二节末尾介绍的关于暾欲谷碑 ⋈ 的可能的读法，我们可以首先排除 ⋈ 读作名词后缀词尾 lïq 或 luq 的可能。那么，⋈ 取 qïz（山的阴面），yïš（山林），taɣ（山、山峰），qïr（高地、独石山），art（两侧高地之间的低洼地，山口、山岭），baš（山峰、山头）中的哪一个比较好？

笔者注意，同样文字 ⋈ 还见于吉尔吉斯斯坦塔拉斯河谷

---

〔1〕 Л. Н. Тыбыкова，И. А. Невская，М. Эрдал，*Каталог древнетюркских рунических памятников Горного Алтая*，pp. 35 - 36，69.

〔2〕 瓦西里耶夫解释参见特伊贝科娃转引。

〔3〕 依据 Л. Н. Тыбыкова，И. А. Невская，М. Эрдал，*Каталог древнетюркских рунических памятников Горного Алтая*，第 93 页摹写，并参考同页换写。

〔4〕 R m a［G N］＞armaɣan"礼物"。此为推测复原，不排除镌刻或摹写时遗漏的可能。

Achik-Tash 地方发现的方形木杵铭文中。[1] 该木杵铭文四面各 1
行，共 4 行，其中出现不见于其他碑铭的呈向右下方倾斜的梯子样▨
状和布袋样 ꙮ 状等异体字。关于上述木杵文，奥尔昆和马洛夫的释
读之间存在很大差异，[2] 且其文义有不少不明之处。虽然二位关于
Ⓧ 的释读案 baš 有待验证，但其将 Ⓧ 视作 ⋈ 应为正确。笔者依据马
洛夫公开的图版（图版 6-4），并结合上面给出的 ⋈ 的可能的读法释
读上述木杵文，发现包括 Ⓧ 在内的第 1 行破损部位之前的第 1—10
字应换写作 G p ṡ W rt lt z e ṡ g，转写作 aɣïp sortu altuz isig（你升起
并让吸取！热）。即 Achik-Tash 木杵文中，⋈ 按 rt 释读，解释作动
词 sortu-才能文义连贯。其中，第 3、4、5 字的释读案 sortu-，可以视
作 sor-（吸吮、吸收）的使役动词 sorut-的转音 sort-的副动词形式，[3]
第 6、7 字的释读案 altuz-可以视作动词 al-（获取、取得）的使役动词
altuz-的第二人称命令形。[4] sortu altuz 直译是（你让吸取）。但考
虑到之后是 isig（热），此处更可能是转义"你赐予！"之义，即第 1—10
字文义为"你升起并赐予！ 热"。其中的 isig（热）单独充当宾语或宾
语的修饰语，或主语的一部分。前者属于宾语置后，后者属于主语置
后。不论哪一种情况，均表明此句是强调用的倒装句。

　　反观 Kalbak Tash 第 26 铭文，Ⓧ＞⋈ 之后的 z T（uQ）＞aztuq-
是动词 az-（迷路）的过去式形动词，想象得出与暾欲谷碑情况相同，
单独的 ⋈ 构成某一名词。结合上面得出的关于 Achik-Tash 木杵文

---

〔1〕 第 1 面第 5 字。见 С. Е. Малов，*Памятники древнетюркской письменности
Монголии и Киргизии*，Москва-Ленинград：Издательство Академии наук СССР，1959，第
64 页背面图版 14。

〔2〕 主要参见 H. N. Orkun，*Eski Türk Yazıtları*，vol. 3，pp. 209-214；С. Е.
Малов，*Памятники древнетюркской письменности Монголии и Киргизии*，pp. 63-68；И.
Л. Кызласов，*Рунические письменности евразийских степей*，pp. 279-282。

〔3〕 sor-与 sorut-参见 G. Clauson，*An Etymological Dictionary of Pre-Thirteenth
Century Turkish*，Oxford：The Clarendon Press，1972，pp. 843，847。

〔4〕 al-与 altuz-参见 G. Clauson，*An Etymological Dictionary of Pre-Thirteenth
Century Turkish*，pp. 124，134。

的读法，笔者以为 Kalbak Tash 第 26 铭文中，ⵝ＞ⵖ 换写作 rt，转写为 art(山口)，正与文义相合。

(二) Karban 铭文

叶尼塞河南岸地带与阿尔泰山北部毗邻，库兹拉索夫归类的南叶尼塞突厥鲁尼文铭文中包含一部分阿尔泰山碑铭。其中，Yu18 南叶尼塞碑铭即特伊贝科娃编号阿尔泰山第 50 号铭文，原名 Karban 铭文，其地理坐标为北纬 45.8 度，东经 87.0 度。[1] 据库兹拉索夫介绍，[2] 该铭文由 В. Н. Елина 和 Е. П. Маточкина 1988 年发现于阿尔泰共和国首府戈尔诺—阿尔泰斯克以南的 Kuyus 镇对面，鄂毕河上游卡通河左岸支流 Karban 河左岸口附近的小洞窟内，克利亚什托尔内(С. Г. Кляшторный)和 Е. П. Маточкина 最早进行了研究。[3] 不过，克氏可能未见到清晰的图版，其释读案存在诸多问题。库兹拉索夫则给出了 В. Н. Елина 和 Е. П. Маточкина 二人各自的摹写(各只有第 1 行)，但未进行换写与转写。Irina Nevskaya 在关于阿尔泰山突厥鲁尼文铭文的专题论文集中，就阿尔泰山铭文进行了研究，作为未被解读的非典型铭文，以 Katanda 铭文之名，给出了摹写。[4] 特伊贝科娃等在《阿尔泰山古代突厥鲁尼文纪念铭文图录》中，给出了彩色图版、摹写和换写，并对上述克氏研究进行了补充，但未给出转写和译文。[5] 以下依据特伊贝科娃等提供的图版和摹写(图版 6-5,6-6)，并参考其换写，给出 Karban 铭文的换写、转

〔1〕 Л. Н. Тыбыкова，И. А. Невская，М. Эрдал，*Каталог древнетюркских рунических памятников Горного Алтая*，pp. 39，144.

〔2〕 И. Л. Кызласов，*Рунические письменности евразийских степей*，pp. 316-318.

〔3〕 克利亚什托尔内和 Е. П. Маточкина 的研究，见 Л. Н. Тыбыкова，И. А. Невская，М. Эрдал，*Каталог древнетюркских рунических памятников Горного Алтая*，p. 145.

〔4〕 I. Nevskaya，M. Erdal eds.，*Interpreting the Turkic Runiform Sources and the Position of the Altai Corpus*，Berlin：Klaus Schwarz Verlag，2015，p. 107.

〔5〕 Л. Н. Тыбыкова，И. А. Невская，М. Эрдал，*Каталог древнетюркских рунических памятников Горного Алтая*，pp. 145-146.

写和译文,并略加分析。

1　g b g Y L l ŋ̇ ṡ ⋈［r t］i：uQ ïQ W：a

　　ig bäg yal iling ät ašurtï：qoqu：a

2　ü l s n

　　ülüšin

1-2 病弱的官人令人厌恶地增加了 yal 地方的肉的份额！啊！
（直译：病弱的官人增加了 yal 地方的肉类,令人厌恶地,啊！以
份额）。

词注：

1. b g＞bäg(官人)：其中的 b,特伊贝科娃等换写作 ⋈,并提议
g 存在 up 的可能。我们知道,突厥鲁尼文中,⋈ 的写法与 b 相近时,
左上方斜线、右下方斜线和右上方斜线相交时,通常不会露头。然此
字露出明显,叶尼塞碑铭中存在类似形状的 b。而且,b 与之后的 g
构成的 bäg(匐),是古代突厥语族社会上层人物的泛称,在古突厥语
文献,尤其是在突厥鲁尼文碑刻文献中频繁出现。g b g＞ig bäg 直
译是"病弱的官人"之义,此处亦可能是专有名词。

1. Y L＞yal：前一文字另存在 ïQ 的可能性,可以复原作 yal(马
鬃)、yïl(年)、qïl(头发)等。考虑到之后的 l 可转写作 el(人民,国,土
地)等,且汉籍记录北方地区有马鬃山、马头山等地名,此处取马鬃之
义的 yal,视作专用名词。

1. l ŋ＞iling：el(人民,国,土地,地方)的所有格。其中的第 2
字 ŋ,特伊贝科娃等换写作 b。但该字与同行第 2 字 b(笔者释读)区
别明显,与叶尼塞碑铭的 ŋ 与 s 的异体字极其相近。

1. t＞ät(肉)：如特伊贝科娃等所言,另存在 R 的可能性。因第
2 行的 ü l s＞ülüš 是自己的份额、自己所属的部分之意,故此处所言
肉的份额,概指所负担税收的肉的额度。

1. uQ ïQ W＞qoqu(令人厌恶地)。动词 qoq-(发出燃烧的气

味,闻起来不愉快或腐败的)的副动词形式。[1] 其中的第 2 字,在特伊贝科娃等的摹写上,与同行第 4 字(笔者读作 Y)外观相同。但仔细观察图版,发现相比上述第 4 字,该字右侧并不完全呈同样的弧形,可以视作 ïQ 的变体,且叶尼塞碑铭中存在同样写法。

2. ü l s n＞ülüšin(以份额):名词 ülüš(自己的份额)后续名词工具格词缀 in。特伊贝科娃等换写作 ü l/ŋ n,即认为第 2 字存在 l 与 ŋ 两种可能。不过,笔者看来,其读作 n 的末尾文字是相连在一起的 n 与 s,s 之前的文字,即第 2 字应为 l。

Karban 铭文中,动词 ašurtï(增加了)出现在第 1 行,修饰动词的副动词 qoqu(令人厌恶地)紧随其后,起补充作用的介词短语 ülüšin(以份额)出现在铭文末尾。就此排列顺序而言,Karban 铭文是个具有强调性质的倒装句。值得一提的是,关于笔者释读的 š ⋈[r t] i＞ašurtï(增加了),特伊贝科娃等换写作 b/ŋ lïq i,即第 1 字给出 2 种可能,第 2 字 ⋈ 读作 lïq,第 3 字与笔者相同。其中的第 1 字,考虑到同行第 1 字 b 的写法,首先可以排除 b 的可能。叶尼塞碑铭中该文字存在两种可能,即 s 或 ŋ 的异体字。前文指出 l 后面的字为 ŋ 的异体字ŋ̇,故此处视作 s 的异体字 ṧ。参照前一小节得出的结论,⋈ 完全存在读作 rt 的可能。而且,ṧ ⋈[r t] i＞ašurtï(增加了)正与文义相合。依据同一行的 uQ ïQ W＞qoqu(令人厌恶地),第 2 行的 ü l s n＞ülüšin(以份额)来推断,此文大概是人民针对领主(ig bäg)增加以肉类(ät)上交的 yal 地方(yal il)税收份额(ülüš)的感叹文。

(三) Ak-Ölön 第 2 铭文

Ak-Ölön 第 2 铭文 2008 年由 K. Tabaldiyev 和 K. Belek 发现于吉尔吉斯斯坦伊赛克湖州 Ton 地区的 Ak-Ölön 村附近,镌刻于一表面平整的青黑色巨型岩石之上,共 35 个字符。岩石表面另有 10 多幅山羊、人物等岩画图案。以下是依据阿里莫夫《天山铭文:对古

---

[1] qoq-见 G. Clauson, *An Etymological Dictionary of Pre-Thirteenth Century Turkish*, p.609.

代突厥鲁尼文铭文的考察》的图版、摹写(图版 6 - 7,6 - 8),并参考其换写、转写给出的换写、转写和译文。[1]

　　t ŋ r d k i t g l ü k t g n a y r d k i y g r n D G ◂ [R T] ü n i ü z i b r a

　　tä ŋ ridäki täglük tegin-ä yirdäki yägrän adïɣ art üni özi bir-ä

　　天上的盲王子,啊! 地上的棕熊,山口的名声就是他自己(直译:山口的名声和他自己是一个),啊!

　　关于上引文中的 ◂ [R T]＞art(山口,山岭),阿里莫夫换写作 lïq,转写作 lïq,视作与 adïɣ(熊)构成复合名词 adïɣlïq。铭文中, ◂ 之后的 üni 是名词 ün(声音,名声)的第三人称形式,[2]其中的 i 代指此前的名词。虽然未能确认到名词 adïɣlïq 确切存在,但 adïɣlïq üni 大概可以理解作"熊的声音"。故阿里莫夫把整句译作"天上的盲王子、地上的灰熊的声音和它自身一样"。如汉语中俗称"熊瞎子"一样,可能中亚的古代突厥语族人也认为熊是熊瞎子,故此处出现"天上的盲王子"和"地上的棕熊"相对应。参照前面关于 ◂ 语音的分析,笔者不赞成将其读作 lïq,主张复原作 art(山口)。art üni 相当于"山口的名声、山口的声音"。看来,该铭文蕴含着游牧民朴素的熊崇拜和山岳崇拜思想。

四、叶尼塞碑铭

　　叶尼塞碑铭是指叶尼塞河上游的突厥鲁尼文碑文与刻写,总数约 145 方(条),主要分布在俄罗斯图瓦共和国和哈卡斯共和国境内。其中,一半左右为王侯、领主、官员等社会上层人物的墓志铭。国际

---

　　〔1〕 图版和摹写见 R. Alımov, *Tanrı Dağı Yazıtları: Eski Türk Runik Yazıtları Üzerine Bir İnceleme*, 第 229 页,换写、转写和译文见同书第 157 页。

　　〔2〕 ün 见 G. Clauson, *An Etymological Dictionary of Pre-Thirteenth Century Turkish*, p.167.

上关于叶尼塞碑铭的研究业已百年以上，积累了丰富的研究成果。其中，苏联学者瓦西里耶夫（Д. Д. Васильев）1983 年出版《叶尼塞河流域突厥鲁尼文文献集成》，刊出了 109 方叶尼塞碑铭的图版、摹写和换写。[1] 这为系统研究叶尼塞碑铭提供了翔实可信的材料。以下笔者主要依据瓦西里耶夫刊出的图版，给出关于镌刻有原字 ⋈ 的 3 方碑铭的研究成果，并略加分析。

（一）Uyk-Arjan 碑铭（E2）

Uyk-Arjan 碑铭，瓦西里耶夫编号为 E2，即叶尼塞第 2 碑铭，发现于距离 Uyk 河左岸 2 公里的图瓦共和国边境 Kokton 科克顿，距离名为 Arjan 的斯基泰时代王坟 1 公里的地方。现藏米努辛斯克博物馆，馆藏编号为 21。碑石高 240 厘米，长 49 厘米，宽 29 厘米，由灰绿色细石板制成。顶部刻有三条直线、一个圆圈、兵器和印记，底面有半月形的小型印记和图案形象。碑石自下朝上有 5 行突厥鲁尼文铭文。以下是依据瓦西里耶夫《叶尼塞河流域突厥鲁尼文文献集成》的图版（图版 6 - 9），并参考其摹写、换写给出的换写、转写和译文。[2] 铭文行序的前后排序按笔者理解，与以往研究者的释读顺序相反。

1　r T i m Y š Q ⋈ ［ r t］b n
　　är atïm yaš qurt bän

2　a č D y n：r r d m̈ m：a
　　a čad eyin：är ärdimim：a

3　r r d m̈ m：b m：u Q z
　　är ärdimim：äbim：qïz a

4　l m e t d m
　　elim etdim

5　e š m R i m z š D m

〔1〕 Д. Д. Васильев, *Корпус тюркских рунических памятников бассейна Енисея*, Ленинград: Наука, 1983.

〔2〕 图版见 Д. Д. Васильев, *Корпус тюркских рунических памятников бассейна Енисея*, 第 83 页，换写见同书第 14 页，摹写见同书第 59 页。

ešim <u>rïm azïšdïm

¹我的成人名字是 Yaš Qurt（幼狼或幼虫之意）。²啊！因为是设，我的男儿的品德啊！³我的男儿的品德和财产是罕见的。⁴我组建了我的领国，⁵我的配偶，我的儿子，我们互相告别了。

上引文中，Y š Q ⋈ [r t]>yaš qurt 构成墓主名。其中的 ⋈，拉德洛夫未转写。[1]奥尔昆按原字转写，译作 Baš，后加问号，以表不定，并在注释中尝试转写作 baš 的可能性。[2]马洛夫、爱丁（E. Aydin）团队转写作 baš，分别视作人名 yaš aq baš 或 qïsk<a>baš 的一部分。[3]瓦西里耶夫按原字换写。科尔姆辛（И. В. Кормушин）换写、转写均作 lïq，并在把笔者读作 Y 的文字读作 ïQ 的基础上，视作人名 qïsaqlïq。[4]库兹拉索夫在关于叶尼塞碑铭稀见异体字的字母表中，将 E2 与下一小节要介绍的 E49 的 ⋈ 音值拟构为 ïs，在重建的鄂尔浑字母表中给出 sï 的音值，最终推定 ⋈ 音值为 s。[5]阿曼吉奥洛夫（С. Аманжолов）换写作 rt，视作人名 yaš qart 的一部分。[6]如前所述，⋈ 在 Kalbak 26 铭文中充当整行铭文的开头第 1 字，且单独构成一词。故以上诸多读法中，将其视作词缀 lïq 的科尔姆辛的释读案大可不必考虑。阿曼吉奥洛夫转写的 qart 原意为"溃疡"，另有"伤口上的结痂，坏脾气"等义。[7]鉴于同一碑文第 5 行 R i m>

〔1〕　W. Radloff, *Die Alttürkischen Inschriften der Mongolei*, vol.1, 1895, p.305, *l*. 5.

〔2〕　H. N. Orkun, *Eski Türk Yazıtları*, vol.3, 1940, p.35, *l*. 5, 36.

〔3〕　С. Е ． Малов, *Енисейская письменность тюрков: тексты ипереводы*, Москва：Изд-во Академии Наук СССР, 1952, p.14, *l*. 5；E. Aydin, R. Alimov and F. Yıldırım eds., *Yenisey-Kırgızistan Yazıtları ve Irk Bitig*, Ankara：Bilgesu, 2013, pp.25 – 26, *l*. 5.

〔4〕　И. В. Кормушин, *Тюркские енисейские эпитафии тексты и исследования*, Москва：Hayka, 1997, pp.258 – 259, *l*.5.

〔5〕　И. Л. Кызласов, "Постоение и ранние особенности орхонского алфавита.", *Рунические письменности евразийских степей*, Москва：Восточная литература, 1994, pp. 118, 125, 131.

〔6〕　А. С. Аманжолов, *История и теория древнетюркского письма*, Алматы ：Mектеп, 2003, p.112, *l*.5.

〔7〕　G. Clauson, *An Etymological Dictionary of Pre-Thirteenth Century Turkish*, p.647.

urïm 省略或忘写了 W，此词的 Q 与 ✉[r t]之间亦有可能省略掉 W。古突厥语中存在两个 qurt，一个为"狼"，一个为"虫"，[1]而且 yaš 原意为"新鲜，潮湿"，扩展意思有"青菜，眼泪，新的一年，人生的一年"等。[2] 不论哪一个 qurt，尤其是第一个 qurt（狼）和 yaš（新鲜）相结合，构成人名"幼狼"，这对北方民族来说是个不错的选择。笔者以为，相比马洛夫复原的"年轻的白头"之义的 yaš aq baš，或爱丁等主张的词义不清的 qïsk＜a＞baš，yaš qurt（幼狼或幼虫）更胜一筹。

（二）Buy-bulun 第 2 碑铭（E49）

Buy-bulun 第 2 碑铭，瓦西里耶夫排序为 E49，即叶尼塞第 49 碑铭，发现于大叶尼塞河左岸的 Buy-Bulun 平原的一个古墓。现藏米努辛斯克博物馆，馆藏编号为 22。碑石高 317 厘米，长 30—65 厘米，宽 21—23 厘米。碑石由明亮的砂岩制成，正面和侧面分别镌刻有 3 行和 1 行突厥鲁尼文铭文。以下是依据瓦西里耶夫《叶尼塞河流域突厥鲁尼文文献集成》刊出的图版（图版 6 - 10），并参考其摹写、换写给出的换写、转写和译文。[3] 释读顺序依据瓦西里耶夫释读。

1 s z i m e：y ü z Q D š m a：L t i：B D N m a：s z m a：D R L T m

  äsizim-ä：yüz qadašm-a：altï ＜baγ＞bodunma：äsizim-ä：adrïltïm

2 r T m：Q✉[r t]t i ï Q：i N L：ü g ä：b n：y t m i š：Y š m D a：

  är atïm：qurt atïq：ïnal：ögä：bän yätmiš：yašïmda：

3 r r ɗ m：e k i：e l g：T W Q̇ m：Y G D a：W T W z：r i g：

---

〔1〕 G. Clauson, *An Etymological Dictionary of Pre-Thirteenth Century Turkish*, p.648.

〔2〕 G. Clauson, *An Etymological Dictionary of Pre-Thirteenth Century Turkish*, pp.975 - 976.

〔3〕 图版见 Д. Д. Васильев, *Корпус тюркских рунических памятников бассейна Енисея*，第 108 页，换写见同书第 30 页，摹写见同书第 69 页。

ü l r d m：a s n i

är ärdim：eki：elig：toqïm：yaγïda：otuz：ärig：ölürdim：

a-sini

4　L T i：B G：B D N m：k ü č：l g n č n R Q Q̇：l đ T S n：

B nt a t e t i

altï：baγ：bodunïm：küčü：lügin üčün arquq：eld＜ä＞tašïn：

bunta teti

[1]我的不幸啊！我的一百名家属啊！我的六个部落的民众啊！我的不幸啊！我离别了。[2]我的成人名字是 Qurt Atïq，我是伊难于伽（Ïnal Ögä），在我 70 岁中，[3]我是两位具备男儿品德的国王的战士，我杀死了敌人 30 个士兵。啊！[3-4]由于我们六个部落的民众具有力量，在强有力的领国，利用墓石在此纪念（原义为诉说）你！

　　上文第 3 行中，末尾的 s n i＞sini（把你）是第二人称的宾格形式，此处充当宾语，位置提前，与之后的第 4 行构成强调句。自此处至第 4 行末尾以第二人称语气表述，有别于之前的第一人称表述。据第一人称表述的第 2 行，墓主名为 Q◈［r t］t i ïQ＞qurt atïq。关于其中的 ◈，马洛夫、爱丁团队均转写作 baš，分别视作人名 aq baš atïq 或 aq baš atïq ïnal ögä 的一部分。[1] 瓦西里耶夫按原字换写。科尔姆辛换写作 lïq，转写作 lïq，视作人名 qalïqtïq ïnal ögä 的一部分。[2] 阿曼吉奥洛夫换写作 rt，视作人名 qart atïq 的一部分。[3]按上面介绍的 E2 碑铭墓主名中，Q◈ 之前的 Y ṡ＞yaš 单独构成一词，则此处讨论的墓主名 Q◈t i ïQ 的 Q◈ 的复原应与 E2 碑铭的 Q◈＞qurt（狼或虫）保持一致为好。另外，Q◈＞qurt 之后的 atïq 是

〔1〕 C. E. Малов，Енисейская письменность тюрков: тексты и переводы，p. 97，l. 2；E. Aydin, R. Alimov and F. Yıldırım eds.，Yenisey-Kırgızistan Yazıtları ve Irk Bitig，pp. 126 – 127，l. 2.

〔2〕 И. В. Кормушин，Тюркские енисейские эпитафии тексты и исследования，p. 172，l. 2.

〔3〕 A. C. Аманжолов，История и теория древнетюркского письма，p. 132，l. 2.

突厥语人名之一，[1]可能是 at(名、名声)的派生词。

(三) Yur-Sayïr 第 2 碑铭

Yur-Sayïr 第 2 碑铭，瓦西里耶夫排序为 E94，即叶尼塞第 94 碑铭，20 世纪 70 年代初发现于叶尼塞河左岸的 Yur-Sayïr 峡谷，现藏图瓦博物馆。高 125 厘米，长 38 厘米，宽 23 厘米。瓦西里耶夫《叶尼塞河流域突厥鲁尼文文献集成》刊出了图版、摹写和换写，其中图版 3 行，摹写和换写 4 行。[2] 爱丁等人的摹写完全遵循瓦西里耶夫，但录文、换写和转写与瓦西里耶夫的换写稍有不同。[3] 笔者按瓦西里耶夫给出的图版释读，发现 ⋈ 除外，其余部分与瓦西里耶夫的摹写和换写之间差异极大。虽然多次尝试按瓦西里耶夫的摹写识读图版文字，但均以失败告终。可能瓦西里耶夫刊出的图版与其摹写和换写之间出现了不一致或某种混淆。以下笔者排序的第 2 行，若单独一行释读的话，所有文字均可以按上下方向逆转来释读(叶尼塞碑铭中存在与前后行之间文字山下颠倒且行文相反的铭文)。瓦西里耶夫大概按此顺序释读，故 ⋈ 所在行被排在第 2 行。不过，即便按瓦西里耶夫排序，笔者释读的第 1 行文字与瓦西里耶夫的摹写、换写之间仍存在很大差别，尤其是 ⋈ 前面(右侧)第 3—7 字不成文字。故，笔者不从瓦西里耶夫排序。以下是依据瓦西里耶夫图版(图版 6 - 11)给出的换写、转写和译文。

   1   /////////š z (g) T ⋈ [r t] m Y (a) S s (a) Q i z (W)

       N /////////

       /////////äsizig tartïm yaš säkiz on /////////

---

[1] L. Rásonyi，I. Baski，*Onomasticon Turcicum*，*Turkic Personal Names*，Bloomington：Indiana University，Denis Sinor Institute for Inner Asian Studies，2007，p.86.

[2] 图版见 Д. Д. Васильев，*Корпус тюркских рунических памятников бассейна Енисея*，第 118 页，换写见同书第 41 页，摹写见同书第 75 页。

[3] E. Aydin，R. Alimov and F. Yıldırım eds.，*Yenisey-Kırgızistan Yazıtları ve Irk Bitig*，pp.183 - 184.

2　///G N ///L ///(i) R nč N ü z m Y n ïQ (z)［m］l ïQ：B
　　s Q (a) uQ L S s ič Y

　　///G N ///L ////irinčin özüm ayyïn qïzïm alïq：bašïqa
　　qïlïšï säči ay

3　i ič b g S z

　　ič bäg siz

¹//////////我抛弃了不幸(直译：我分散开了不幸)。年龄是
80 岁 /////////²///////// 怀着悲伤我自己说吧！我的女儿！你
要向坚强的首领提供帮助并谏言。³您是内廷官员。

上文中，第 3 行 i ič b g S z＞ič bäg siz(您是内廷官员)属于第二
人称语气表述，有别于第 1、2 行的第一人称语气表述。而据第 1 行，
墓主自称 ṡ z (g) T⋈［r t］m＞äsizig tartïm(我抛弃了不幸)。科尔
姆辛和阿曼吉奥洛夫未收录本碑铭，故笔者未能核实上述二位的最
终意见。而瓦西里耶夫换写作＜…＞y(或 Y)⋈ b ŋ，表明 y 之前文
字未能识读，ŋ 之后无文字。爱丁等人的摹写按瓦西里耶夫，但其录
文与摹写之间差异极大。而且，爱丁等虽然给出了包括此处在内的
全部 4 行的换写，但未能给出完整的解释，不成文义。由于释读顺序
不同，上述二位的释读案对笔者来说参考价值已大打折扣。按笔者
意见，此处的 ⋈ 仍然可以转写作 rt，与前后的 T 和 m 构成 tartïm(我
分散了，即我抛弃了)。[1]

五、特 布 什 铭 文

除了突厥与回鹘的大型碑文外，漠北地区还陆续发现有一大批
小型碑刻铭文。拉德洛夫、奥尔昆、马洛夫、西内夫、大澤孝、巴图图
鲁噶、铃木宏節等学者进行了相关研究，兹不一一介绍。相比叶尼塞

---

〔1〕 tar-参见 G. Clauson，*An Etymological Dictionary of Pre-Thirteenth Century Turkish*，p.529.

碑铭和阿尔泰山铭文等，包括特布什铭文在内，漠北小型碑铭的研究缺乏完整的图录。兹依据巴图图鲁噶刊出的相关录文，给出笔者自己的换写、转写和译文。[1]

1　T W G č i B W R G č i Y G z č W R T W G R G i
　　tuγči burγuči yaγïz čor tuγraγï

2　T W G č i B W ⋈ [r t] s d [t i]
　　tuγči bort <a>ešidti

旗手 Borta（发现并）宣布了旗手号手 Yaγïz 啜的印记。

关于上引铭文的 tuγči（旗手）、burγuči（号手）、tuγraγ（印记）等，可参见巴图图鲁噶给出的词注。引文中，笔者释读作人名的 B W ⋈ [r t]>bort <a>的部分，巴图图鲁噶将 ⋈ 读作 baš，转写作 bu baš。在此基础上，他把第 2 行译作"旗手首先公布了它（即印记——笔者）"。笔者则以为，按前文得出的结论，此处 ⋈ 仍然可以复原作 rt。B W ⋈ [r t]，最简单明了的转写是 ab urt。ab 是名词"狩猎"，与狩猎活动有关的人名在北方民族中并不罕见，惜未能发现同样用例。[2]而且，据克劳森介绍，urt 是"针眼"之义，[3]然则 urt 似乎难以成为人名要素。故此处取人名 borta。[4]

小　　结

依据上面列出的 9 方突厥鲁尼文碑铭题记的释读，笔者以为突厥鲁尼文原字 ⋈ 音值为 rt。至于龙谷大学藏吐峪沟出土突厥鲁尼

---

〔1〕　Ts. Battulγa《达日必碑刻》，见哈斯巴特尔、陈爱峰译《一组突厥卢尼文刻铭研究（一）》，第 40 页。

〔2〕　参见 L. Rásonyi，I. Baski，*Onomasticon Turcicum*，*Turkic Personal Names*.

〔3〕　G. Clauson，*An Etymological Dictionary of Pre-Thirteenth Century Turkish*，p. 201.

〔4〕　人名 borta 参见 L. Rásonyi，I. Baski，*Onomasticon Turcicum*，*Turkic Personal Names*，p. 162.

文写本残片，[1]由于文本残缺不全，很难得出完整的词义与文义。虽然爱丁等对其进行了研究，但仅限于换写。[2] 笔者看来，爱丁等的释读仍有问题有待解决。尤其是关于第 3 行出现的 ⋈，爱丁等人换写作 RT，但没有给出理由。此读法与其自身对叶尼塞碑铭的解读意见相左。笔者以为，该写本残片中，⋈ 与之前的 R 构成 ar art（枣红色山岭），可能与汉文记录的吐鲁番地区的地名赤山峰有关。[3]总之，关于突厥鲁尼文原字 ⋈，虽然不能否定该字存在多音字的可能性，但就目前掌握的用例而言，笔者主张读作 rt。在这些用例中，该字均出现于后舌音系列文字中。不过，随着研究的进一步推进，不否定其用于拼写前舌音文字的可能性。

---

〔1〕 相关介绍见羽田亨、山田信夫编《西域文化研究》第 4 卷，京都，法藏馆，1961 年，第 198 页，图版见同书图版 29；另见 И. Л. Кызласов, *Рунические письменности евразийских степей*, p.107.

〔2〕 E. Aydın, R. Alimov and F. Yıldırım eds., *Yenisey-Kırgızistan Yazıtları ve Irk Bitig*, p.483.

〔3〕 关于赤山峰，参见陈国灿《唐西州的四府五县制——吐鲁番地名研究之四》，《吐鲁番学研究》2016 年第 2 期，第 18—19 页。

第七章　和田出土鲁尼文木牍文再研究

公元 10 世纪,伊斯兰教在古突厥语部族中始获传播。第一个接受伊斯兰教的喀喇汗朝政权,约 10 世纪初以后,在疏勒地区初见端倪。[1] 受萨曼王朝影响,始祖毗伽阙卡迪尔汗(Bilgä Köl Qadïr Qan)之孙萨图克布格拉(Satuq Buγra,约 955—956 年去世)皈依伊斯兰教,并夺取汗位。之后,其子穆萨·本·萨图克(Mūsā b. Satuq)在 960 年左右征服天山北麓热海(今伊塞克湖)一带的古突厥语部众,使得两万帐古突厥语族人皈依伊斯兰教。不过,其在东方的发展并不顺利。丝路南道的佛国于阗,以及占据东部天山地区的西州回鹘王国,均充当起抵抗喀喇汗朝扩张的重任。其中的于阗王国,历经半个世纪的苦战,方在 1006 年左右灭于喀喇汗朝之手。

笔者 2019 年在新疆和田(古于阗)策勒县达玛沟佛教遗址进行了实地考察,并对当地出土的 6 片古代突厥鲁尼文木牍文的高精度图版进行了调查。[2] 经解读分析,发现对于阗王国抵抗喀喇汗朝扩

[1] 有关喀喇汗朝早期历史,目前仍有许多不明之处。相关介绍与研究,主要参见 C. E. Bosworth, "Ilek-Khāns," in: *Encyclopaedia of Islam*, new edition, vol. 3, 1971, pp. 1113-1114;P. B. Golden, "The Karakhanids and Early Islam", in: D. Sinor ed., *The Cambridge History of Early Inner Asia*, New York, 1990, pp. 354-358;华涛《萨图克布格拉汗在天山地区的活动》,氏著《西域历史研究(八至十世纪)》,上海古籍出版社,2000年,第 171—188 页;华涛《喀喇汗朝王室族属问题研究》,《元史及北方民族史研究集刊》第 12、13 期,1989 年,收入氏著《西域历史研究(八至十世纪)》,第 198—210 页;荣新江、朱丽双《喀喇汗朝的成立》,载作者著《于阗与敦煌》,兰州,甘肃教育出版社,2013 年,第 321—326 页。

[2] 2019 年 7 月 3 日—7 日。本次调查获得中国人民大学李肖教授、策勒县文管所所长史燕女士以及策勒县广播电视局领导的大力协助,谨表感谢。

张历史的研究有所裨益。故撰此章，以为引玉之砖。

一、木牍文真实性溯源

时值 2015 年，受日本学术振兴会外籍研究员奖励金项目资助，笔者正在大阪大学搞合作研究。[1] 7 月末某一天，无意中发现杨富学主编《回鹘学研究译丛》收录有茨默（P. Zieme）关于中国国家图书馆藏鲁尼文残木的解读专文。[2] 拜读时发现其中的 4 片鲁尼文木牍图版与茨默论文内容不合。经与杨富学取得联系，得知是新疆和田地区策勒县达玛沟北部某佛教遗址出土文物，并收到其发来的彩色图版。笔者立即着手对该 4 片木牍文进行解读研究，并于 2015 年 11 月在国内某杂志投稿。遗憾的是，论文因"纯属孤证，且木牍文公认是赝品"而未能通过评审。后杨富学赐教，上述木牍文图版采自中国社会科学院考古研究所、中共策勒县委、策勒县人民政府著《策勒达玛沟——佛法汇集之地》图 81《达玛沟北部区域其他遗址追缴的被盗木牍文书、木简文书残件》。[3] 遗憾的是，受条件所限，笔者多方查找，始终未能一睹该书真容。次年，笔者与杨富学合作，联名在"2016 敦煌论坛：交融与创新——纪念莫高窟创建 1650 周年国际学术研讨会"上发表相关研究报告。[4] 会上，茨默对笔者的释读提出诸多值得参考的意见，并建议不作发表或延缓发表。不过，考虑到该木牍文自被发现以来业经十多年，无论如何学术界应该需要一个最基本的解读底稿。故，笔者与杨富学联名刊出《新疆和田出土突厥卢尼文木牍初探：突厥语部族联手于阗对抗喀剌汗朝的新证据》（以下

〔1〕　2013 年 11 月 18 日—2015 年 11 月 17 日，大阪大学，课题名称为"丝路视野下的高昌回鹘史研究：以人员的移动与文化的传播为核心"。

〔2〕　茨默《和田出土木制品卢尼文题铭》，韩晓雪译，载杨富学编著《回鹘学译文集新编》，第 77—79 页。

〔3〕　香港，大成图书有限公司，2012 年，图版 81。

〔4〕　敦煌研究院，2016 年 8 月 20—22 日。

简称初稿）。[1] 后杨富学将其收入个人专著内。[2] 笔者则一直希望能够调查实物，以验证是否为赝品。经中国人民大学李肖教授介绍，笔者与策勒县文管所史燕所长取得联系，申请实地调查鲁尼文木牍文，获得批准。

2019 年 7 月 4 日上午，笔者在策勒县文体局对实物进行了调查。遗憾的是，仓库保管员茹柯椰罕准备好的木牍文是于阗文木牍文。虽然在次日对文物保管库房进行了仔细探查，但未能获见实物。咨询史燕所长，获得的信息是 2011 年经新疆文物局专家鉴定，上述四方鲁尼文木牍文被认为与于阗文木牍文不同，是"无研究价值之物"，经由公安局退还给了最初收集到这些木牍文的人员。笔者通过达玛沟小佛寺遗址管理员木塔力甫联系到上述收集人员，得知上述木牍文并未转交给最初的收集者本人。不过，可以确定的是，这些木牍文确切无疑是从达玛沟地区的某遗址中发现的。此次新疆调查虽然未能一睹实物，但最大收获是从策勒县文体局韩勇奎书记处获赠梦寐以求的达玛沟出土文物图录《策勒达玛沟——佛法汇集之地》。更令人喜出望外的是，该书除图 81 外，图 80《达玛沟北部区域其他遗址追缴的被盗木牍文书、木简文书残件》还刊出包括其他 2 方鲁尼文木牍文、1 方汉文木简文书等在内的 12 方木牍文、木简文高清图版。因策勒县文体局文物库房并未收存这些文物，看来它们与图 81 的 4 方鲁尼文木牍文命运相同，均被专家认定为"无研究价值之物"而下落不明。笔者咨询韩勇奎书记和其他相关业务人员，大家均异口同声肯定包括鲁尼文木牍文在内的这批木牍文、木简文不可能是赝品。

于阗地处塔里木盆地南缘，无论是突厥汗国、回鹘汗国或高昌回鹘王国，其势力是否达到此地，颇令人怀疑。而且，如斯坦因（A.

---

〔1〕 见《西域研究》2016 年第 4 期，第 39—49 页。

〔2〕 杨富学《和田新出突厥卢尼文木牍及其所见史事钩沉》，载氏著《敦煌民族史探幽》，兰州，甘肃文化出版社，2018 年，第 149—176 页。

Stein)、黄文弼等学者曾被欺骗一样,和田地区的文物造假由来已久。[1]是故,国内外部分学者对这些木牍文的来历及其真实性表示怀疑在所难免,无可厚非。幸运的是,据笔者此前释读,这些木牍文并非意义不明的"天书",相反确切是用鲁尼文古代突厥语写成,词义连贯,文脉通顺,内容与于阗佛教王国抵抗喀喇汗朝的战争有关。假定这些鲁尼文木牍文是赝品的话,则追缴自同人,同样发现于达玛沟北部区域其他遗址的和田文木牍文书群也只能说是赝品。"解铃还须系铃人",笔者相信策勒县文体局的判断,这些鲁尼文木牍文不会是赝品。

二、木 牍 文 译 注

据《策勒达玛沟——佛法汇集之地》介绍,这批木牍 2003 年左右出土,被不法分子收集,详细出土情况与规格不明。木牍文共 6 片,图 80 刊载 2 片,图 81 刊载 4 片。其中,后者即是笔者此前解读过的木牍文。经过仔细查验图 81,发现笔者之前的释读基本可通,唯极个别字词的诠释需要补充完善。这四片木牍文,笔者仍然按最初释读,依图版顺序,自上而下称之为 A、B、C、D。图 80 刊载的 2 片鲁尼文木牍文,外形、材料与 A、B、C、D 基本相同,笔者编号为 E、F。关于E、F 的释读,最大收获是虽然文字缺损严重,但其中出现与 A、B、C、D 相同的词汇或表达方式。可以肯定的是,E、F 木牍文与 A、B、C、D 属于同一系列文物。

这批木牍文自右向左墨书鲁尼文,语言为古突厥语。字体与突厥汗国和回鹘汗国大型碑文的字体几近相同,唯木牍 B 第 3 行 uP S nč＞upasanč"优婆塞"略带弧度,与大英博物馆藏 Or. 8212 - 161 占卜文书字体相近。[2]木牍 A 和 E 只残留 2 行,其余均为 3 行。相比

---

〔1〕 韩索房《一个新疆文盲古董贩子,如何骗过斯坦因、斯文赫定、季羡林》,微信公众号"大象公会",2017 年 11 月 27 日。

〔2〕 Or. 8212 - 161 图版可检索国际敦煌项目:http://idp.nlc.gov.cn/database.

以往发现的鲁尼文碑铭，木牍 A 第 1 行第 11 字与木牍 C 第 2 行第 11 字出现新的文字 （uQ，详见后文）。木牍 B 第 3 行第 16 字出现不见于突厥汗国和回鹘汗国大型碑文，而见于上述 Or.8212－161 占卜文书的文字 uP 。[1] 木牍 D 第 3 行第 7 字 ś 是见于叶尼塞碑铭的异体字 ^，不见于突厥汗国和回鹘汗国的大型碑文。出现在木牍 A、B、C 第 1 行第 2 字的后舌音 S 写法正规，但见于木牍 B 第 3 行第 10、17 字，以及见于木牍 C 第 1 行末尾，木牍 D 第 3 行第 3、17 字的 S 写法稍显随意。见于木牍 C 第 3 行第 5 字、木牍 D 第 1 行第 10 字的 g ，相比正统的写法，下方多出一撇一竖。另，ü 与 Q 间，z 与 n 间，W 与 N、L 间无显著区别，L 时与 W 或 N 写法雷同。木牍 C 第 1 行第 10 字 T 与第 3 行第 3 字 T，木牍 D 第 3 行第 13 字 L，以 1 个文字代表 2 个音。

据内容而言，木牍应是于祝（今新疆阿克苏乌什）地方某突厥语部族首领上给某汗的书信。现在看来，木牍可能是为了封存保管而书写的。下面，笔者给出木牍的换写（transliteration）与转写（transcription）及必要的词注。遵循凡例如下：

（1）换写：元音中，a 代表 ä/a，i 代表 i/ï，ü 代表 ö/ü，W 代表 o/u。辅音中，小写字母代表前舌音文字与双舌音文字，大写字母代表后舌音文字。文中，"："为木牍停顿符号，"/"表示破损文字，"（）"表示能见到残余笔画文字，"[ ]"表示推测复原文字。

（2）转写："/"表示不能复原之处，"[ ]"表示破损处的推测复原文字或重复文字。

（3）译文："……"相当于换写和转写之不能复原部分，"[ ]"表示推测复原，"（ ）"为补充说明。

---

〔1〕第 1、4、16、17、28、40、56、64 卦。参见 T. Tekin，*Irk Bitig : The Book of Omens*，Wiesbaden：Harras- sowitz Verlag，1993，pp.9，12，16，18，24，26.

木牍 A(图版 7 - 1)

1. č S z：b i z / Y //(T) uQ ü č ü：l ü z：B (W D N) ïQ (m) G i：b š W T z

   ačsïz biz /// tuq üčü el öz bodun qamaɣï beš otuz

2. Y G i B (W L T) /// ü č W R T L N L m：Y L Q č m R W B (a)：r m s：T b č z

   yaɣï bul〔tum〕. öč orutlanlïm. yïlqïčïm ar oba ärmiš. at äb ///

3. (以下残缺)

   没有贪欲的我们,即……的于祝(今新疆阿克苏乌什)国(或地方)本土部众全员,〔我〕发现了 25 个敌人。我们要亲自报仇。我的牧马人是 Ar Oba。马棚……

木牍 B(图版 7 - 2)

1. č S z：b i z R T uQ (G R k ü) T Q N L ïQ W L G (ü) r (S) T m

   ačsïz biz artuq aɣïr kü at qanlïq uluɣ ör šatïm.

2. (S) W (L) m (i) Y G i B W L (p k m k l m) g y T W N W：L (m Q)

   solmï yaɣï bolup kim kälmägäy. tonu：almaq

3. W č i s nt g b z (S R G uP š i) uP S n č G N G　B ŋ

   učïsïntäg biz. sarïɣ upasi upasančïɣ bïng

   没有贪欲的我们是具有非常卓越名望的汗之高大的(降魔)杵(šat,原意为木杵)。唉里迷(即焉耆)成为敌人谁也不会来吧! 我们被封锁住就像端角一样。撒里族的优婆夷、优婆塞一千人。

木牍 C(图版 7 - 3)

1. č S z：b i z l Y R T (m) ü č r D L ïQ Y G i B S

   ačsïz biz el yarat〔t〕ïm. üčür adalïq yaɣï baš-

2. (i) W L G i b š W T Z uQ č T Q š š z n r Q m

-ï uluɣï beš otuz oq ač toqïššïzïn är qam.

3. i R T uQ g d s T uQ z W（T z）L D（W）m G z š W T z b
ïrat[t]uq igdiš toquz otuz aldum. aɣïz aš otuz ///
没有贪欲的我们让（他们）组织了"国"。对于术（今焉耆西车尔楚，又名七个星）构成威胁的敌人首领 25 人就是饥饿的、没有战斗（力）的战士和巫师。我收到了（您）远方送来的 29 匹骟马。口粮 30 份……

木牍 D（图版 7‑4）

1.（D）i R Q：R T uQ：（W L）g d s：Y W L i(t) lt i[m]
adïrïq artuq ol igdiš yulïtï altï[m].

2.（W）L G W G š D G（R）：L š a：i S（y）///
uluɣ oɣuš adïɣïr ališa išiyü////

3.（B）R S W R s š ü（a）T B W L m：B R S（Y）R L ////
bars uruš sü at bulalïm. bars yarlïɣ ////
其他衰弱的那些骟马，[我]让抢夺并获取了……大的氏族共同占有着公马从事着工作……我们要末斯（Bars）寻找战斗用的军队和马匹。末斯命令（或圣旨）……

木牍 E（图版 7‑5）

1. /// B i r ük L // š //////////
///bir ök//////////

2. Y G i L W L p：i g /（d）W R i ///m Y ///d
yaɣï alu alp：///urï////////
……一个正是……获得敌人，勇敢……儿子……

木牍 F（图版 7‑6）

1. č S z b i z Q（缺字不明）
ačsïz biz////////////////////

2. b/////////ü č ////D G i：//////

3. R Y ///////////////////////T G

////////////////////////taγ

没有贪欲的我们……三个……山

词注：

A-1.　č S z＞ačsïz：名词或形容词 ač（饥饿，欲望；饥饿的，渴望的）后续表示否定的词缀＋sïz。[1] 木牍内容是由于祝地方某突厥语部族首领上达某汗（即于阗国王）的公文（详见后文），ačsïz应是发信人自谦用语。同一表达方式还出现在木牍 B、C、F 开头处，唯此处抬写 2 字空间。可能木牍 A 即是信首。

A-1.　//(T) uQ＞// /tuq：第 2 字不见于以往的突厥鲁尼文碑刻与写本文献中。考虑到其后面的 ü č ü＞üčü（于祝）是地名，故此字有可能与之前的(T)构成动词过去式的形动词，用以修饰后面的于祝。[2] 该字同时出现于木牍 C 第 2 行，位于 beš otuz（25）与 ač（饥饿）之间，即以一字构成一词。古突厥语中，动词过去式存在-tuq/-tük 之形式，副词 ök/oq（正是，连）表示强调。基于此，未知文字，笔者暂读作 uQ，转写作 oq/uq。

A-1.　ü č ü＞üčü：地名，亦可读作 Q č Q 或 Q č ü。若读作 Q č ü，令人想起瓜州（qačü/qačü）。然文书发现地远在塔里木盆地之南，瓜州之名出现于此似乎可能性不大。笔者视作唐代汉籍史料记录的于祝（今新疆乌什）。详见后文。

A-1.　l ü z＞el öz（地方＋自身）：克劳森（G. Clauson）收录有两条 öz，其一是"自身，灵魂，机体内部组成，精髓"，另一是"河谷，山谷，流域"。[3] 笔者初稿尝试解释作"河谷"，兹予以订正。

---

〔1〕　ač 参见 G. Clauson，*An Etymological Dictionary of Pre-Thirteenth Century Turkish*，Oxford：The Clarendon Press，1972，p.17.

〔2〕　当然亦有可能充当终止形。

〔3〕　G. Clauson，*An Etymological Dictionary of Pre-Thirteenth Century Turkish*，p.278.

A-2. B（W L T）///＞bultum（我发现了）：初稿读作 L（W B S）D m i z＞alu basdïmïz“［我们］捕获并控制住了”。兹据高清图版予以更正。

A-2. ü č W R T L N L m＞öč orutlanlïm（我们要自己复仇）。初稿读作 Q č N R T L N L m＞qačan artlanlïm（我们要让他们不论何时都遵从我们）。兹据高清图版予以更正。öč（恶意，复仇）和 orut（收割，收获）参见克劳森词典。[1] orutlanlïm 是名词 orut 后续动词构词词缀-la-与动词再归词缀-n-，再后续第一人称复数命令形词缀-lïm。

A-2. R W B（a）：r m s＞ar oba ärmiš（是 Ar oba）：初稿读作 R W N i（z）r（m）s＞arunï az ärmiš（很累，而且数量少）。兹据高清图版予以更正。Oba 或可以视作“氏族”之义。

B-1. Q N＞qan（汗）：根据文义，此处 qan（汗）应是木牍收信人。哈密顿（J. Hamilton）研究的敦煌出土回鹘文文书 P. 2998V 第 1—8 行提到马年五月，altun el yalavač kältimiz šačuqa yüẓ eligning qïz qolaɣalï qïz bultumuz …… yana altun elkä äsän tükäl tägmäkimiz bolzun（我们金国使者为求百王之女来到沙州，我们已经乞得……另，但愿我们能平安抵达金国）。[2] 此处的 altun el（金国）即于阗国。[3] 看来，于阗国内除众所周知的于阗语、汉语、藏语外，至少还曾使用古突厥语。就木牍出土于和田而言，收信人视作于阗国王，并不悖于理。

---

〔1〕 G. Clauson，*An Etymological Dictionary of Pre-Thirteenth Century Turkish*，pp. 18，202.

〔2〕 J. Hamilton，*Manuscrits Ouïgours du IXe-Xe siècle de Touen-Houang: Textes Établis，Traduits*，Paris：Peeters France，1986，pp. 93-94；J. Hamilton，"On the Dating of the Old Turkish Manuscripts from Tunhuang"，in：R. E. Emmerick et al. ed.，*Turfan，Khotan und Dunhuang: Vorträ der Tagung，Annemarie v. Gabain und die Turfanforschung*，veranstaltet von der Berlin-Brandenburgischen Akademie der Wissenschaften in Berlin，Berlin ：Akademie，1996，p. 142.

〔3〕 J. Hamilton，*Manuscrits ouïgours du IXe-Xe siècle de Touen-houang 1*，p. 95；荣新江、朱丽双《于阗与敦煌》，第 154 页。

B-1. ▓▓ (S)T＞šat：汉语"刹"的音译。吐鲁番出土德藏第一件木杵铭文是 Tängrikän Tigin Silig Tärkän 公主王女及其丈夫 Külüg İnanč 沙州将军捐资敬造佛寺时，在楔形木柱上书写并钉入土中的功德记。在介绍完建造佛寺的原委后，言 biz ikigü tüz köngül-lüg bolup bu vrxar itgü šat ïɣač toqïyu tägintimiz，意思是"我们二人怀着平静的心情，恭敬地把建造这座寺院的刹木（šat ïɣač）钉入（土中）"。[1] 此处的 šat，即指钉入土中的木杵。最早的研究者缪勒（F. W. K. Müller）认为，汉文的杵与回鹘文的 qazɣuq（钉子）意同，并指出木杵文书的 šat 是用于封住地下之恶魔。[2] 森安孝夫引经据典，介绍梵语 chattra（佛塔上部重叠圆盘状物）传入汉语作"刹"，进而传入回鹘语作 šat，强调其与佛塔中心轴（刹柱）之间的关系，同时对缪勒意见表示赞同。[3]《新五代史》卷 74《四夷附录》记天福七年（942），后晋册封于阗国王李圣天使张匡邺等还，"（李）圣天又遣都督刘再昇献玉千金及玉印、降魔杵等"。[4] 考虑到木牍反映与敌人的对立，此处 šat 之意可与上述木杵铭文的 šat，以及李圣天所献降魔杵等同视之，表明发信人要为可汗封锁压制住敌人。进言之，木牍 B 第 1 行 ačsiz biz artuq aɣïr kü at qanlïq uluɣ ör šatïm，意思是"没有贪欲的我们是具有非常卓越名望的汗之高大的（降魔）杵"。这表明木牍发信人所属某突厥语部族，与收信人于阗国王统领下的于阗王国，当时在政治上至少处于结盟乃至臣属关系。

B-2. ▓▓ (S)W（L)m (i)＞Solmï：唆里迷，焉耆别称，是

---

〔1〕　森安孝夫《西ウイグル王国史の根本史料としての棒杭文書》，载氏著《東西ウイグルと中央ユーラシア》，名古屋大学出版会，2015 年，第 690—691 页。

〔2〕　F. W. K. Müller，" Zwei Pfahlinschriften aus den Turfanfunden"，*Abhandlungen der Preussischen Akademie der Wissenschaften*，1915，no. 3，p. 3（Repr.：*Sprachwissenschaftliche Ergebnisse der deutschen Turfan-Forschung*，vol. 3，Leipzig，1985，pp. 461–462）。

〔3〕　森安孝夫《西ウイグル王国史の根本史料としての棒杭文書》，第 716—722 页，第 729 页注 80。

〔4〕《新五代史》卷 74《四夷附录》，北京，中华书局，1974 年，第 917、919 页。

西州回鹘王国著名城市之一。其中，第 1 字整体轮廓近似 R，但左上方呈弧状，并不像能清楚可辨的木牍 D 第 1 行第 3、5 字 R 那样棱角分明，其正上方黑色斜线或是木板自带纹色或缝隙。第 2、3 字看起来合成一近圆形，唯上方有一小缺口。第 4 字是 m。第 5 字可见竖线，但左上方和顶端亦有粗斜线，可能是木板自带纹色。从末尾 2 字推断，此词应以 mi/mič/mil/mip/mis/miš 结尾。据之后的 Y G i B W L（p）＞yaγï bolup（成为敌人）而言，此词应为部族名或地名。根据木牍文中出现的塔里木盆地北缘地名推断，此部族名或地名不会远离这一地区。自然，这很容易让我们想起焉耆别名 Solmï。而且，第 2 字视作 W 与 L（未见下钩）的并列更接近字体，第 1 字视作 S 🔲 的右上方斜线上部缺失或其较为随意的写法，亦未尝不可。

耿世民、张广达二位根据哈密本回鹘文《弥勒会见经》序文第十二叶背面的跋文，结合吐火罗文、粟特文史料，考证出回鹘文文献的 Solmï 即为焉耆。[1] 焉耆自西晋时代起，直至回鹘西迁至东部天山地区，一直由龙姓王族执政。840 年以后，回鹘庞特勤部占据焉耆，致使焉耆人由国王率领，迁往河西走廊，成为甘州、沙州一带部族，号"龙家"。[2] 森安孝夫利用波斯学者伽尔迪齐（Gardīzī）书中关于托古兹古思（西州回鹘）的 Panjīkath（五城，即北庭）首领 Kūr Tegīn 击灭在首都 Azal（Ark，即焉耆[3]）居住的可汗兼其兄长这一记载，主张北庭回鹘仆固俊最终战胜了安西一带的庞特勤，进而创建了西州回鹘王国。张铁山与茨默（P. Zieme）二位解读的中国文化遗产研究院所藏 xj 222-0661.9 文书，是记录西州回鹘建国初期历史的珍贵

---

〔1〕 耿世民、张广达《唆里迷考》，《历史研究》1980 年第 2 期，收入张广达著《西域史地丛稿初编》，第 41—46 页。

〔2〕 荣新江《龙家考》，《中亚学刊》1995 年第 4 辑，第 144—160 页。

〔3〕 Azal 应视作 Ark，即焉耆，见森安孝夫《ウイグルの西遷について》，《東洋学報》第 59 卷第 1，2 合期，1977 年，收入氏著《東西ウイグルと中央ユーラシア》，第 284—286 页。

史料。[1]其中,攻陷唆里迷城的时间至晚在 893 年之前。[2]这与写于 925 年的于阗文钢和泰(Stael-Holstein)藏卷记录焉耆为西州回鹘管下城市不悖。[3]982 年佚名作者著波斯文地理著作《世界境域志》(*Ḥudūd al-ʿĀlam*)记录的西州回鹘 17 个地名中,第 5 个为 Ark。[4]虽米诺尔斯基(V. Minorsky)与王治来对此读法存有疑虑,但华涛根据波斯文原文进行了勘定,介绍其为焉耆。[5]麻赫穆德·喀什噶里(Maḥmūd al Kāšɣārī)于 11 世纪 70 年代编撰的《突厥语大辞典》(*Dīvān Luɣāt at-Turk*)uyɣur"回鹘(西州回鹘)"条介绍 sulmï(solmï)"唆里迷"为回鹘五城之一。[6]《元史》卷 124《哈剌亦哈赤北鲁传》言:"哈剌亦哈赤北鲁,畏兀人也。性聪敏,习事。国王月仙帖木儿亦都护闻其名,自唆里迷国征为断事官。"[7]据这些史料,焉耆自 9 世纪中叶直至 13 世纪初一直隶属于西州回鹘。然年代约属于乾宁二年(895)左右的敦煌出土 P. 3552《儿郎伟》云"西州上拱(贡)宝马,焉祁(耆)送纳金钱"。[8]敦煌出土 S.383《西天路竟》为北宋乾德四年(966)诏遣行勤等前往西域求法之行记,其中言"(高昌国)又西行一千里至月氏国"。[9]此处月氏国,实为焉耆。另据恒宁

　　[1]　Zhang Tieshan and P. Zieme, "A Memorandum about the King of the On Uygur and His Realm", *Acta Orientalia Academiae Acientiarum Hungaricae*, vol.64, no. 2, pp.129 - 159. 尤见第 137—138,141 页。
　　[2]　白玉冬《有关西州回鹘的一篇回鹘文文献——xj222 - 0661.9 文书的历史学考释》,《中国边疆史地研究》2014 年第 3 期,第 142 页。
　　[3]　H. W. Bailey, "The Stael-Holstein Miscellany", *Asia Major*(new series), vol.2, no.1, 1951, p.14;森安孝夫《ウイグルの西遷について》,第 291—292 页。年代考订见 E. G. Pullyblank, "The Date of the Staël-Holstein Roll", *Asia Major*(new series), vol.4, no.1, 1954, p.90.
　　[4]　V. Minorsky, *The Regions of The World : a Persian geography*, London, 1937, p.94;王治来《世界境域志》,上海古籍出版社,2010 年,第 78 页及其注 8。
　　[5]　华涛《西域历史研究(八至十世纪)》,第 134 页。
　　[6]　Maḥmūd al Kāšɣārī, *Compendium of the Turkic Dialects*, R. Dankoff and J. Kelly eds. and trs., 3vols, Cambridge, 1982 - 1985, vol.1, pp.139 - 140.
　　[7]　《元史》卷 124《哈剌亦哈赤北鲁传》,北京,中华书局,1976 年,第 3046 页。
　　[8]　荣新江《晚唐归义军李氏家族执政史探微》,《文献》1989 年第 3 期,第 93 页;荣新江、朱丽双《于阗与敦煌》,第 110 页。
　　[9]　相关考证见黄盛璋《〈西天路竟〉笺证》,《敦煌学辑刊》1984 年第 2 辑,第 4—5 页。

（W. B. Henning）介绍，粟特语书信文书中焉耆王与回鹘王并列，似乎唆里迷并非总是臣属于西州回鹘。[1] 这些材料所透露出的焉耆与西州回鹘间的关系，与前面介绍的二者间关系稍有出入。幸好，吐鲁番吐峪沟出土《西州回鹘造佛塔功德记》文书残片，可给我们提供一些真实线索。该文书记录在"回鹘爱登曷哩阿郍骨牟里弥施俱录阙密伽圣可汗"时，有"清信士佛弟子鄢耆镇牟虞蜜伽长史龙公及娘子温氏"等敬造佛塔。[2] 虽该文书年代尚难断言，但据此可知西州回鹘王国属下当时仍有龙姓焉耆人。可能西州回鹘初期对焉耆的统治并不牢固，是通过当地的龙公家族进行统治。该木牍文书言"唆里迷（即焉耆）成为敌人谁也不会来吧"，这反映西州回鹘属下的焉耆，与木牍文发信人所属部族间，乃至于于阗王国间，当时处于紧张或敌对关系。

　　B-3. W č i s nt（g）＞učisïntäg：像端角一样，名词 uč（端角）后续第三人称语尾对象格词缀 sïn，再后续后置词 täg（像……一样）。相同表现又见暾欲谷第 2 碑南面第 1 行。在介绍暾欲谷与骨咄录（即后突厥汗国首任可汗颉跌利施）领导突厥人民起事并杀死周围敌人，进而占据总材山（今阴山）北面与黑沙（今阴山北达茂旗一带）地方后，暾欲谷碑言 yaɣïmïz tägrä uč oq täg ärti（我们的敌人在周围就像端角一样）。[3] 关于暾欲谷碑出现的 uč（端角），学术界解释意见不一，此不赘述。包括该木牍文书用例在内，可能是因为端角处于物体边缘，易于被砍断击破而被用来形容处于弱势地位。

　　B-3. （S R G）＞sarïɣ：撒里族。第 1 字 S 写法近似上

　　〔1〕 W. B. Henning, "*Argi and the 'Tokharians'*", *Bulletin of the School of Oriental Studies*, vol.9, no.3, 1948, pp.557-558.

　　〔2〕 陈国灿、伊斯拉非尔·玉苏甫《西州回鹘时期汉文〈造佛塔记〉初探》,《历史研究》2009 年第 1 期，第 174、178—179 页；荣新江《〈西州回鹘某年造佛塔功德记〉小考》,张定京、阿不都热西提·亚库甫编《突厥语文学研究——耿世民教授 80 华诞纪念文集》,北京，中央民族大学出版社，2009 年，第 183、187—188 页。

　　〔3〕 T. Tekin, *A Grammar of Orkhon Turkic*, Indiana University, 1968, pp.249、284；耿世民《古代突厥文碑铭研究》,第 96—97 页。

一行第1字，即 Solmï(唆里迷)的 S。第2字 R 可见上半部。第3字外形近似 d，但相比木牍 C 第3行第6字 d 与木牍 D 第1行第11字 d，即 g d s＞igdiš(骟马)的 d，交叉处并非直线，相反却有空隙，完全可以视作下半段竖线缺失的 G。sarïɣ 为"黄色"，此处为部族名称，应即汉籍中的黄头回纥。《宋会要辑稿·蕃夷四·拂菻》云："神宗元丰四年(1081)十月六日，拂菻国贡方物。大首领你厮都令厮孟判言：其国东南至灭力沙，北至大海，皆四十程。又东至西大石及于阗王所居新福州，次至旧于阗，次至约昌城，乃于阗界。次东至黄头回纥，又东至达靼，次至种榅，又至董毡所居，次至林檎城。又东至青唐，乃至中国界。"[1]上文之黄头回纥大体在罗布泊以南的塔里木盆地东南部。[2]然木牍文中的位置当与此有别，详见后文。

B-3. （uP š i）uP S nč＞upasi upasanč：优婆夷，优婆塞，在家佛教男女信徒。Upasi 据 uP S nč＞upasanč 推定复原。关于梵语 upāsaka 通过粟特语 'wp's'k 传入回鹘语作 upasi，梵语 upāsikā 通过粟特语 'wp's'nc 传入回鹘语作 upasanč，参见柏林吐鲁番文书及森安介绍。[3]

C-1. üčr＞üčür：于术。参考古突厥语与中古汉语间的译音对应，[4]üčür 中，词头的 ü-大体与云母虞韵等，-č-与章母，-r与入声韵尾或可与其发生对转的阳声韵尾-t 相对应。故其中的 üčü

〔1〕《宋会要辑稿·蕃夷四·龟兹》，北京，中华书局，1957 年影印本，第 7723 页；郭声波点校《宋会要辑稿·蕃夷道释》，成都，四川大学出版社，2010 年，第 140 页。

〔2〕 相关考察主要参见钱伯权《黄头回纥的变迁及名义》，《新疆社会科学》2004 年第 6 期，第 98—99 页；钟进文《再释裕固族族称中的"sarəɣ"一词》，《西北民族大学学报(哲学社会科学版)》2012 年第 5 期，第 75—76 页。

〔3〕 P. Zieme, *Altun yaruq sudur, Vorworte und das erste Buch : Edition und Übersetzung der alttürkischen Version des Goldglanzsūtra*, Berliner Turfantexte, vol. 18, 1996, p. 206; Moriyasu Takao, "Uighur Buddhist Stake Inscriptions from Turfan", *Silk Road Studies*, vol. 5, 2001, pp. 166-167.

〔4〕 ötükän 在汉籍中多记录作于都斤，altï čuv soɣdaɣ 对应汉籍的"六州胡"。其中，ö 与云母虞韵"于"，čup 与章母尤韵"州"对应。六州胡之考订，见克利亚什托尔内(С. Г. Кляшторный)著《古代突厥鲁尼文碑铭：中亚细亚史原始文献》，李佩娟译，哈尔滨，黑龙江教育出版社，1991 年，第 86—88 页。

或与唐代汉文史料所见"于祝"（详见后文）有关，然末尾的-r 无法解释。中古波斯语 M1《摩尼教赞美诗集》（*Mahrnāmag*）是 762 年或763 年在焉耆开写，后在 9 世纪初期续完。[1] 其跋文中罗列了回鹘保义可汗（808—821 年在位）时期的回鹘王室成员，以及北庭、高昌、龟兹、焉耆、于术等地的权贵名称。[2] 其中，第 110 行出现'wcwrcyk，最早研究的缪勒提出是于术，堪同为 Šorčuq（焉耆西邻车尔楚，又名七个星）。[3] 恒宁对此提出异议，主张其应是 Uč，即于祝。[4] 森安孝夫认可恒宁的堪同，同时对其表示怀疑。[5] 按恒宁以为 Uč 源自吐火罗语，突厥语族（按即回鹘）移居至新疆后，此名变为 Öčü/Öču/Üčü 及其类似音，由此而衍生出 Öčür/Öčur/Üčür。恒宁进而认为于祝之祝带有尾音-k，故可以允许 Öčü/Öču/Üčü 之后出现有声音（即-r）。如后所述，该木牍中出现的 ü č ü＞üčü 即为于祝，其中的 čü 来自祝之中古音 tśịəu'/tɕuwʰ，此不从恒宁之说。京都大学吉田豊教授面赐，'wcwrcyk 中，-cyk 为形容词构词词缀。吉田豊

〔1〕 相关介绍主要参见荣新江《摩尼教在高昌的初传》，新疆吐鲁番地区文物局编《吐鲁番新出摩尼教文献研究》，北京，文物出版社，2000 年，第 221—222 页；Yoshida Yutaka, "The Karabalgasun Inscription and the Khotanese Documents", in: D. Durkin-Meisterernst, Chr. Reck, D. Weber eds., *Literarische Stoffe und ihre Gestaltung in mitteliranischer Zeit，Kolloquium anlässlich des 70，Geburtstages von Werner Sundermann*，Wiesbaden: Reichert，2009，p.352；王媛媛《从波斯到中国：摩尼教在中亚和中国的传播》，北京，中华书局，2012 年，第 43 页。

〔2〕 F. W. K. Müller, "Ein Doppelblatt aus einem manichäischen Hymnenbuch (Mahrna～mag)", *Abhandlungen der Preussischen Akademie der Wissenschaften*，vol.5，1912，pp. 9－12（Repr. : *Sprachwissenschaftliche Ergebnisse der deutschen Turfan-Forschung*，vol.3，pp.159-162）；王媛媛《从波斯到中国：摩尼教在中亚和中国的传播》，第 44、48、50、53、56、59—60 页；荣新江《9、10 世纪西域北道的粟特人》，《第三届吐鲁番学暨欧亚游牧民族的起源与迁徙国际学术研讨会论文集》，上海古籍出版社，2010 年，收入氏著《中古中国与粟特文明》，北京，三联书店，2014 年，第 129—132 页。

〔3〕 F. W. K. Müller, "Ein Doppelblatt aus einem manichäischen Hymnenbuch (Mahrna～mag)", pp.30-31（Repr. : pp.180-181.）

〔4〕 W. B. Henning, "*Argi and the* 'Tokharians'", pp.567，568-569.

〔5〕 森安孝夫《増補：ウイグルと吐蕃の北庭争奪戦及びその後の西域情勢について》，《アジア文化史論叢》1973 年第 3 輯，東京，山川出版社，収入氏著《東西ウイグルと中央ユーラシア》，第 244—245 页。

肯定 'wcwr 应为汉文史料记录的于术。[1] 如此，木牍文中的 üčür 完全可以与 'wcwr 联系起来。《新唐书》卷 43 下《地理志七下》介绍焉耆至安西都护府（龟兹）路程，其中言"自焉耆西（百）五十里过铁门关，又二十里至于术守捉城"。[2] 于术被勘定为今焉耆西面的车尔楚。[3] 另，《九姓回鹘可汗碑》（建于 814 年或其后不久）汉文面介绍怀信可汗统帅大军与吐蕃战斗时言："复吐蕃大军攻围龟兹，天可汗领兵救援。吐蕃畜□，奔入于术"。[4] 惜粟特文面相关部分不见 'wcwr（于术）。[5]

D-3.（B）R S W R s š ü（a）T B W L m＞bars uruš sü at bulalïm：我们要末斯（Bars）寻找战斗用的军队和马匹。原稿读作 [B]R S（T b g）l i T L（N）L m＞bars at bäg eli atlanlïm（我们要名叫末斯的匐之部众出征）。兹予以改正。其中，š 为见于叶尼塞碑铭的异体字へ，不见于突厥和回鹘的大型碑文之中。

据上面给出的译注，可了解到这些木牍出自木牍 D 人名末斯（Bars）的上级——于祝某突厥语族部族首领。依出土地在和田而言，木牍原文应该是上述人物送达给于阗国王的官方书信。木牍 B 第 1 行"没有贪欲的我们是具有非常卓越名望的汗之高大的（降魔）

〔1〕 Yoshida Yutaka，"Review of N. SIMS-WILLIAMS and J. HAMILTON，Documents turco-sogdiens du lXe-Xe de Touen-houang"，*Indo-Iranian Journal*，vol. 36，1993，pp. 366－367；Yoshida Yutaka，"The Karabalgasun Inscription and the Khotanese Documents"，pp. 352－353.

〔2〕《新唐书》卷 43 下《地理志七下》，北京，中华书局，1975 年，第 1151 页。相关讨论见严耕望《唐代交通图考》第 2 卷，《河陇碛西区》（《"中央研究院"历史语言研究所专刊》第 83 号），1985 年；荣新江《唐代安西都护府与丝绸之路——以吐鲁番出土文书为中心》，《龟兹学研究》第 5 辑，2012 年，收入氏著《丝绸之路与东西文化交流》，北京大学出版社，2015 年，第 13—16 页。

〔3〕 F. W. K. Müller，"Ein Doppelblatt aus einem manichäischen Hymnenbuch（Mahrna ～ mag）"，pp. 30－31（Repr.：pp. 180－181）；Yoshida Yutaka，"The Karabalgasun Inscription and the Khotanese Documents"，p. 353；严耕望《唐代交通图考》第 2 卷《河陇碛西区》，第 474 页。

〔4〕 录文见森安孝夫编《シルクロードと世界史》，丰中，大阪大学 21 世纪 COE プログラム〈インターフェイスの人文学〉，2003 年，Fig. 1.

〔5〕 W. B. Henning，"*Argi and the* 'Tokharians'"，p. 550；Yoshida Yutaka，"The Karabalgasun Inscription and the Khotanese Documents"，p. 350.

杵"中提到的汗，应即指收件人于阗国王。六片木牍文表明，木牍发信人所属某突厥语部族，与收信人于阗国王统领下的于阗王国，当时在政治上至少处于结盟乃至臣属关系。

三、写 作 年 代

笔者拟从文字学、语言学、宗教学等方面，就该木牍写作年代，进行探讨。

（一）文字学：首先，木牍 A 第 1 行与木牍 C 第 2 行出现以往未被认知的文字，笔者试读作 uQ。木牍 D 第 3 行第 7 字 š 是见于叶尼塞碑铭的异体字，不见于突厥汗国和回鹘汗国的大型碑文。在突厥鲁尼文碑刻文献中，突厥和回鹘的大型碑文属于国家主导的产物，字体规范，语法顺畅。相比之下，叶尼塞碑铭出现众多异体字，存在一字多音或一音多字现象。有学者认为叶尼塞碑铭年代更为久远。[1] 不过，叶尼塞碑铭至早不会超过突厥与回鹘的碑文，而且存在不少属于 10 或 11 世纪的碑铭。[2] 看来，这些异体字未必代表文字的古老性，相反，反映的是文字在发展过程中的变异。另外，如 9 至 10 世纪时期的早期的回鹘文字，其字体与晚期粟特文有近通之处。不过，随着时间的推移，N 左侧出现一点，X 左侧添加两点，用于区分 N 与 '，Q 与 G。虽然这种现象属于回鹘文所有，但其折射出文字在发展过程中的进化。与上述情况相类似，在该木牍文中，出现新的文字（uq）和见于叶尼塞碑文的 s 的异体字，且 g 下方出现一撇一竖，反映的是文字随着时代的发展而产生的某种变异。就此而言，该木牍的年代，应晚于突厥与回鹘的碑铭。

---

〔1〕 王杰《黠戛斯文化管窥》，《广播电视大学学报(哲学社会科学版)》2011 年第 4 期，第 90—96 页。

〔2〕 Л. Р. Кызласов, "Новая датировка памятников енисейской письменности", *Советская Археология*，1960，no. 3，pp. 93 – 120；"О датировке памятников енисейской письменности"，*Советская Археология*，1965，no. 3，pp. 38 – 49.

其次,木牍 B 第 3 行记录有(uP š i) uP S nč>upasi upasanč(优婆夷,优婆塞),其中的 uP S nč>upasanč 的 uP ▓ 确切可见。据笔者掌握,在迄今已被发现解读的突厥鲁尼文碑刻与写本文献中,该字还出现于 Or.8212‐161 占卜文书中。关于上述占卜文书的写作年代,巴赞(L. Bazin)认为是 930 年 3 月 17 日或 942 年 3 月 4 日。[1]哈密顿意见与此不悖。[2]特金(T. Tekin)以为有可能追溯到 9 世纪。[3]虽爱尔达尔(M. Erdal)将其归为年代在 8—9 世纪的古突厥语第 1 组文献群中,[4]但其年代显然要晚于突厥与回鹘的碑铭。总之,虽难以给出确切的纪年,但上述占卜文书年代属于 9 或 10 世纪,此点无疑。就出现 uP ▓ 而言,占卜文书的上述年代可为我们提供一个可参考的数值。

(二) **语言学**:木牍 A 第 1 行出现的地名 ü č ü>üčü(于祝)可为我们提供大致年代。关于该地名,给予我们最大启发的是吐鲁番出土德藏第三件木杵铭文。该铭文以回鹘文写成,是以 Tarduš Tapmïš Yayatγar(?) 长史 Yälü Qaya 及其妻 Tängrikän Körtlä 可敦公主为首的善男信女捐资敬造佛寺时,在楔形木柱上书写并钉入土中的功德记。关于该铭文,早期的缪勒、葛玛丽(A. von Gabain)、普里查克(O. Pritsak)等认为属于漠北回鹘汗国。不过,经哈密顿、巴赞、安部健夫、森安孝夫、华涛、杨富学等学者研究,主张其属于西州回鹘时期这一观点,现几成定说。其中,森安孝夫的最新研究,在依据其实地调查的 2001 年论文基础上,[5]还吸取了哈密顿依靠红外线摄影而

〔1〕 巴赞《突厥历法研究》,耿升译,北京,中华书局,1997 年,第 315—317 页。

〔2〕 J. HamiLton, "Le colophon de l' Irq Bitig", *Turcica*, vol.7, 1975, p.13.

〔3〕 T. Tekin, *Irk Bitig: The book of Omens*, p.2.

〔4〕 M. Erdal, "Irk bitig Üzerine Yeni Notlar", *TDAY-Belleten*, 1977, pp.117‐119.

〔5〕 Moriyasu Takao, "Uighur Buddhist Stake Inscriptions from Turfan", *Silk Road Studies*, vol.5, 2001, pp.149‐223.

得出的研究成果。现从上述森安研究成果中，转引该文书开头部分。[1]

1. qutluγ ki ot qutluγ qoyn yïl ikinti ay üč yangï-qa : kün ay tängridä qut bulmïš uluγ

2. qut ornanmïš alpïn ärdämin il tutmïš alp arslan qutluγ köl bilgä tängri ilig on uyγur xan '//////MYŠ · öngtün šačiu

3. kidin uč barsxan-qatägi illänü ärksinü yarlïqayur uγurda

在具有火之元素的、有福气的己未年二月初三日，Kün Ay Tängridä Qut Bulmïš Uluγ Qut Ornanmïš Alpïn Ärdämin Il Tutmïš Alp Arslan（原义为自日月神获得福气、身具洪福、以勇气与恩德掌控国家的勇猛的狮子）——有福气的智海天王十姓回鹘汗……了。在他统治着东至沙州、西至 Uč（即 Uč-Turfan，今乌什）和拔塞干（Barsxan，天山北麓伊塞克湖东南岸的上拔塞干）的（地域）时……

上引史料提到的 On Uyγur Xan（十姓回鹘汗），无疑为西州回鹘可汗。森安氏将其比定为 1020 年遣使北宋的龟兹回鹘国王（即西州回鹘，也即西州回鹘）"可汗狮子王智海"。[2] 荣新江在对西州回鹘可汗名号进行系统归类时，持相同意见，并将其在位时间推定为 11 世纪 10 年代末至 30 年代初。[3] 据此我们可以得知，当可汗狮子王智海在位时，西州回鹘西部疆域抵达乌什和上巴尔斯汗。地理上，上述二者南北夹持位于中吉边境的天山别迭里山口。

不过，早期的半楷书体回鹘文文献中，词头的 N 左侧多无后期或草书体文献（约 13 至 14 世纪）中出现的一点。故 ' 与 N 间差异很

〔1〕 森安孝夫《西ウイグル王国史の根本史料としての棒杭文書》，第 694—701 页。译文据笔者理解添加。
〔2〕 森安孝夫《ウイグルと敦煌》，榎一雄编《講座敦煌 2 敦煌の歴史》，东京，大东出版社，1980 年，第 334—335 页；森安孝夫《西ウイグル王国史の根本史料としての棒杭文書》，第 685 页。
〔3〕 荣新江《〈西州回鹘某年造佛塔功德记〉小考》，第 185 页。

小，[1]Uč 与 Nuč 很难辨别。百年前，缪勒将该词读作 Nuč，堪同于唐代汉文史料中的弩室羯、奴赤建和阿拉伯文、波斯文史料的 Nudj Kath（粟特语"新城"之意，位于今乌兹别克斯坦塔什干北）。[2] 安部健夫在探讨西州回鹘疆域时，进一步发展了此说。[3] 此后，这一读法日渐流行。不过，山田信夫在 1971 年提出，该词若读作 Uč，则与 11 世纪初期西州回鹘的西部疆域相符。[4]

Uč 与 Nuč，孰是孰非，这一问题又与反映铭文纪年的表达方式 qutluγ ki ot qutluγ qoyn yïl（在带有幸福的己火要素的羊年己未年）密切相关。上文的 ki，是汉语"吉"抑或是十干中的"己"的音译问题，长期以来困扰学术界。[5] 由此而带来的问题是，该年究竟为火羊年，抑或为己未年。关于此问题的探讨，颇费笔墨，且已溢出本文范围，容另文详论。此处唯需提及的是，巴赞、哈密顿与森安孝夫主张的己未年，即 1019 年之说应为正确。不过，早年的森安孝夫，对在喀喇汗朝鼎盛时期的 1019 年，西州回鹘势力深达中亚塔什干一带，颇感困惑。直至 1999 年，森安有幸在柏林印度美术馆见到了原本下落不明的第三件木杵铭文，才恍然大悟。考察实物发现，以往被读作 Nuč 的词汇，实应读作 Uč。笔者曾查看森安自身拍摄的照片，发现打头的文字并非呈明显的 N 形状，完全可读作"ʼ"。

《世界境域志》第 15 章《关于葛逻禄及其城镇》记录有地名 Ūj "位于一座山上，其地约有二百人"，并言此地为葛逻禄人所占据。[6]

---

〔1〕　具体为："ʼ"是自中心线向左下方伸出的小牙，N 则多是向左下方延伸的实心椭圆。

〔2〕　F. W. K. Müller, "Zwei Pfahlinschriften aus den Turfanfunden", pp.22, 26 (Repr.: pp.480, 484).

〔3〕　安部健夫《西ウィグル國史の研究》，京都，汇文堂书店，1955 年，第 390—393 页。

〔4〕　山田信夫《トルキスタンの成立》，《岩波講座　世界歴史 古代 六》，东京，岩波书店，1971 年，收入氏著《北アジア遊牧民族史研究》，东京，国书刊行会，1989 年，第 200—201 页。

〔5〕　相关研究史的归纳介绍，详见华涛《西域历史研究（八至十世纪）》，第 127—128 页；森安孝夫《西ウイグル王国史の根本史料としての棒杭文書》，第 684—685 页。

〔6〕　V. Minorsky, *The Regions of The World*, p.98.

《突厥语大辞典》记录 Uj 与上巴尔斯汗南北夹持别迭里山口。[1] 无疑，上述不同记录的 Uj 应为同地。语言学上，č 音与 j 音间的音转并非特殊现象。森安把第三件木杆铭文的 Uč 与上述 Uj 堪同起来，无疑是正确的。

据米诺尔斯基介绍，《世界境域志》的早年研究者巴托尔德（V. V. Barthold）将上述 Ūj 勘定为《新唐书》卷 43 下《地理志 7 下》介绍的于祝，即贞元年间宰相贾耽《入四夷路与关戍走集·安西入西域道中》的于祝，[2] 也即今阿克苏西边的乌什。王治来亦遵循此意见。[3] 森安则把上述 Uj 与木杆铭文的 Uč 均视作于祝。于祝中古音可复原如下：

于：ḭịu[4]；wuǎ[5]；jǐu[6]；ɣĭu[7]

祝：tśịuk/tśịəu'[8]；tɕuwʰ/tɕuwk[9]；*tɕĭuk[10]

其中，高本汉（B. Karlgren）与蒲立本（E. G. Pulleyblank）给出的"祝"字音，除一般为人所知的带有入音-k 的 tśịuk/tɕuwk 外，还有 tśịəu'/tɕuwʰ。假如于祝的祝是以 tśịuk/tɕuwk 音传入回鹘，通常而言，则入音-k 在当时的回鹘语中理应以-k/-q 或-g/-ɣ 的形式反映出来，难以想象在回鹘语中出现脱落。看来，回鹘语 uč 的-č 音应源自

〔1〕 Maḥmūd al Kāšɣārī, *Compendium of the Turkic Dialects*, vol. 1, p. 300, L. badal.

〔2〕《新唐书》卷 43 下《地理志七下》，北京，中华书局，1975 年，第 1149 页。

〔3〕 王治来《世界境域志》，第 78 页及其注 8。

〔4〕 B. Karlgren, *Analytic Dictionary of Chinese and Sino-Japanese*, Paris：Library Orientaliste Paul Geuthner, 1923, p. 371.

〔5〕 E. G. Pulleyblank, *Lexicon of Reconstructed Pronunciation in Early Middle Chinese, Late Middle Chinese, and Early Mandarin*, Vancouver：University of British Columbia Press, 1991, p. 381.

〔6〕 郭锡良《汉字古音手册》，第 111 页。"于"云母虞韵合口三等平声。郭先生云母拟音据王力《汉语史稿》作 j，但标明其属于喉音，非舌面音。见例言第 6 页。

〔7〕 李珍华、周长楫《汉字古今音表》，北京，中华书局，1998 年，第 91 页。

〔8〕 B. Karlgren, *Analytic Dictionary of Chinese and Sino-Japanese*, p. 75.

〔9〕 E. G. Pulleyblank, *Lexicon of Reconstructed Pronunciation in Early Middle Chinese, Late Middle Chinese, and Early Mandarin*, pp. 413, 415.

〔10〕 郭锡良《汉字古音手册》，第 95 页；李珍华、周长楫《汉字古今音表》，第 24 页。

祝之中古音 tśįəu˒/tɕuwʰ，只是韵尾已经轻化甚至脱落。据此，笔者相信 ü č ü＞üčü 即为于祝。恒宁以 Uč 源自吐火罗语，毫无根据。

诚然，于祝之名在《世界境域志》与《突厥语大辞典》中记录作 Uj。而且，前舌音文字 Ötükän 在 1120 年成书的马卫集（Marvazī）著《动物的自然属性》（Ṭabā'i' al-ḥayawān）中写作 Ūtkīn。[1] 进言之，上述第三件木杵铭文的 Uč 也不能简单看作是笔误所造成。[2] 虽然如此，这并不妨碍笔者把 ü č ü＞Üčü 视作于祝。如 Ötükän 在隋唐时期的汉文史料中更多记录作于都斤，笔者以为，进入回鹘语中的于祝，最初是以前舌音文字出现的。

结合上述关于古突厥语（包括回鹘语）音 ö-/ü-在中古汉语，以及相关古波斯语、阿拉伯语文献中的对音之讨论，笔者以为，ü č ü＞Üčü 应为唐代汉文史料记录的于祝的正统音译。就同属古突厥语的第三件木杵铭文记作 Uč 而言，以前元音 ü-出现，且韵尾-ü 尚未脱落的 üčü 所反映的历史年代，应早于 Uč 出现的 1019 年。

（三）宗教学：木牍 B 第 1 行出现（S）T＞šat（刹），第 3 行出现（uP š i) uP S nč＞upasi upasančï（优婆夷，优婆塞)，即佛教俗家男女信徒。就该木牍以突厥语鲁尼文写成而言，木牍发信人族属可视为突厥语族。而佛教虽然在突厥第一汗国时期稍得流传，但并未形成气候。后突厥汗国时期，亦没有得到弘扬。取代突厥成为草原霸主的回鹘，763 年以后笃信摩尼教。840 年以后移至东部天山后，早期仍信奉摩尼教。之后在当地的汉传佛教、吐火罗佛教、粟特佛教的影响下，西州回鹘汗室逐渐改信佛教。佛教取代摩尼教成为西州回鹘主体宗教的过渡期，大体应在 10 世纪。张广达、荣新江二位解读的 S. 6551《佛说阿弥陀经讲经文》，写作年代约 10 世纪 30 年代，反映的

〔1〕 V. Minorsky, *Sharaf al-Zamān Ṭāhir Marvazī on China, the Turks and India*, London：Royal Asiatic Society，1942，pp. 18‑19. 相关考证见白玉冬《十世紀における九姓タタルとシルクロード貿易》，《史学雑誌》第 120 编第 10 号，第 16—18 页；钟焓《辽代东西交通路线的走向——以可敦墓地望研究为中心》，《历史研究》，2014 年第 4 期，第 44 页。
〔2〕 回鹘文文献中，词头 ö/ü 有时会写作 o/u。

就是佛教与摩尼教等在西州回鹘境内共生的场景。[1] 据木牍 B 第 1 行"没有贪欲的我们是具有非常卓越名望的汗之高大的 šat"而言，虽不敢断言木牍作者定是佛教徒回鹘人，但至少对佛教不持敌对态度。依据佛教在突厥语民族中的流传年代推测，木牍写作年代大体应在 10 世纪初期以后。

结合上述文字学、语言学、宗教学方面的考述，首先可以肯定这批木牍年代上晚于突厥与回鹘的碑文，应属于回鹘移居至东部天山地区之后。而音译汉语地名于祝 Üčü 之尾音-ü 尚在存留，反映其年代应早于以 Uč 记录于祝的第三件木杵铭文的写作年代，即 1019 年。进言之，出现佛教用词（S）T＞šat（刹），以及部族 S R（G）＞sarïγ（撒里族，即黄头回鹘）中存在（uP š i）uP S nč＞upasi upasančï（优婆夷，优婆塞），表明其背景是当时佛教已在突厥语部族中有了一定的传播。而只见于占卜文书的文字 uP 和见于叶尼塞碑铭的 s 的异体字∧的出现，喻示其年代与占卜文书年代（9 或 10 世纪）和叶尼塞碑铭（8—11 世纪）接近。综合上述几点，笔者以为，本章讨论的和田出土木牍文书的年代约在 10 世纪。

四、历 史 背 景

据此前给出的译注与年代之考释，可了解到发信人——于祝地区的某突厥语部族首领，在上达给于阗国王的书信中报告了如下事情：

1. 于祝（今乌什）部众发现了对于术（今车尔楚、七个星）构成威胁的敌人首领 25 人。

2. 表明以发信人为首的于祝部众支持于阗国王之决心。

---

[1] 张广达、荣新江《有关西州回鹘的一篇敦煌汉文文献——S.6551 讲经文的历史学研究》，《北京大学学报（哲学社会科学版）》1989 年第 2 期，收入张广达《西域史地丛稿初编》，第 225—226、235—236 页。

3. 他们被敌人封锁住,但因与唆里迷(即焉耆)处于敌对关系无法获其救援。

4. 他们让 sarïγ "撒里族"的佛教徒一千人建"国"了。

5. 已经收到于阗方面远送而来的马匹。

6. 要末斯寻找战斗用马匹等。

上面提到的几处地名,在《新唐书·地理志七下》均有记录。前辈学者的研究,[1]为笔者归纳其相互间关系提供了便捷条件。按地理方位而言,书信送达地于阗位于丝路南道,塔里木盆地南缘。发信人所属于祝又名大石城、温宿州,位于塔里木盆地北,天山南麓。于祝东南经拨换城(又名威戎城、姑墨州,今阿克苏),沿和田河南下塔里木盆地,一千一百三十里抵于阗。于术西距焉耆一百七十里,西经龟兹、拨换城等,一千一百八十里至于祝。考虑到发信人捕获的敌人是对于术构成威胁,且提到己方虽被敌人封锁住,但于术东邻焉耆不会过来救援,故发信人所在位置并非一定要限定在距于术千里之遥的于祝。若考虑到于术位于塔里木盆地北缘东西往来的交通必经之路上,发信人应是在于祝与于术之间——极可能是在于术一带捕获到上述 25 个敌人。看来,上述对于术构成威胁的敌人来自西面的可能性更大。换言之,围困发信人所属部族的敌人,同样来自西面的可能性更大。

此处不得不提的是,发信人特意向于阗国王报告让 Sarïγ(撒里族)的佛教徒建"国"。突厥语的 el/il 原意为人民,同时有民众聚合体、国、国家等意。后三种意思大体与汉籍史料的"国"相当,但汉语的国显然没有人民之意。此种意义上,突厥语的 el/il 与蒙古语的 ulus 相当,大到一个国家,小至一个游牧集团都可以称之为 el/il。木牍文提到的一千 Sarïγ(撒里族)是指一千人,抑或是指一千帐,仅据字面尚不能明断。据前面介绍的发信人的活动地域——于祝与于术

---

〔1〕 主要参见严耕望《唐代交通图考》第 2 卷《河陇碛西区》,第 470—479 页;荒川正晴《唐代河西以西の交通制度(2)》,载氏著《ユーラシアの交通・交易と唐帝国》,名古屋大学出版社,2010 年,第 290—298 页;荣新江《唐代安西都护府与丝绸之路——以吐鲁番出土文书为中心》,第 13—18 页。

之间而言，上述 Sarïɣ（撒里族）难以想象当时是在焉耆东面的塔里木盆地东南部活动，而可能位于包括龟兹在内的焉耆至于祝一带，即塔里木盆地北缘。

　　大英图书馆藏 Or. 8212 - 76 鲁尼文文书，斯坦因（A. Stein）第三次中亚考古期间发现于新疆米兰（Miran）的古城堡遗址，是盔甲等军需物品的发放账本。关于该文书，汤姆森（V. Thomsen）最早进行了解读研究。[1] 之后，奥尔昆（H. N. Orkun），以及爱丁（E. Aydin）的团队，按汤姆森的释读顺序重新进行了研究。[2] 笔者在上述前人研究基础之上，依据国际敦煌项目（IDP）网站公开的图版，对 Or. 8212 - 76 文书进行了重新研究，给出了文书的换写（transliteration）、转写（transcription）和简单必要的词注。[3] 据笔者释读，作为军需品受领者，该文书中出现撒里地方蠹官（Sarïɣ Uluš Urungu）。笔者以为，此撒里地方（Sarïɣ Uluš）即 Sarïɣ 族所在之地。不过，就 Or. 8212 - 76 文书出自米兰，且日后的黄头回纥位于米兰以南而言，该文书反映的撒里地方（Sarïɣ Uluš）应该就在米兰附近，即塔里木盆地东缘。

　　马卫集《动物的自然属性》第 19 节介绍有由喀什噶尔经由于阗、沙州后，通往中国、契丹和回鹘（西州回鹘）的三条路线。第 20 节谈到前往契丹的旅行者从 Sānjū 需要半月路程会到达 Shārī 族地面，此集团因他们的一个首领之名 Bāsm.l（Basmïl，拔悉密）而为人所知，他们因畏惧伊斯兰教的割礼而逃亡至此地。[4] 诚如米诺尔斯基所

[1] V. Thomsen, "Dr. M. A. Stein's Manuscripts in Turkish 'Runic' Script from Miran and Tunhuang", *Journal of the Royal Asiatic Society*, 1912, pp. 181 - 189.

[2] H. N. Orkun, *Eski Türk Yazıtları*, 4vols., Istanbul: Devlet Basımevi, 1936 - 1940, vol. 2, pp. 63 - 68; E. Aydin, R. Alimov and F. Yıldırım, *Yenisey-Kırgızistan Yazıtları ve Irk Bitig*, Ankara: BilgeSu Yayıncılık, 2013, pp. 467 - 470.

[3] 白玉冬《米兰出土 Or. 8212/76 鲁尼文文书译注》，余太山、李锦绣主编《丝瓷之路》第 7 辑，2019 年，北京，商务印书馆，第 31—50 页。

[4] V. Minorsky, *Sharaf al-Zamān Ṭāhir Marvazī on China, the Turks and India*, pp. 18 - 19.

言，[1]上述有关从沙州到达契丹首都之路程的原始情报，当来自马卫集书中第 22 节所介绍的、于 1027 年同西州回鹘使者一同访问哥疾宁王朝的契丹使者。即，上述 Shārī 族定是在 1027 年之前移居至此地的。

关于地名 Sānjū，米诺尔斯基视作 Sājū"沙州"，巴哈提视作鄯州。[2] 无论结果如何，重要的是 Shārī 族是遭到伊斯兰教攻击后才向东方移动的。按 sarï 可视作是 sarïγ 的尾音-γ 脱落后的简化形式。[3] 佐口透与巴哈提把其与马卫集书中记录的活动于钦察草原上的 al-Shāriya 相联系起来，固然可备一说。[4] 唯二者相距异常遥远，似有牵强之嫌。相反，米诺尔斯基与哈密顿将其与撒里畏兀儿（Sarï Uyγur）联系起来是有道理的。[5] 不过，米诺尔斯基将其与甘州回鹘直接联系起来，则缺乏论据。哈密顿推定，11 世纪时期出现在于阗东面的黄头回鹘原本是操突厥语的佛教部族，因遭到伊斯兰教徒的驱逐而离开了塔里木盆地。现在，我们已经了解到，在 10 世纪时期的塔里木盆地北缘，有被称为 sarïγ 的集团在活动，且曾建"国"。我们没有必要再舍近求远，去遥远的西方去苛求他们的同类。上述 sarïγ，完全可以与马卫集记录的 1027 年之前移居至东方的 Shārī 族相联系起来。

笔者还注意到，马卫集记录的 Shārī 族因他们首领之一的名字 Basm.l（ Basmil，拔悉密）而为人所知。巴哈提把上述拔悉密视作

---

〔1〕 V. Minorsky，*Sharaf al-Zamān Ṭāhir Marvazī on China*，*the Turks and India*，p. 72.

〔2〕 V. Minorsky，*Sharaf al-Zamān Ṭāhir Marvazī on China*，*the Turks and India*，p. 72；巴哈提·依加汗《辽代的拔悉密部落》，《西北民族研究》1992 年第 1 期，第 141—142 页。

〔3〕 G. Clauson，*An Etymological Dictionary of Pre-Thirteenth Century Turkish*，p. 848.

〔4〕 佐口透《サリク・ウイグル種族史考》，《山本博士還暦記念東洋史論叢》，东京，山川出版社，第 199—200 页；巴哈提·依加汗《辽代的拔悉密部落》，第 145—146 页。

〔5〕 V. Minorsky，*Sharaf al-Zamān Ṭāhir Marvazī on China*，*the Turks and India*，p. 73；哈密顿《仲云考》，《西域史译丛》，耿升译，第 174—176 页。

出自阿尔泰山北部鄂毕河上游附近的拔悉密集团，固然很有魅力。不过，我们不应忘记，俄罗斯圣彼得堡东方学会所藏 MS SI 2 Kr 17 号与 MS SI KrⅣ 256 号回鹘语公文书记录，在塔里木盆地北面的裕勒都斯河谷与伊犁河流域之间，有拔悉密部落在活动，而且是西州回鹘下属焉耆的边防对象。[1] 这些文书被抄写在年代属于 10 世纪后半叶至 11 世纪初的汉文佛典背面。虽然这些文书年代尚难断言，[2] 但其字体接近于哈密顿解读的年代为 9—10 世纪的敦煌出土回鹘语文书。笔者倾向这些文书年代约在 10 世纪末至 11 世纪初。张广达、荣新江二位则提出，上述回鹘语文书反映，当时，拔悉密对回鹘的臣属关系已经有所变化。[3] 考虑到木牍文记录的被敌人围困的发信人所属部族，及其保护建"国"的 sariɣ 族，当时与西州回鹘下属焉耆处于敌对关系，上述二族难言当时为西州回鹘直属部族。或许，上述回鹘语公文书记录的成为焉耆边防对象的拔悉密，与木牍文发信人所属部族及其保护建"国"的 Sariɣ 间存在某种联系。可能因这种联系，促使日后移居至东方的 Shārī 族有首领名为 Basm. l（Basmil，拔悉密）。总之，前面介绍的哈密顿观点，值得赞同。

不过，仅据上述考释，我们还难以明断木牍发信人的族属。《世界境域志》言 Ūj（乌什，即于祝）为葛逻禄人所占据，同时还提到 Ūj 近旁的 B. Njūl（温宿）现在为黠戛斯人所占据。[4] 这说明，这反映

〔1〕 主要参见 L. Ju. Tuguševa，"Three Letters of Uighur Princes"，*Acta Orientalia*，vol. 24，1971，pp. 173 – 187；G. Clauson，"Two Uygur Administrative Orders"，*Ural-altaische Jahrbücher*，vol. 45，1973，pp. 213 – 222，有关焉耆的勘定见第 219 页注 A31；耿世民《回鹘文社会经济文书研究》，北京，中央民族大学出版社，2006 年，第 64—70 页；李树辉《圣彼得堡藏 S12 Kr17 号回鹘文文书研究》，《敦煌研究》2011 年第 5 期，第 97—99 页。

〔2〕 主要观点有西州回鹘时期（L. Ju. Tuguševa）；1030 年至 1130 年（G. Clauson）；10 至 11 世纪时期（耿世民）；1053 年（李树辉）。

〔3〕 张广达、荣新江《有关西州回鹘的一篇敦煌汉文文献——S. 6551 讲经文的历史学研究》，第 238 页。

〔4〕 V. Minorsky，*The Regions of The World*，a Persian geography，pp. 293 – 295.

的不是作者当时的情况，而是抄自前人。[1] 另外，书中关于吐蕃的第十一章，介绍从第十个地名 Bāls 至第二十个地名 M. Th 是言"过去属于中国，现在为吐蕃人所据有，在这些地方有很多九姓古斯人"。[2] 关于样磨的第十三章提到 Khīrm. Kī(Khīraklī?)是个大村庄，住着样磨人、葛逻禄人和九姓古斯人三种突厥人。[3] 米诺尔斯基与王治来指出，上述九姓古斯人是在从喀什到和田沿途，以及喀什东北四十五公里处的下阿图什。《世界境域志》记录的九姓古斯即西州回鹘王国，反映的是回鹘人西迁后不久的情况。总之，在回鹘西迁前后，即便回鹘尚未完全占据塔里木盆地南缘，但当地已有回鹘、葛逻禄等突厥语部落存在。

另外，S. 383《西天路竟》言自龟兹国"又西行三日入割鹿国"。此割鹿即葛逻禄，位置在于阗东南拨换城（今阿克苏）一带。[4] 敦煌研究院藏《归义军衙内酒破历》言："去正月廿四日，供于阗葛禄逐日酒贰升。"[5] 按上述酒破历，多以地名后续人名来记录获得招待的人员，上文葛禄应为住在于阗境内或政治上隶属于阗之葛逻禄人。

值得一提的是，年代在开宝九年至太平兴国五年（976—980）间的 P.4065（3）号敦煌文书，记录了喀喇汗朝与于阗间的战争，且涉及葛逻禄与回鹘。该文书云："西太子领大石兵马来侵大国，动天动地，日月昏沉；致于马甲人甲。刀枪斧钺，实填人怕。直回鹘、葛禄及诸

〔1〕 V. Minorsky, *The Regions of The World*，*a Persian geography*，p.294；王治来《世界境域志》，第 78 页及其注 6、8。

〔2〕 V. Minorsky, *The Regions of The World*，*a Persian geography*，p.93；王治来《世界境域志》，第 67 页及其注 3。

〔3〕 V. Minorsky, *The Regions of The World*，*a Persian geography*，p.96；王治来《世界境域志》，第 73 页及其注 3。

〔4〕 相关考证见黄盛璋《〈西天路竟〉笺证》，《敦煌学辑刊》1984 年第 2 辑，第 6—7 页。

〔5〕 唐耕耦、陆宏基编《敦煌社会经济文献真迹释录》第 3 辑，北京，全国图书馆文献缩微复制中心，1990 年，第 273 页第 36—37 行；荣新江、朱丽双《于阗与敦煌》，第 132—133 页。

蕃部族，计应当敌他不得。"[1]荣新江、朱丽双二位据此指出，在于阗以西地带，有回鹘、葛逻禄等突厥语部众，可能处于半独立状态，但也隶属于阗王国。从上文可以了解到，当时有回鹘、葛逻禄等部族，虽然他们与创建喀喇汗朝的部族同属突厥语族，但当面对伊斯兰教喀喇汗朝的进攻时，他们却联手于阗王国，进行了抵抗。喀喇汗朝的活动中心喀什噶尔，正位于塔里木盆地北缘东西交通干线的西端。这与笔者在前面推定的木牍文中敌人的来向——西方相一致。

综上，本章讨论的和田出土木牍文，其年代极可能属于 10 世纪中后期，是由于祝的突厥语部族首领上给佛教国家于阗国王之公文。据木牍文中关于捕获敌人，被敌人围困，让佛教徒 sarïγ "撒里族"建"国"等叙述，笔者推定这些木牍当与 10 世纪中后期，塔里木盆地西面与北面一带的突厥语部落联手于阗对抗喀喇汗朝的战争有关。木牍文发信人应为这些半独立状态的突厥语部落首领之一，尤以葛逻禄的可能性最大，但也不能完全排除拔悉密乃至回鹘的可能性。关于于阗抵抗喀喇汗朝的战争，荣新江、朱丽双二位已做细致研究，[2]此不复赘。

小　　结

伊斯兰教产生以后，长期以来并未越过帕米尔高原一线。约 10 世纪中期，突厥语部族创建的喀喇汗朝，方使得今新疆西南喀什一带开始伊斯兰化。不过，其向东方的发展，一早就遭到其近邻的佛教王国——东面的于阗王国与北面的西州回鹘王国的强力抵抗。不仅如此，敦煌出土文书反映，沿塔里木盆地南北两侧丝路交通干线一带活动的葛逻禄、回鹘等其他突厥语部落，虽处于半独立状态，但深受于

---

〔1〕　关于该文书研究史及其详细背景研究，见荣新江、朱丽双《于阗与敦煌》，第332—334 页。

〔2〕　荣新江、朱丽双《于阗与敦煌》，第 327—343 页。

阗王国影响，也加入抵抗伊斯兰教扩张的战斗中。本章介绍的木牍文，正是记录这些突厥语弱小部落与于阗王国携手抵抗喀喇汗朝的真实写照，足以弥补相关史料空缺。对伊斯兰教在中国的传播问题之探讨，对新疆地区历史之研究而言，均有裨益。另外，该木牍文记录的佛教徒 Sarïγ（撒里族），为众说纷纭的裕固族起源问题研究提供了可信的第一手资料，相信能够为这一问题的解决起到关键性作用。

第八章　吐鲁番雅尔湖石窟第 5 窟鲁尼文题记释读与研究

　　吐鲁番雅尔湖石窟位于交河故城西南雅尔乃孜沟南岸的崖壁上，东距吐鲁番市 10 公里。该石窟群始建于北凉据有交河时期（450—460年），延续使用到蒙元时期。现存 15 个洞窟，分上下两层。其中，位于上层的第 5 窟西壁上，残存有一批用尖锐物镌刻的鲁尼文题记。[1] 笔者参加大阪大学荒川正晴教授主持的科研项目，曾于 2012 年 9 月 5 日18:00—18:45 对这些题记进行过短暂调查。除笔者外，国内外虽有一批学者对这些题记进行过解读，但意见不一。当前，学术界缺乏一个统括相关研究的归纳性成果，故撰此章。不足之处，敬祈方家指正。

一、研究史的回顾与问题之所在

　　雅尔湖石窟第 5 窟，长 5.73 米，宽 2.86 米，高 4.35 米，是长方形纵券顶窟。石窟门道东侧壁面有朱色汉文题记数行，其中有"¹乙丑年十月廿///² 到此西谷寺³ 鞏禅师记///"。窟内西侧墙壁有一批鲁尼文题记。[2] 关于这些题记的数量、行文方向和内容，释读者意

---

　　〔1〕　关于雅尔湖石窟的介绍，主要参见柳洪亮《雅尔湖千佛洞考察随笔》，《敦煌研究》1988 年第 4 期，第 45—50 页；荒川正晴《吐鲁番・乌鲁木齐周边地域の史跡について》，《内陆アジア言語の研究》第 7、8 辑，1992 年，第 66—93 页；吐鲁番地区文物局、吐鲁番学研究院《雅尔湖石窟调查简报》，《吐鲁番学研究》2015 年第 1 期，第 1—13 页。
　　〔2〕　关于雅尔湖石窟第 5 窟，前人表述不尽相同。此处引用吐鲁番地区文物局、吐鲁番学研究院《雅尔湖石窟调查简报》第 9 页，陈爱峰、李亚栋执笔文。

见不一。

这批鲁尼文题记的发现者为以克列门茨(D. Klementz)为首的俄罗斯科学院第一次吐鲁番考察队。考察队一行在 1898 年 9 月 9 日至 14 日,首次调查了交河故城、雅尔湖石窟及其附近的墓葬洞窟。[1]克列门茨在报告书中说到在交河故城一带,用于居住和无壁画的洞窟中,考察队发现了鲁尼文题刻,通过拓片和临摹进行了复原,"在第 6 窟和第 3 窟(即现在的第 5 窟)内之墙壁上覆盖着泥土,其中有各种各样的涂鸦,从中我们发现了鲁尼文题铭,我们提议做出摹本"。[2]次年,俄国学者拉德洛夫(W. Radloff)根据克列门茨提供的照片与拓片,在《1898 年圣彼得堡皇家科学院所获吐鲁番调查资料》中刊出《吐鲁番出土的古代回鹘语文书》,率先刊布了对其中 4 则题记(图版 26、27、28、29)的释读成果。[3]拉氏按从右至左的行文顺序释读,指出其中出现见于叶尼塞碑铭的字体。值得一提的是,拉氏从图 29 题记中释读出 šaqyamöni(释迦牟尼)一词,推测这些题记的主人是佛教徒。1940 年,土耳其学者奥尔昆(H. N. Orkun)在《古代突厥碑铭集》第 3 卷中,依据克列门茨公开的图版,对其中的两条题记进行了重新释读,但仅限于转录拉德洛夫的研究成果,并无新的内容。[4]

1963 年,冯家升在不了解拉德洛夫和奥尔昆释读的情况下,根据北京大学阎文儒和乌鲁木齐博物馆李征提供的摹写和照片,把这

〔1〕 张惠明:《1898 至 1909 年俄国考察队在吐鲁番的两次考察概述》,《敦煌研究》2010 年第 1 期,第 88 页。

〔2〕 相关介绍,参见克里亚施托尔内《新疆与敦煌发现的突厥卢尼文文献》,杨富学译文收入氏著《回鹘学译文集》,兰州,甘肃民族出版社,2012 年,第 120 页。

〔3〕 拉德洛夫图版编号为 26、27、28、29,见 W. Radloff, "Altuigurische Sprachproben aus Turfan", in: *Nachrichten über die von der Kaiserlichen Akademie der Wissenschaften zu St. Petersburg im Jahre 1898 ausgerüstete Expedition nach Turfan*, vol. 1, 1899, St. Petersburg, pp.80‑82.拉德洛夫还另刊布 2 件回鹘文经济文书和 2 件回鹘文佛经残片,见同文第 57—80 页。

〔4〕 H. N. Orkun, *Eski Türk Yazıtları*, 4vols., Istanbul: Devlet Basımevi, 1936‑1940, vol.3, pp.205‑206.

些题记按甲组横书长行、乙组横书短行归为两大类，给出了包括摹写、转写和译文在内的最完整的解读成果。[1] 与通常的鲁尼文行文顺序相反，他按从左至右顺序释读。其中，甲组释读出 53 个字母，译作"神圣汗的军……其中头人 Ömüpmiš 夏病沉重，因来治疗。……四肢病。……国军中锋传令官"。乙组释读出 24 个字母，译作"本年您 Är Külüg 的 Külüg 夫人是水主"。最后，他依据从左向右的书写方式，"汗""国家"等词汇的存在等，推定这两行铭文是咸通七年（866）以后高昌回鹘时代的产物。1988 年，柳洪亮给出了上述冯家升甲组横书长行题记的部分摹写，惜存在多处不实之处。[2] 1992年，荒川正晴依据实地考察，对李征、阎文儒、柳洪亮、冯家升四位的摹写进行对比，指出彼此之间存在明显的差异。需要注意的是，虽然未能给出完整的释读，但他对冯家升从左向右的释读提出质疑，并在特金（T. Tekin）的帮助下，指出上述冯家升甲组横书长行题记中 2 次出现人名 Küli Čor Sängün。[3]

　　1993 年，以色列学者爱尔达尔（M. Erdal）依据圣彼得堡亚洲博物馆所藏克列门茨采集的 13 条题记图版，把这些题记归为 12 条，重新进行释读研究。[4] 显然，他并不了解冯家升的研究成果，依然按从右至左顺序释读，并就相关文字与叶尼塞碑铭的字体等进行了详细比对。他对拉德洛夫提出的雅尔湖石窟可能为来自更北边的突厥语族人所临时使用这一看法表示赞同，倾向这些铭文可能出自来自叶尼塞河上游地区的人员——僧侣、商人、使者或强盗等皆有可能。作为理由，他着重提出虽然塔里木盆地周边出土过一些鲁尼文写本残片和一面带有鲁尼文的镜子，但这些属于随身携带品，而叶尼塞河

---

　　〔1〕 冯家升《1960 年吐鲁番新发现的古突厥文》，《文史》第 3 辑，1963 年，第 145—156 页（后收入《冯家升论著辑粹》，北京，中华书局，1987 年 10 月，第 491—502 页）。
　　〔2〕 柳洪亮《雅尔湖千佛洞考察随笔》，《敦煌研究》1988 年第 4 期，第 47 页。
　　〔3〕 荒川正晴《吐鲁番·乌鲁木齐周边地域の史跡について》，《内陆亚细亚史研究》第 7，8 号，1992 年，第 87—91 页。
　　〔4〕 M. Erdal, "The Runic Graffiti at Yar Khoto", *Türk Dilleri Araştırmaları*, vol. 3，1993，pp. 87 - 108.

上游地区存在鲁尼文墓碑和铭文,吐鲁番地区缺少鲁尼文墓碑,但这不能构成否定性质的证据。他依据字迹和大小,推定这些题记应该是在不同的场合,由不同的人物写成。同时强调这些题记的文字类型有共同点,这表明这些题记出自同一个"学堂(school)"。据其说,前面介绍的拉德洛夫释读的图 26、27、28、29 的题记分别是圣彼得堡亚洲博物馆所藏克列门茨采集的第 3 条、第 4 条、第 6 条和第 7 条的后半部分,奥尔昆解读的是第 4 条和第 7 条的后半部分。[1]

2012 年 9 月 5 日,笔者获吐鲁番文物局批准,依据荒川正晴的研究笔记和冯家升的释读,对第 5 窟鲁尼文题记进行了调查。由于当时尚不掌握上述爱尔达尔的研究成果,且时间紧迫,仅确认到 7 处题记。其中,题记 1 共 2 行,题记 2—7 各 1 行。一年后,解读成果在大阪大学内部发行资料《丝路东部文字资料与遗迹调查快报》上刊出。[2] 笔者按通常的从右至左顺序释读,提出这些题记大多为祈愿文。

2013 年 8 月,张铁山和李刚二位对雅尔湖石窟第 5 窟内的鲁尼文题记进行了实地探查和解读。2014 年 7 月,二位再次到访雅尔湖石窟,对初步释读进行了现场比对。其最终成果,于 2015 年刊出,并给出了这些题记的彩色图版。[3] 二位主要参考冯家升和柳洪亮的研究成果,按洞窟墙壁上方(1 条)、中部(1 条)、下方(1 条)分类释读。二位按自左至右顺序释读,对冯家升的释读进行了不少改进,值得称赞。

自 2010 年起,土耳其学者成吉思(A. Çengiz)连续在中国境内对鲁尼文铭文题记进行科研调查,2012 年曾在吐鲁番遇见笔者。其

〔1〕 M. Erdal, "The Runic Graffiti at Yar Khoto", *Türk Dilleri Araştırmaları*, vol. 3, 1993, p. 87.

〔2〕 白玉冬《交河故城雅爾湖千仏洞第 5 窟ルーン文字題記調査メモ》(日文),荒川正晴编《シルクロード東部文字資料と遺跡調査ニューズレター》,大阪大学文学研究科,2013 年,第 22—25 页。

〔3〕 张铁山、李刚《吐鲁番雅尔湖千佛洞 5 号窟突厥文题记研究》,《西域研究》2015 年第 4 期,第 161—168 页。

最终成果收入其著《丝路交汇处的不朽遗迹》。[1] 除雅尔湖石窟第 5
窟的鲁尼文题记外，[2] 该书中还收录有作者对西安、内蒙古等地出
土的鲁尼文题记的释读成果。其中，在关于雅尔湖石窟第 5 窟鲁尼
文题记的释读中，他按各自出现的人名或地名等进行命名，读序自右
向左，共整理出 12 条题记，并给出清晰的图版和精美的复原，以及一
些富于想象力和创造力的宣传画面。相比其他学者所从事的严谨、
甚至有些枯燥的历史语言学研究，成吉思的研究确实令人耳目一新。
惜对相关题记和录文刻意进行包装和复原，存在夸大历史价值，背离
历史语言学研究的理性轨迹之嫌。

　　此外，俄罗斯学者克里亚施托尔内(S. G. Klyashtorny)在关于
新疆与敦煌出土的鲁尼文文献的概述文中，主张所有新疆鲁尼文题
记更接近于叶尼塞碑铭，而非鄂尔浑碑铭，且完全不同于鲁尼文文
本，所有的简短题记都带有佛教成分，"考虑到叶尼塞碑铭时代相对
较晚，在某种情况下，我们可以断言，在 9 到 11 世纪间，在吐鲁番绿
洲，也可能在敦煌一带，曾存在操突厥语的佛教团体，他们并不完全
属于回鹘人，极有可能是回鹘北部或东北部的邻居"。[3]

　　综上，关于雅尔湖石窟第 5 窟的鲁尼文题记，学术界研究成果丰
厚。主流观点主张其使用的文字，相比鄂尔浑碑文，更接近于叶尼塞
碑铭。当前，存在的问题主要集中在以下几点：(1) 这些鲁尼文铭文
的行文方向究竟是从左向右，还是从右向左？(2) 书写这些题记的
人物，究竟出自哪里？ 他们有着何种历史文化背景？ 难得的是，张铁
山、李刚和成吉思给出的高精度彩色图版，对笔者而言是个惊喜，同
时为加深这一问题的讨论，提供了便捷的条件。此外，幸运的是，森
安孝夫把其对雅儿湖石窟第 5 窟西壁上的 6 条题记和东壁上的 2 条

---

〔1〕 A. Çengiz, *İpek Yolu Kavşağının Ölümsüzlük Eserleri*, Ankara: Atatürk
Üniversitesi, 2015.

〔2〕 A. Çengiz, *İpek Yolu Kavşağının Ölümsüzlük Eserleri*, pp. 355 – 505.

〔3〕 克里亚施托尔内《新疆与敦煌发现的突厥卢尼文文献》，第 121、123 页。

题记的摹写转交给了笔者,这对笔者的再次释读起到了参考作用。[1] 接下来的释读与分析,未必能够完全解决上述问题,但会进一步接近问题的真相。

二、鲁尼文题记译注

据笔者 2012 年调查笔记,雅儿湖石窟第 5 窟西壁右下方约四分之一部分墙皮脱落,岩壁露出,整个墙面壁画几乎无存,有多处人为破坏的痕迹。鲁尼文题记主要集中在西壁中间部位,距地面 1—1.5 米高处。此外,入口附近和内侧偶见鲁尼文题记。题记中夹杂有砸痕和动物画,部分以不同文字(主要是汉字和鲁尼文,有一处是婆罗米文)书写的题记或涂鸦相叠在一起,难以识别。题记字体大部分为见于突厥鄂尔浑碑文和回鹘三大碑文的尖锐状字体,仅有一条题记字体接近于敦煌出土 Or.8212-161 占卜文书和九姓回鹘可汗碑所见的弧形状字体。这些题记,看来是以某种尖锐物刻写在墙壁上的。其中,不乏仅见于叶尼塞碑铭的鲁尼文异体字,如前舌音的 n,双舌音的 s 等。受时间所限,笔者 2012 年仅甄别出西壁上的 7 条题记。今据收集到的部分图版,以及张铁山、李刚和成吉思刊出的彩色高清图版,重新进行释读,给出录文、换写、转写和简单必要的词注,并就其历史背景稍作探讨。录文和换写中,"( )"内文字为依据残余笔画的复原,"[ ]"内文字为根据文义的推定复原;译文中,"( )"内为补充说明。需要强调的是,以下鲁尼文录文,按最接近原字的字体,按中文习惯自左向右行文。原因在于若按鲁尼文通常的自右向左行文录文,则录文与换写、转写行文相反,前后顺序颠倒,对阅读者,尤其是对不能读原字的阅读者带来极大不便,甚至误导阅读者。

---

[1] 调查日期为 1996 年 7 月 28 日,未发表。经核对,该记录文中的左壁(南壁)和右壁(北壁)即东壁和西壁。

题记 A(图版 8 - 1,8 - 2)：圣彼得堡亚洲博物馆藏编号 5 和 6，即爱尔达尔的题记 5(b)和题记 6，拉德洛夫图版 28 题记，冯家升题记甲，柳洪亮摹写题记，张铁山、李刚墙壁上方题记，成吉思 Yilig Čor 题记。2 行尖锐状字体，第 2 行位于第 1 行右下方。2 行之间间隔有 20 厘米左右空白，中间有与此题记不相关的汉文题记"黑城人石新岁底(?)游(?)到此"的竖写第 2 字"城"。第 1 行约 50—52 字，第 2 行 11 字。2 行铭文笔迹相同，均出现人名 yilig čor，为同一人所留。拉德洛夫、爱尔达尔和成吉思按从右向左顺序释读。其中，拉德洛夫给出了第 1 行前 15 字的释读，爱尔达尔和成吉思给出了完整的释读。冯家升、张铁山和李刚把 2 行视作同 1 行铭文，按从左向右顺序释读。笔者按从右向左顺序释读。

1   ꡢꡞꡙꡔꡀ꞉ ꡤꡖꡃꡞ꞉ ꡁꡖꡕ[ꡜ]꞉ ꡘꡣ[ꡙꡞ](ꡙ)ꡢꡞꡜ ꞉ ꡐꡎ꞉ ꡜꡣꡢꡞ꞉ ꡠꡥ

     ꡘ(ꡢ)[ꡖꡒꡞꡛ]ꡛ꞉ ꡐꡖꡘꡣ

     y i l g č W R：s ŋ l ü k nč Y m a：s ü m [č i W] (T) č i T š g：
     Y N š m：s n m ü č k：Q B R (š) [y k n] ü：Y N u Q m a

     yilig čor singil künčuym-a išü ämči otči taš ig ayanišim
     äsänmü čik aq bars yükünü yan oquma

2   ꡢꡞꡙꡔꡀ꞉ ꡤꡖ(ꡃ)

     y i l g č W R：s ŋ l (m)

     yilig čor singil(im)

     译文：[1]为 Yilig 啜，我的妹妹妻子(祈愿)：夷数(夷瑟，即耶稣)、药师、我的外病的敬畏者啊！您安好吗？鞠(čik，部落名)的 Aq Bars(原义为"白虎")一敬拜(摩尼佛?)，你就要返回我的部落，[2]Yilig 啜，我的妹妹啊！

词注：

1 行，yilig čor：人名。拉德洛夫、爱尔达尔、成吉思的转写与笔者相同。其中，拉德洛夫未做考述。爱尔达尔认为 yilig 是后舌音字 yïlïg（温暖）的变音，人名 yilig 源自 yïlïg 的隐喻语义"温和，柔和"。[1] 成吉思引经据典，主张该词是 ellig/ililig（领主，君主）的方言变体，并认为该人物是这一题记的书写者。[2] 如后所述，笔者以为该题记作者是鞠（čik）部落出身的 Aq Bars（原义为白虎），兹不从成吉思。古突厥语 tekin（特勤）虽然指代皇族子弟，但亦用于女性人名。同理，虽然带有职官名啜（čor），但据文义而言，该人物应为女性。

1行，singil：原义是"妹妹"。此处是后续名词 künčuy（公主，妻子）的限定词，理解作年幼于题记书写者"我"的妻子之义较为稳妥。

1行，künčuym-a：名词 künčuy（汉语词"公主"的音译）后续第一人称所属格词缀＋m，再后续感叹词缀＋a 或名词与格词缀＋a。在叶尼塞碑铭中，künčuy（公主）是"妻子"之义。在高昌回鹘王国，künčuy（公主）充当贵妇人称号的一部分，如 tängri künčuy tängrim（天公主邓林）。[3] 在本题记中，该词前并无如 tängri（天，神，神圣的）那样表示尊贵的修饰词，且文后的 yan-（返回）是以裸格表示对第二人称，即 yilig čor singil künčuy 的直接命令。故取"妻子"之义，方能文义畅通。另，第一人称所属格词缀＋m 之后的＋a，频繁出现于叶尼塞碑铭中。关于其语法上的功用，学者们意见不一。鉴于该题记写于寺窟壁画上，且类似的佛教寺窟题记中多有祈愿文，兹视作附于祈愿对象之后的名词与格词缀＋a，译作"为"。

1行，isü：原字写作 s ü，唐代汉文文献多作"夷数"，又作"夷瑟、夷鼠"等，即"耶稣"。冯家升、张铁山和李刚的换写与笔者相同，但释读顺序与转写不同于笔者。爱尔达尔和成吉思读作 s n，转写作 äsän（吉祥，安好）。按第2字下端破损，见不到 n 左下端的钩与竖而言，视作 ü 更

〔1〕　M. Erdal, "The Runic Graffiti at Yar Khoto", p.98.

〔2〕　A. Çengiz, İpek Yolu Kavşağının Ölümsüzlük Eserleri, pp.461-463, 471.

〔3〕　张广达，荣新江《有关西州回鹘的一篇敦煌汉文文献——S. 6551 讲经文的历史学研究》，《北京大学学报（哲学社会科学版）》1989 年第 2 期，收入张广达著《西域史地丛稿初编》，第 227 页。

为稳妥。按 s ü 释读，首选当然是 sü（军队）。惜与笔者释读出的整体文义有抵触。诚然，在德藏吐鲁番高昌故城遗址出土的 M. 327 摩尼教鲁尼文写本残片中，耶稣写作 yišo，[1] 在吐鲁番出土 U 3890（T Ⅲ B）叙利亚文回鹘语景教写本残片中，耶稣写作 yšw'。[2] 不过，在吐鲁番出土回鹘语摩尼教文献中，来自粟特语 'yšw 的耶稣除写作 yišu 外，还写作 išu。[3] 而且，在吐峪沟出土的鲁尼文摩尼教写本 T Ⅱ T 20（Mainz 0377）残片中，19 个鲁尼文字母下方以摩尼文标出读音，看得出该文书是摩尼教徒学习鲁尼文的习字本或范本。[4] 鉴于回鹘语中 ü 音与 u 音的相近，且历史上吐鲁番地区曾流行过摩尼教与景教，s ü＞išü 视作摩尼教和景教的神祇 išu（耶稣）的变体未尝不可。

　　1 行，ämči otči："药师"之义，近义词重叠。前人未能给出转写。前者是名词 äm（药）后续表示职业的词缀＋či，后者是名词 ot（草药）后续表示职业的词缀＋či。据图版，紧随 m 之后是 3 字左右的破损，然后在破损处的下方可见到 ⩗（T）的下半部，上方可见到 ⩗（T）的左上部。鉴于紧前面的 s ü 可以复原作 išü（išu，耶稣），而耶稣在摩尼教中被称为"医王、医生"，[5] 姑作此复原。

---

　　[1]　正面第 6—7 行。见 A. von Le Coq，" Köktürkisches aus Turfan. Manuskriptfragmente in köktürkischen „Runen" aus Toyoq- und Jdiqut-Schähri［Oase von Turfan]"，*Sitzungsberichte der preussischen Akademie der Wissenschaften*，1909，p. 1053.

　　[2]　P. Zieme，*Altuigurische Texte der Kirche des Ostens aus Zentralasien*（*Gorgias Eastern Christian Studies*，vol. 41），Piscataway（new jersey）：Gorgias Press，2015，pp. 126 - 127 页，第 11、14 行。

　　[3]　P. Zieme，*Manichäisch-türkische Texte：Texte*，*Übersetzung*，*Anmerkungen*，Berliner Turfantexte，vol. 5，1975，第 25 页第 76 行，第 59 页第 596 行。

　　[4]　A. von Le Coq，"Köktürkisches aus Turfan. Manuskriptfragmente in köktürkischen „Runen" aus Toyoq- und Jdiqut-Schähri［Oase von Turfan]"，pp. 1047 - 1052.

　　[5]　如作于开元十九年(731)六月八日的敦煌出土《摩尼光佛教法仪略》记录其"译云光明使者，又号具智法王，亦谓摩尼光佛，即我光明大慧无上医王应化法身之异号也"。参见林悟殊《〈摩尼光佛教法仪略〉释文》，载氏著《摩尼教及其东渐》，北京，中华书局，1987年，第 230 页。译于唐代后期的敦煌出土摩尼教残经《下部赞·览赞夷数文》中云："降大法药速医治，嚟以神咒驱相离。"参见林悟殊《〈下部赞〉释文》，载氏著《摩尼教及其东渐》，第 236 页。关于摩尼被称作药王、医生的研究，主要参见马晓鹤《摩尼教、基督教、佛教中的"大医王"研究》，《欧亚学刊》第 1 辑，1999 年，收入氏著《摩尼教与古代西域史研究》，北京，中国人民大学出版社，2008 年，第 107—113 页。

1 行，taš ig：外病。冯家升、张铁山和李刚换写作 T B g。成吉思的摹写与笔者同，但把第 2 字◊视作后舌音字 B(ɗ)，进而转写作 at bäg。按后舌音字 B(ɗ)还出现于同一题记后半段中，写法明显不同于此处的第 2 字。兹不从前述诸人之说。◊不见于突厥汗国和回鹘汗国的大型碑铭，以及敦煌吐鲁番出土鲁尼文写本文献中，但见于叶尼塞碑铭中，存在 ng 或 s/š 三种转写的可能。按第一种 ng，⋀◊⋹可转写作 tang ig（拂晓，病）。按后两种 s/š，⋀◊⋹可转写作 taš ig（外病）。兹取后者。

1 行，ayaniš：敬畏者。动词 ayan-（尊敬，敬畏）后续表示进行某一事项之方式的构词词缀 š，充当名词。[1]

1 行，čik：鞠，部落名。冯家升、张铁山和李刚换写作 s k，成吉思换写作 s m。第 1 字虽然主体是一条竖线，但向左下方延伸有一条斜线，视作 ⅄(č) 较为稳妥。第 2 字明显与同一题记其他 5 处所见 ⋙(m)写法不同，视作 ⅎ(k) 更为贴合。部落名 čik 见于突厥汗国毗伽可汗碑和漠北回鹘汗国希内乌苏碑中。据两碑内容，可以推知其 8 世纪上半叶活动在叶尼塞河上游，且在 752 年偕同黠戛斯对抗回鹘之后被回鹘征服，即是汉籍史料记录的鞠部落。[2] 部族名 Čik（鞠）另出现在米兰古城出土的西州回鹘时期的 Or.8212-76 鲁尼文军需文书中。[3] 根据这一写本的出土地点和军需账本之特性，推定 Čik

---

[1]　构词词缀 š 的功用，参见 G. Clauson，"Suffixes"，in：*An Etymological Dictionary of Pre-Thirteenth Century Turkish*，Oxford：The Clarendon Press，1972，xlii，xlv；A. von. Gabain，*Alttürkische Grammatik*，Leipzig：Otto Harrassowitz，1950，pp. 63，82-83；A. 冯·加班《古代突厥语语法》，耿世民译，呼和浩特，内蒙蒙古教育出版社，2004 年，第 68 页；M. Erdal，*Old Turkic Word Formation: A Functional Approach to the Lexicon*，Wiesbaden：Otto Harrassowitz，1991，pp. 262-275.

[2]　相关考证，见白玉冬《九姓达靼游牧王国史研究(8—11 世纪)》，北京，中国社会科学出版社，2017 年，第 20—27 页。

[3]　该文书是盔甲等军需物品的发放账本。笔者此前给出了最新译注，见白玉冬《米兰出土 Or.8212/76 鲁尼文文书译注》，余太山、李锦绣主编《丝瓷之路》第 7 辑，北京，商务印书馆，2019 年，第 31—50 页。关于该文书的成书年代，学术界观点不一，笔者主张属于西州回鹘王国早期。见白玉冬《米兰出土 Or.8212/76 鲁尼文军需文书年代考》，余欣主编《中古中国研究》第 3 辑，2020 年，第 56—66 页。

（鞠）当时隶属于西州回鹘王国不悖于理。如此，Čik（鞠）之名出现于此并不意外。

1 行，aq bars：人名，"白色老虎"之义。关于第 1 字 Q(ᚬ)，冯家升、张铁山和李刚换写作 š(ᚼ)，成吉思换写作 B(ᚮ)。兹按笔者 2012 年现场释读。

1 行，yükünü-：动词 yükün-（敬拜）的联动副动词。破损严重，前人未给出转写。据确切可见的最后一个文字 ᚤ(ü)，此处应为前舌音文字。yükün-（敬拜）多次出现于呼和浩特白塔和敦煌莫高窟、榆林窟回鹘文题记中。[1] 据森安孝夫转交给笔者的其多年之前的调查笔记，雅儿湖石窟第 4 窟为回鹘佛教洞窟，其壁画中的榜题内有回鹘文铭文。可见，当时的回鹘人到访过雅儿湖石窟。尽管文字不同，但同属古代突厥语的 yükün-出现于第 5 窟的鲁尼文题记中自无问题。

1 行，yan-：动词，返回，ᚤᚮ(Y N)二字确切可见。此处以裸格表示对第二人称的命令形。

1 行，oquma：文字确切无误。名词 oq（箭）后续第一人称所属词缀＋m，再后续名词与格词缀＋a，"朝着我的部落"之义。oq 的本义是"箭"，又有"部落"之义。如，《旧唐书·突厥传下》西突厥条记录西突厥又称十箭（on oq），"又分十箭为左右厢，一厢各置五箭。其左厢号五咄六部落，置五大啜，一啜管一箭；其右厢号为五弩失毕，置五大俟斤，一俟斤管一箭，都号为十箭。其后或称一箭为一部落，大箭头为大首领"。[2] 此处，oquma（朝着我的部落）置于动词第二人称命令形 yan-（你要返回！）之后，以倒装句表示强调。

2 行，yilig čor singil（im）：我的 yilig 啜妹妹。据笔者日记，末尾字并非破损，而是其上方覆盖有一小块泥土，或为墙体凸起。在笔

---

〔1〕 白玉冬、松井太《フフホト白塔のウイグル語題記銘文》，《内陸アジア言語の研究》第 31 辑，2016 年，第 29—77 页；松井太《敦煌石窟ウイグル語・モンゴル語題記銘文集成》，载松井太、荒川慎太郎编《敦煌石窟多言語資料資料集成》，东京外国語大学アジア・アフリカ言語文化研究所，2017 年，第 1—161 页。

〔2〕《旧唐书》卷 194 下《突厥下》，北京，中华书局，1975 年，第 5183—5184 页。

者保有的图版上,𐰢(m)下端隐约可见。不过,在成吉思给出的图版上,清晰可见。

以上给出的译注,尤其是见于叶尼塞碑铭的鲁尼文原字◊(换写为 ṡ,转写为 s/š)的出现,表明题记 A 的书写者具有叶尼塞黠戛斯文化背景。笔者释读出书写者 Aq Bars(白虎之义)所属部族是 8 世纪活动在叶尼塞河上游的 čik(鞠),这正与上述书写者的文化背景不谋而合。此外,如对 išü ämči otčï taš ig ayanïšïm(夷数、药师、我的外病的敬畏者啊!)的解释无误,那我们可以推断该题记书写者可能具有摩尼教或景教文化背景,尤以前者的可能性更大。

题记 B(图版 8-3): 位于题记 A 右下方,相距约 15 厘米,1 行。尖锐状字体。末尾文字◁▷不见于突厥和回鹘的大型鲁尼文碑文和叶尼塞碑铭。中央民族大学热孜娅·努日教授赐教,该字亦不见于天山和阿尔泰山的鲁尼文铭文。圣彼得堡亚洲博物馆藏编号 5,即爱尔达尔的题记 5(a),张铁山、李刚墙壁下方题记,成吉思 Korü İllük 题记(2)。张铁山和李刚按从左向右顺序释读,爱尔达尔和成吉思按从右向左顺序释读。笔者按从右向左顺序释读。第 4—8 字上方有一四方形凹痕,受损严重。第 4—6 字紧下方,有高约 10 厘米,宽约 5 厘米的 𐰼(r)刻写。自第 16 字起至末尾,墙皮凸起,第 16—22 字下半部为此墙皮覆盖。与题记 A 之间有自左向右的汉字刻写"人石新岁底(?)游(?)到此"。[1] 末尾的 𐰔 与◁▷上方,与题记 A 之间有竖写汉字人名"何旗(?)俊"。人名左侧,有高约 20 厘米,宽约 10 厘米的 𐰼(r)刻写。末尾字◁▷后面是直径约 20 厘米的圆圈,惜下半部为凸起的墙体所覆盖,只见上半部。

𐰚𐰇𐰼(𐱅𐰞𐰀𐱁𐰭)[>]𐰣𐰱(𐰄): 𐰢◊𐰨𐰖^[>](𐰭𐰢)𐰀: 𐰽𐰤𐰢𐰇𐰾𐰚𐰔 ◁▷

k ü r (t l a š ŋ)[W] N ič (i): m ṡ nč Y ṡ [W] (ŋ m)a: s n m ü s k z W ïQ(?)

[1] 该汉字刻写第 1—2 字"黑城"竖写于题记 A 第 1 行与第 2 行之间。

körtälä sangun äči；mišan čaysi ongïma；äsänmü säkiz oq（?）

译文：Körtälä 将军叔叔，我的 Mišan Čaysi 王啊！您好吗？八个部落（?）

词注：

mišan čaysi ong：与前人释读均不同，兹不赘述。吐鲁番出土德藏 U9090(T Ⅱ Y 48)回鹘语文书是名为 Üträt 的佛教居士在羊年 3 月 23 日抄写经书时的跋文。在希望把抄经的功德回向给众神时，作者写道：

> yaγuqta taihan han kümsä hatun tängrim mišan han čaisi wang bäg ulatï tängri-lärkä
>
> 向附近的 Taihan 汗、Kümsä 可敦邓林、Mišan 汗、Čaisi 王匐等诸神！[1]

包括 Mišan 汗在内，这里列举的神名有诸多不明之处。[2] 其中的 Mišan 另出现于吐鲁番出土 U4921(T Ⅱ D 199)回鹘语文书跋文的回向文中，并列于梵天、因陀罗（印度教主神）、毗湿奴、大自在天等之后。[3] 基于在 U9090 文书的这些神名中分别出现汗、可敦邓林、汗、王匐等称号，且之前有限定语 yaγuqta（附近的，周边的），笔者以为这些神名或可能是作者知晓的吐鲁番本土一带的神格化后之人物。如是，神名 mišan 和 čaisi(čaysi)王出现于此并不意外。

◇：据笔者管见，该字不见于其他鲁尼文碑刻或写本文献。姑视作 ﹥(W)与 ◂(ïQ)的连写，转写作 oq(箭)，视作"部落"之义。

据以上译注，题记 B 书写者可能是吐鲁番本土的佛教信徒。不

---

〔1〕 Kasai Yukiyo，*Die uighrischen buddhistischen Kolophone*，*Brrliner Turfantexte*，vol. 26，2008，p. 224. 引文是笔者修订后转写，内容未变。

〔2〕 如，葛玛丽(A. v. Gabain)推测 Taihan 汗是指契丹太祖耶律阿保机，茨默推定 Taihan 汗是指泰山王。参见 Kasai Yukiyo，*Die uighrischen buddhistischen Kolophone*，pp. 225 - 226.

〔3〕 参见 Kasai Yukiyo，*Die uighrischen buddhistischen Kolophone*，pp. 229 - 230.

过,鉴于高昌回鹘王室早期曾信奉摩尼教,且其摩尼教中多含佛教要素,兹不否定其含有摩尼教背景的可能。

　　题记 C(图版 8‑4): 位于题记 B 右下方,与其最短间距约 20 厘米,1 行。尖锐状字体。题记上方有鲁尼文涂鸦,可见到 ⋀(T)**Ϯ**(r)字样。倒数第 3—5 字下方,有高约 10 厘米,宽约 5 厘米的 **Ϯ**(r)刻写。前 3 字受损严重。圣彼得堡亚洲博物馆藏编号 9,即爱尔达尔的题记 9,成吉思 Korü 题记。爱尔达尔、成吉思和笔者以外,无他人释读。

　　[Ͷⱒᛐᛧ](ᒍᚕᚿᛧ)⋙ᛧ:ⵑᖿↀↃ(⋀)

　　[ü t k n](B R Q n)m n:s l ŋ a(m)

　　ötükän burqan amin:sälängäm

　　译文:于都斤佛(或土地神?),阿门! 我的色楞格(河)!

　　词注:

　　ötükän:此处现今损毁严重,只能见到少许残余笔画。受条件所限,笔者未能查看克列门茨考察队在 1898 年拍摄的照片。不过,爱尔达尔依据此照片释读出 ü t k n,转写作 ötükän(于都斤)。兹从其解读。于都斤即漠北杭爱山,其名频繁见于隋唐时期汉籍和突厥鲁尼文碑文中,是突厥与回鹘崇拜的圣山。在高昌回鹘时期的回鹘语写本文献和柏孜克里克千佛洞第 38 窟的摩尼教壁画铭文中,亦出现 ötükän 之名,是"女神"之义。[1]

　　burqan:汉语"佛"的音写 bur 后续 qan(汗)构成的名词,"佛"之义。据现场释读和图版,该部分第 1 字和第 2 字残损,第 3 字可以读作 Ͷ(lt)或 **Ϯ**(r),第 4 字为 Ͷ(ü)。爱尔达尔读作 y//r ü,转写作 yiš yer(山林土地),与之前的于都斤和之后的 min 结合起来,解释作"于

---

　　〔1〕　主要参见 J. Wilkens, "Ein Bildnis der Göttin Ötükän",收入张定京、阿不都热西提·亚库甫编《突厥语文学研究——耿世民教授八十华诞纪念文集》,第 449—461 页;白玉冬《回鹘语文献中的 Il Ötükän Qutï》,《唐研究》第 22 辑,2016 年,第 397—409 页。

都斤山……我的土地”。成吉思复原作 𐰰𐰺𐰇（ük r ü），转写作 körü。鲁尼文中，前舌音字 y 通常写作 𐰘，后舌音字 B 通常写作 𐰉。不过，在叶尼塞碑铭中，y 偶尔写作𐰙，B 还有𐰊𐰋𐰌𐰍 𐰘等写法。显然，爱尔达尔据 1898 年照片释读出来的 y（𐰘）视作 B 的异体字 𐰘 未尝不可。而且，紧后面的第 2 字和第 3 字读作 𐰺（R）和 𐰴（Q）于理可通，第 4 字 𐰇 亦可以视作左下端脱落的 𐰣（n）。如是，此处 ötükän burqan（于都斤佛）代指于都斤女神不无道理。不过，考虑到该词紧后面出现漠北的河流名 sälängä（色楞格），且 burqan 还可以解释作“土”后续表示高等级事务的后缀词 qan，此处的 ötükän burqan，也有可能具有“于都斤土地神”之义〔1〕。

amin：阿门，犹太教和基督教的礼拜和祷告用语，文字确切无误为 𐰢𐰣（m n）。爱尔达尔转写作 min，翻译作“我的”。此种解释不合古代突厥语语法。〔2〕 成吉思简单明了地转写作 män（我），似乎有其道理。不过，鉴于紧前面的 ötükän burqan 代指于都斤女神或于都斤土地神，且紧后面出现河流名 sälängä（色楞格），此处若转写作 män（我）则与前后文义不贴合。吐鲁番出土 U5831（T Ⅲ B）回鹘语景教写本文献中，出现 amin（阿门）。〔3〕

sälängä：即漠北色楞格河，唐代汉籍作仙娥河。成吉思换写作 s ŋ l，转写作人名 singil。爱尔达尔换写和转写与笔者同。sälängä 之名数次出现于突厥与回鹘汗国鲁尼文碑文中，与回鹘的早期活动密切相关。

据以上译注，题记 C 书写者可能具有景教背景，同时对回鹘的传统宗教信仰并不陌生。

---

〔1〕 突厥于都斤崇拜的重点是对圣山勃登凝黎的祭祀。关于勃登凝黎可以视作土地神之讨论，见白玉冬《突厥“于都斤”崇拜渊源蠡测》，刘迎胜、姚大力主编《清华元史》第 6 辑，2020 年，第 1—6 页。

〔2〕 min 在古代突厥语中充当第一人称宾格词缀，构成“把我的……”之义，并非“我的……”之义。

〔3〕 P. Zieme, *Altuigurische Texte der Kirche des Ostens aus Zentralasien*, p. 33.

题记 D(图版 8‑5,8‑6)：位于题记 A 左下方,相距约 50 厘米。尖锐状字体。圣彼得堡亚洲博物馆藏编号 7,即爱尔达尔的题记 7,冯家升题记乙,张铁山、李刚墙壁中部题记,茨默(P. Zieme)释读的题记。[1] 成吉思未注意到爱尔达尔的相关介绍,把这一题记分成 İllük 题记和释迦牟尼题记分别释读,兹不从。该题记末尾部分现已经破损,无法释读,幸有克列门茨考察队采集的图版,即拉德洛夫图版 29,奥尔昆图版 2,成吉思的释迦牟尼题记图版。冯家升、张铁山和李刚按从左向右顺序释读,其余学者按从右向左顺序释读。笔者按从右向左顺序释读。

(ｈ Ｙ ↑)ｒ Ｘ ∫ ∫ ９ ◇ (Ｉ)ｒ ｈ ∈ Ｙ Ｂ ｈ ∈ Ｙ Ｂ(↑)◈ ４ ９ ↑: ∧ Ｈ ９ ◈ Ｎ (ＨＹ∈)↑ ↑ ｈ ｒ Ｙ Ｙ Ｎ ｜ (ｌ)Ｙ

(t ŋ r) i d a a y m (s) i t g l ü k t g l ü k (r) m R y r: š Q y m ü(n i g) r i t i l k ü k s(ŋ) l

tängridä ayamïšï ätgülük ätgülük är mary är: šaqyämüni ägri til kök äsängül

译文：从天获得尊敬者是创造者创造者(造物神? 上帝?)、(圣母)玛利亚的丈夫。释迦牟尼委婉动听的语言(即训诫)是天空的宁静。

tängridä ayamïšï：从天获得尊敬者。关于 tängridä,爱尔达尔、茨默和成吉思的释读与笔者相同,自无问题。不过,关于第二词,爱尔达尔和成吉思分别转写作 yämiš(水果)与 yämči(餐饮、食物 yäm 后续名词词缀＋či,成吉思解释作土耳其语幸福之义的 qut),茨默未做转写。由于此处的 y 是前舌音文字 ９,上述二位的转写固然可备一说。然二位不约而同均无视 ９(y)之前、Ｘ∫(d a)之后的 ∫(a),其得出的结论难免有牵强之嫌。鉴于本题记中未使用后舌音字 Ｄ(Y),且出现使用于叶尼塞碑铭中的异体字 ∧(š),此处前舌音字 ９(y)存在代写后舌音字 Ｄ(Y)的可能。语法上,ayamïšï 是动词 aya-(尊敬)的完了

---

[1]　P. Zieme, "Runic Inscription in the Caves of Dunhuang and Turfan", *Türk Kültürünün Gelişme Çağları: Başlangıç ve Yazıtlar Çağı*, 15‑16. Ağustos, 2011, Ulannbaatar, pp. 1‑9.

形的形动词 ayamïš 后续第三人称词缀＋ï。考虑到 tängridä 的＋dä
是名词从格词缀，ayamïšï 视作从上天获得尊敬的人物或事物贴合
文义。

　　ätgülük ätgülük är：动词 ät-（创造，制作，装饰，整理，整顿）的表
示必要性、义务性的派生动词 ätgü-后续词缀＋lük 构成的抽象名词。
关于该部分的转写，爱尔达尔、成吉思和茨默意见均与笔者不同，兹
不赘述。鉴于 ätgülük 在此处充当 är（男子，战士，丈夫）的修饰词，
可能含有造物主之义。

　　mary：关于该部分的转写，爱尔达尔、成吉思和茨默意见均与笔
者不同。根本原因在于上述三位把第 2 字读作 š。笔者以为此处的
第 2 字完全可以视作多见于叶尼塞碑铭的 Ч 的不规则写法。且上述
三位释读的 š，应该是停顿符号“：”之后的文字。如是，ⵛⵛ49（m R y）
转写作 mary，可与基督教圣母玛利亚的名称勘同。受史料所限，笔
者未能对摩尼教文献和景教文献中的圣母玛利亚的所有写法进行探
查核实。此处，与 är 结合在一位，姑视作“圣母玛利亚的夫君”。此种
转写，可与其紧前面的 ätgülük ätgülük är（创造者，造物神）相呼应。

　　šaqyämüni：释迦牟尼，拉德洛夫、奥尔昆读法与笔者相同。爱
尔达尔和成吉思均把第 1 字读作 Χ（d），与之前的 ⵕ ⵏ（y r）连读作
yirdin（土地上的，从土地）或 yirdä（在土地上），茨默未释读。自该部
分的第 2 字起至末端，题记损毁严重，幸有拉德洛夫和奥尔昆给出的
图版。拉德洛夫据此题记，提议这些题记的作者可能属于佛教徒。
克里亚施托儿内对此看法表示赞同。不过，我们知道传入东方的摩
尼教深受佛教影响。如，吐鲁番出土 U 168 II（T Ⅱ D173a）回鹘文摩
尼教文献附属有一篇祈愿文，后一部分记录摩尼佛去往天国后的第
522 年（795）的猪年，于都斤地方的摩尼教教义长如何。[1] 其中，祈
愿文部分题目作 bitil-ti šaki-m（u）n（释迦牟尼赞?）。总之，仅依据

---

　　[1]　A. von Le Coq, "Türkische Manichaica aus Chotscho. 1", *Abhandlungen der Preussischen Akademie der Wissenschaften*, 1912, pp. 10 - 12.

šaqyämüni(释迦牟尼)，就确定本题记作者属于佛教徒，为时尚早。

　　据上述题记 D 使用叶尼塞碑铭的鲁尼文原字ᛊ(换写为 ś，转写为 s/š)而言，看得出题记 D 的书写者具有叶尼塞黠戛斯文化背景。如对 ätgülük ätgülük är(创造者创造者，或造物神？上帝？)、mary(圣母玛利亚)和 šaqyämüni(释迦牟尼)的解读无误，综合而言，则该题记书写者具有摩尼教或景教信仰背景。

　　题记 E(图版 8 - 7)：位于题记 C 右下方，与其最短相距约 10 厘米，1 行。尖锐状字体。可能是爱尔达尔的题记 2，即圣彼得堡亚洲博物馆藏编号 2 的一部分，成吉思 ay bäg 题记。前后欠缺字数不明。笔者按从右向左顺序释读。

Ꭰ Ꭾ Ᏼ Ꭰ Ꮞ Ᏼ ᛞ

Y b g Y R š m

ay bäg yarïšïm

译文：我，爱訇的邪罗斯(川)。

词注：

yarïš：回鹘希内乌苏碑南面 7 行、西面 6 行，以及后突厥汗国暾欲谷碑第 31 行、第 36 行出现地名 yarïš yazï(Yarïš 平原)，即唐代汉籍记录的邪罗斯川，大体位于北疆的额尔齐斯河流域。

　　据上述译注，题记 E 作者 Ay Bäg(爱訇)可能出自额尔齐斯河一带。

　　题记 F(图版 8 - 8)：位于题记 E 右侧偏下，二者相距约 40 厘米。近弧形状字体。成吉思的 Tudun 题记。前后欠缺字数不明。

ᛊ Ᏼ Ꮞ Ᏼ Ꮖ Ꮢ Ᏸ (ᚑᏴ)

T W D N i B (R š)

tudun ï bars

译文：吐屯亦末斯。

词注：

tudun：突厥回鹘官职名，汉籍作"吐屯"。米兰出土的西州回鹘时期的 Or. 8212 - 76（1）鲁尼文军需文书中，第 1—3 行记录在某年 4 月 29 日给麤官吐屯敕史（urungu tudun čigši）分发盔甲。[1]

ï："灌木丛"之义。成吉思视作 tudun（吐屯）的第三人称词缀。鉴于之后的 bars 为"老虎"之义，此处视作人名 ï bars（"灌木丛中老虎"之义）的一部分。

该条题记写法不像前面几条题记那样尖锐，相反接近于九姓回鹘可汗碑和写本文献的弧形状文字。而且，官职名吐屯（tutun）还见于西州回鹘时期的 Or. 8212 - 76 军需文书中。据此而言，该条题记有可能属于西州回鹘时期。

除以上给出的 6 条题记外，雅儿湖石窟第 5 窟内另有多处鲁尼文题记涂鸦等，惜无法释读或掌握完整文义。另据森安孝夫调查笔记，在第 5 窟东壁上亦有两处鲁尼文题记和多个无法释读的鲁尼文字。其中一条残余题记可释读作 bitidim（我写了）。另一条字高 8—26 厘米，长 185 厘米，约 20 字。这些未被公布的题记，有待后续研究。

小　结

根据以上给出的译注，不难发现，上述部分题记确有叶尼塞碑铭的痕迹。不过，若笔者关于题记 A 之部族名称 čik（鞠）的释读无误，这可以视作回鹘属下的 čik（鞠）人所为。此外，一些具有宗教色彩的词汇，如 išü（夷数）、mišan čaysi（王）、ötükän burqan（于都斤佛）、amin（阿门）、mary（玛利亚）、šaqyämüni（释迦牟尼）等的释读无误，则相关题记的作者具有摩尼教或景教或佛教信仰背景。前文介绍的西壁上的比通常文字大出 1—2 倍、高约 20 厘米的 4 处 ↑（r）是游牧

---

〔1〕 白玉冬《米兰出土 Or. 8212/76 鲁尼文文书译注》，余太山、李锦绣主编《丝瓷之路》第 7 辑，第 33、36 页。

民部族印记。而且,笔者仔细观察,发现一高达 20 厘米左右的主体形状为◇状的印记。此种印记,与回鹘希内乌苏碑上的药罗葛家族印记,以及西安出土回鹘葛啜王子墓志鲁尼文志文上的印记主体部分相合。即,若仅关注这一印记,则可以说雅儿湖石窟第 5 窟与回鹘关系密切。若再结合相关题记的摩尼教或景教或佛教信仰背景,则可以说雅儿湖石窟第 5 窟与西迁之后的西州回鹘关系更为密切。以上,姑抛砖引玉,冀学界同仁深入挖掘。

第九章　有关回鹘改宗摩尼教的 U72 – U73、U206 文书再释读

　　唐宋时期，摩尼教在东方得到了长足发展，中原、江南、河西、漠北、新疆等地都留下了摩尼教徒的踪迹。尤其是回鹘汗国与早期的高昌回鹘王国，都曾以摩尼教为至上信仰。而回鹘改宗摩尼教的直接契机是牟羽可汗出兵助唐镇压安史之乱。摩尼教在回鹘的传播、发展，是中古中国宗教思想领域的一件大事，影响深远。它催生了一大批摩尼教经典文献及其他相关历史文献，有力地促进了回鹘文字文化的实质性飞跃。回鹘摩尼教历史是中古中国史的重要组成部分。摩尼教氛围下的回鹘史研究，从历史学角度而言具有重大研究价值，从现代社会学角度而言有着深刻的现实意义。

　　有关回鹘摩尼教历史方面的文献，遍及汉文、帕提亚文、粟特文、回鹘文等多种语言文字。这些文献均从不同角度，不同程度地反映出摩尼教在回鹘社会获得包容，及其在思想文化方面给予回鹘的影响。这些文献史料所蕴含的历史学信息之价值，自不必待言。其中，回鹘人以自身语言文字书写的文献，对加深了解深受摩尼教影响的回鹘社会、文化、思想、艺术等，有着其他语言文献所不具备的独特的史料学价值。这些文献大多出土于敦煌与吐鲁番，由于众所周知的原因，大都藏于海外。20 世纪初以来，回鹘文摩尼教文献研究，主要在缪勒（F. W. K. Müller）、勒柯克（A. von Le Coq）、邦格（W. Bang）、葛玛丽（A. von Gabain）、阿斯木森（Jes P. Asmussen）、茨默（P. Zieme）、克拉克（L. Clark）、羽田亨、森安孝夫、耿世民、李经纬

等众多学者的努力下，获得了丰硕成果。正是在上述前辈学者的研究基础上，笔者才有幸对《牟羽可汗入教记》残卷 U72－U73 进行再释读，并对与回鹘改宗摩尼教相关的 U206 文书残片进行解读尝试。

U72、U73、U206 文书，现存柏林德国国家图书馆，原编号分别为 TM276b、TM276a、TIDx6。上述 3 件文书，均以半楷书体回鹘文双面写成，彩色图版均已在"吐鲁番研究：数字化吐鲁番文书"中公开。[1] 克拉克在《突厥语摩尼教文献》中，对数量众多的文献进行分类介绍时，提供了之前学术界关于 U72、U73 的研究成果。[2] 威尔金斯(J. Wilkens)在《古代突厥语文献》第 8 辑《柏林吐鲁番文献摩尼教写本》中，认为上述三残片均属《牟羽可汗入教记》，并集中进行了介绍。[3] 荣新江主编的《吐鲁番文书总目》，除对上述三件文书作了概述外，还对相关研究进行了归纳。[4] 上述学者们的分类整理，为日后的研究提供了极大方便，值得称谢。

据上述研究介绍，U72 残片规格为 13.2×20.2 厘米，U73 残片规格为 11.3×20.3 厘米，各面 24 行，共 96 行。U206 残片规格为 5.8×16.2 厘米，正面 21 行，背面 20 行。U72、U73 少许文字缺损，但对文书释义，并无重大影响。遗憾的是，U206 残损严重，无法了解整体文义。不过，现有的残存文字及其文字文献学信息仍然告诉我们：即便 U206 并不一定与 U72、U73 属同一文书，但该文书残片确切与摩尼教在回鹘的早期传播有关。

U72 与 U73 文书，由邦格与葛玛丽 1929 年刊布于《吐鲁番突厥

〔1〕　网址为 http://turfan.bbaw.de/dta/u/dta-u-index.htm.

〔2〕　L. Clark，"The Turkic Manichaean Literature"，in：P. Mirecki and J. BeDuhn, eds., *Emerging from Darkness: Studies in the Recovery of Manichaean Sources*，(*Nag Hammadi and Manichaean Studies*，vol. 43)，Leiden，New York，Köln，1997，p. 132，Nr103.

〔3〕　J. Wilkens，*Alttürkische Handschriften*，Teil 8: *Manichäisch-türkische Texte der Berliner Turfansammlung*，Stuttgart，2000，pp. 79－82，no. 52、53、54.

〔4〕　荣新江《吐鲁番文书总目（欧美收藏卷）》，武汉大学出版社，2007 年，第 486、502 页。

文献》第 2 卷。[1] 牛汝极曾按土耳其学者 S. Çagatay 所收的上述原刊布者的转写，给出了中译文与注释。[2] 同年，杨富学与牛汝极合作的中译文亦被刊出，内容与上述牛汝极译文大同小异。[3] 之后，克林凯特（H. J. Klimkeit）在《丝绸之路上的诺斯替教》一书中，将邦格与葛玛丽的研究成果翻译成英文。[4] 刘南强（Samuel N. C. Lieu）在探讨摩尼教向东发展问题时，曾转引克林凯特英译文。[5] 王媛媛在研究摩尼教传播过程的专著中，全文转译了克林凯特英译文。[6] 而茨默关于 U72、U73 的解读案，则由克拉克在《牟羽可汗对摩尼教的皈依》一文中部分引用。[7] 不过，茨默的完整解读案是否已经刊出，笔者尚不得而知。森安孝夫在回鹘摩尼教史史料集成中收入了其关于 U72、U73 文书的译注。[8] 另外，杨富学在探讨回鹘皈依摩尼教的论著中，详细介绍了该文书，并引用了邦格与葛玛丽释读案的绝大部分。[9] 至于 U206 文书，茨默在《摩尼教突厥语文献》

---

〔1〕 W. Bang and A. von Gabain, "Türkische Turfan-Texte，Ⅱ：Manichaica"，*Sitzungsberichte der Preussischen Akademie der Wissenschaften*，1929，pp. 411 - 430，＋ 4 pls.

〔2〕 牛汝极《回鹘文〈牟羽可汗入教记〉残片释译》，《语言与翻译》1987 年第 2 期，第 43—49 页。

〔3〕 杨富学、牛汝极《牟羽可汗与摩尼教》，《敦煌学辑刊》1987 年第 2 期，第 88—89 页。

〔4〕 H. J. Klimkeit, *Gnosis on the Silk Road: Gnostic Texts from Central Asia*，San Fancisco，1993，pp. 366 - 368.

〔5〕 Samuel Lieu, *From Iran to South China: The Eastward Passage of Manichaeism*，*Worlds of the Silk Roads: Ancient and Modern*，D. Christian and C. Benjamin eds.，Turnhout，1998，pp. 19 - 21.

〔6〕 王媛媛《从波斯到中国：摩尼教在中亚和中国的传播》，第 194—195 页。

〔7〕 第 8—27、37—39、66—79 行。见 L. Clark, "The Conversion of Bügü Khan to Manichaeism"，in：R. E. Emmerick, W. Sundermann and P. Zieme eds.，*Studia Manichaica IV*，*Internationaler Kongress zum Manichäismus*，Berlin，14. - 18. Juli 1997（*Berichte und Abhandlungen der Berlin-Brandenburgische Akademie der Wissenschaften*，*Sonderband* 4），Berlin，2000，pp. 102 - 104；克拉克《牟羽可汗对摩尼教的皈依》，杨富学、陈瑞莲译，载杨富学编著《回鹘学译文集》，兰州，甘肃民族出版社，2012 年，第 336—339 页。

〔8〕 森安孝夫《ウイグル＝マニ教史関係史料集成》，《平成 26 年度近畿大学国際人文科学研究所紀要》，2015 年，第 9—21 页。

〔9〕 第 12—25、28—35、62—69、87—96 行，见杨富学《回鹘改宗摩尼教问题再探》，《文史》2013 年第 1 辑，第 197—198、217—220 页。

中刊出了较为清晰的照片，[1]威尔金斯则提出该残片与 U72、U73 属同一文书断片，并给出了正面第 1、4 行，背面第 4、7 行部分转写。[2]杨富学亦曾对其进行简要介绍。[3]

承蒙柏林勃兰登堡科学院吐鲁番研究中心主任德金·迈斯特恩斯特（Desmond Durkin-Meisterernst）教授与笠井幸代（Yukiyo Kasai）研究员好意，笔者有幸收到该中心发来的上述文书的高清晰照片。下面，笔者依据上述照片，在前人研究基础上，给出 U72－U73、U206 文书的转写、中译文及所需最小限度的词注。转写规则如下：

1. /////表示缺损文字，黑体字代表根据前人研究或笔者的解读而做出的推定复原文字，斜体字代表根据残存笔画的解读。

2. 上方带 2 点的 q̈ 表示左侧标注 2 点的 X，下方带 2 点的 z̤ 表示右侧标注 2 点的 Z，下方带 2 点的 a̤/o̤/ṳ，表示原字中 ' 或 Y 欠缺，大写字母为未能转写字母。

3. tngri"天、神圣的"，yrlïγ"圣旨"与 yrlïqa-"下达圣旨或命令"等格式化文字标记法除外，文字中欠缺的元音，将在（）内标出。

4. 标点符号"·"或":"为原文中的停顿符号"·"或":"。

译文遵循如下规则：

1. 原则上保持 1 行 1 译（但受语序影响，名词或文末的动词有可能提至前 1 行）。

2. 黑体字相当于转写中的推定复原文字，斜体字相当于转写中根据残余笔画的解读案。

3. ……代表缺损文字，（）内文字为补充说明。

〔1〕 P. Zieme, *Manichäisch-türkische Texte*（*Berliner Turfantexte*，vol. 5），Berlin，1975，Taf. LⅢ.

〔2〕 J. Wilkens, *Alttürkische Handschriften*，*Teil 8 Manichäisch-Türkishe Text der Berliner Turfansammlung*，Stuttgart，2000，pp. 80－81.

〔3〕 杨富学《回鹘改宗摩尼教问题再探》，第 198 页。

一、U72－U73 译注

U73 正面（图版 9－1）

01. **m(ä)n** tngri män sizni birlä tngri yiringärü barɣay
    "我是神，我将与您一同去天国！"（天王牟羽可汗说道）

02. **m(ä)n** dindarlar ïnča kikinč birdi-lär biz a̱rïɣ **biz**
    选民们这样回答道："我们是圣洁的，我们是

03. **din**dar biz tngri ayɣïn tükäti išläyür biz q̇altï
    选民。我们完全奉行神的旨意。如果我们

04. ät'öz q̇odsar biz tngri yiringärü barɣay biz · nä **üčün**
    舍弃肉身的话，那我们就将会去往天国。若说何故，

05. tisär biz tngri yrlɣïn adruq̇ q̇ïlmaz biz a̱mtï
    （是因为）我们没有违背执行神的旨令。现在，

06. yu̱zümüz utru uluɣ ï-y(ï)nč basï-nč alp **ämgäklär**
    我们面对的是巨大的压制、艰难与痛苦。

07. ärür anï üčün tngri yirin bulɣay biz **a̱rïɣ**
    为此，我们要发现天国。我的圣

08. tngrim siz törüsüzün ö-dsüz-kä k(ä)ntü **özüngüz**
    君啊！如果您毫无规矩，自身对永恒之神

09. yaz(ï)nsar siz · ötrü q̇am(a)ɣ ilingiz bulɣanɣay /////////
    犯下错误，那您的整个国家马上会混乱的……

10. bu q̇am(a)ɣ türk bodun tngri-kä **yazuq̇**
    这些所有的突厥民众，他们就会了解到对神

11. q̇ïl-tačï bil**gäy**-lär · q̇anyuda dindarlar(ï)ɣ **bulsar**
    的犯罪。不论在哪里发现选民，

12. basïnɣay ölürgäy-lär ： ymä bu tükäti **arïɣ**
    他们将会迫害杀掉。而且，这些全然圣洁的

13. dindarlar kim ta*v*γač yirintä ä*v*rilgli taŋï ymä

选民们，即从唐朝之地离开的人，以及

14. tört küsänt*ä* kirü ŋonγlï alŋu bodun

从四龟兹到达居住的人，

15. -ŋa uluγ ada ïy(ï)nč basïnč bolγay ŋanyuda

将会因所有民众而受到危险与迫害。不论在哪里

16. n(i)γošaklarïγ sartlarïγ bulsar alŋunï öl(ü)rgäy bir

发现听民和商人，他们将会全部杀死，一个也

17. ti*rig* ïdmaγay-lar：ymä bu *sizing* il*ingiz-d*ä sizing

不留活命。但是，在这个您的国度里，

18. yrlγïn u*l*uγ ädgü ŋïlïnč-lar ŋïlmïš bolur ymä

根据您的旨令，这些大善行已经获得实施了。而且，

19. ////// tarxan kälginčä siz*ing ili*ngizdä ŋïl*m*ïš

是在……达干到来之前，在您的国度里实施的。

20. **boltï** ymä tngrim birök *k(ä)*ntü özüngüz t(a)yarsar

另外，我的君主啊！若果真是您自身支持的话，

21. **dindarlar** ädgü törü ädgü ŋïlïnč alŋu ŋïlγay ymä

那选民们会把善法与善行全部实施。但

22. **siz t(a)yarmasar ta**rxan bu muntaγ türlüg kir ada

若您不支持的话，达干就将会进行这种那种肮脏危险的

23. **ïy(ï)nč ba**sïnč ạnïγ ŋï*l*ïnč ŋïlmïš bolγay sizing

压制与恶行。您的

24. **ilingiz arta**γ**ay tngri yir**ingärü barγu yolunguz

国家将会变糟，您的去往天国之路

U73 背面（图版 9－2）

25. **antï**n öngi bolγay：ymä bu sav(ï)γ ay(ï)γïγ　an*t*a

将会从那里偏离。而且，这些事件与报告，那时

26. ////// tngri možak äši-dgäy näng taplamaɣay ymä

……神圣的慕阇就会听到，（他）怎么也不会满意，也

27. sävmägäy：ymä tngri ilig dindarlar birlä üč

不会高兴。"并且，天王与选民们一起谈论

28. kün tün bu savlar(ï)ɣ sözläšti-lär üčünč

这些事情三昼夜。第三

29. kün bir közätkätägi tngri-kän inčäk qat(ï)ɣlantï

天，圣上就这样自身修身到一更时分。

30. anta kin tngri ilig ko̧ngüli az ǰoɣšadï. ol

之后，天王之心有所动摇了。其

31. tïltaɣïn kim ïnča äši-dti bu qïlïnčïn

理由，他是这样听到的："凭借这些行为，

32. özüti bošunmaɣay tip anïn ǰorǰdï b(ä)zdi köngüli

灵魂不会获得解放。"他因此恐惧惊颤。他的心

33. ǰoɣšadï ol ö-dün tngri i-lig bögü xan k(ä)ntü

动摇了。那时，天王牟羽可汗亲自

34. dindarlar ärigli ǰuvraɣɣaru k(ä)lti dindarlar

来到了选民们所在的集会上。向选民们

35. -ǰa//////so̧kütüp yinčirlü ötünti suy-da

……下跪、顶礼、乞求，恳求

36. ////// krmšuxn ǰol-tï ïnča tip ötünti

……赎罪。他这样乞求道：

37. ////// bärü sizni ämgättim ača suvsamaǰïn

"……以后，我使得你们受苦，由于饥渴

38. ////// ïnča saǰïntïm. bu muntaɣ ǰat(ï)ɣlanmaǰïn

……我这样考虑了：'由于这些修身行为，

39. ymä ǰat(ï)ɣlant(ï)m siz mini yrlïǰaɣay nomǰa tutɣay

我又修身了。你们怜悯我吧！你们让教法捕获住我吧！

40. dïndar qïlγay siz tip. inčip ạmtï-**qat**ägi mäning

你们把我变成选民吧！'这样，到现在为止，我的

41. kọngülüm näng ornanmaz yirtinčü yir suvda äv

心怎么也不平静。我希望待在宇宙之土地上的家

42. barq ičintä äräy(i)n tip idi s(ä)vmäz *mä*n：*γmä*

室之内，可是我丝毫没有爱意。而且，

43. il-änmäkim ät'öz m(ä)ngisi b(ä)gädm(ä)k(i)m **ärklänmäkim**

我的统治、肉身之喜悦、我的分封、**我的权威**，

44. közümtä i-di učuz yinik boltï：ymä *s*aqïntïm

在我的眼里，完全变得轻薄。而且**我考虑到**

45. kim m(a)nga ïnča tip yrl-qad(ï)ngïz bu muntaγ **qïlïnčïn**

你们对我这样说，'**凭借这些行为**，

46. özütüngüz bošunmaγay taqï dïnqa dïn**darlar**

你的灵魂不会得到解放。将会有更多的**选民们**

47. k(ä)lgäy ädgü qïl-ïnč qïl-maq qalγay. ////////////

到来吧！行善之事将会继续下去吧！'……

48. kọngülüm čökdi qorqtï////////////

我的心破碎了，我的心颤抖了……

U72 正面（图版 9－3）

49. ////ạmtï dïndarlar yrlïqasar sizing savïngïz-ča

……如果现在选民们作出指示的话，我就遵照你们的话语，

50. **ötün**güz-ča yorï-γay m(ä)n ạmtï tngri-m siz**ing**

遵照你们的忠告前进！你们说了：'现在，我的君主！发现你

51. **köngülün**güzni tap ämgätäng γuan ïdang ay**tïngïz**

的心吧！让你的心体验痛苦吧！你要驱散罪恶！'"

52. *ti*-di ol ö-dün qaltï tngri ilig bögü xan **inča**
    那时，伴随着天王牟羽可汗**这么**

53. ay-duɋta ötrü biz dindarlar ɋam(a)ɣ il-täki b**odun**
    说，我们选民们与整个国内的民众，

54. ötrü ögrünčülüg boltumuz ol ög*rünč***ümüz**
    于是都高兴起来。**我们的**那种欢喜，

55. tü-käti sözlägütäg ärmäz ötrü bir ik**intikä**
    完全不是可以用言语来表达的。于是，（我们）反复

56. savlašïp išt(ü)rüšüp ögrünčülänti **ötrü ol**
    互相交谈、互相听取、共同欢庆。**于是，那**

57. ö-dün minglig tü-mänlig ɋuvraɣ di**ndarlar**
    时，成千上万的听民与选民

58. tirilti üküš türlüg täng oyu**nun**////
    集合起来，以多种多样的游戏与娱乐，

59. -ɣaru kälti-lär yar(ï)nɋatägi uluɣ ögrünč////
    朝着……过来。到天亮为止，巨大的喜悦……

60. etigimäk kim ögirdi s(ä)vin-tï：////////
    佩戴装饰物者都欢快高兴了。……

61. artuq ärüš ä*r*ür：ɋ(a)ltï ymä T'///////
    非常多。简直就像……

62. kičig bačaɣ ärdi：tngri ilig bögü xa*n* ///////
    他们老少？都吃斋了。天王牟羽可汗……

63. ɋam(a)ɣ dindar**lar** udu atlantï-lar ymä ɋ(a)m(a)ɣ *uluɣ* töl
    所有的选民们都追随着上了马。而且，所有的大孩子，

64. ymä ɋunčuy-**lar tayši**-lar uluɣ atl(a)ɣ-lar bašl-aɣuč*ï*
    还有公主们、太子们，以大臣们为首者（即可汗一族除外的
    其他统治阶层），

65. **ulu**ɣ kičig ɋam(a)ɣ bodun toy ɋapïɣïnga tägi bardï-lar

老幼所有民众都到达集会处门口，

66. **uluγ** o̱**grün**č**ün oyunun**：**ol ö-dün tngri ilig**

怀着**极大的**喜悦与欢乐。那时，天王

67. **toyǯqa kirip did**(i)**min baši-nga urdï k**(ä)**ntü al**

进入**集会处**，把他的王冠置于头上，将自己红色的

68. /////// **kädip altunluγ örgin üzä olurdï. ymä**

……（衣服）披上，坐在了黄金宝座上。而且，

69. **ürüng bägkä** ǯq(a)**ra bodunǯqa ädgü yrlγ yrlïǯqadï inča**

向贵族与平民，发布了美好的圣旨。这样（发布道）：

70. /////// a̱**mtï sizlär ymä ǯqamaγ üzäki y**(a)**ruq**

"……现在，你们，而且万物之上光明的

71. //////// **s**(ä)**vining////ǯq artuγraǯq dïndarlar**

……你们高兴吧！……极端地！选民们

72. //////////////////k// ko̱**ngülümün**

……把我的心

U72 背面（图版 9－4）

73. a̱m(ï)**rtγurup mini yana sizingä tutuzur** /////

安抚，**我**又把我托付给你们……

74. //////**ymä m**(ä)**n k**(ä)**lt**(i)**m ornuma olurdum siz-**

……我又来了。我坐在了我的宝座上。

75. **-lärkä yrlïǯqayur män dindarlar** *sizlärkä* ///

我向**你们**发号施令。无论选民们对你们

76. //// **sär ymä özüt aš**i̱**nga t**(a)**vratsar nä**

……或向灵魂的用餐催促你们，无论

77. ////ǯqa **t**(a)**vratsar ötl-äsär sizlär olar savïn**

向……催促、忠告，你们就依据他们的话语，

78. č**a** //// **ötinčä yorï-nglar ymä** a̱**mranmaq biligin**

……遵照他们的忠告前进！而且，你们还要懂得爱心！

79. //// γ aγ(ï)rlang ay-ang tapïng：ol ö-dün

你们要保护（神？教义？）……你们要敬重（神？教义？）……
你们要发现（神？教义？）……"那时，

80. /////bögü xan tngri-kän bu yrl-γ yrlïqaduqta

牟羽可汗圣上发布这道圣旨时，

81. **ärüš üküš** q̇uvraγ q̇(a)ra bodun tngri iligkä yükünti-

众多的听民和普通民众，他们向天王致敬了，

82. **-lär** soḳündi-lär ymä ay-qïrdï-lar. ymä bizingä

他们向天王下跪了，他们还发出了欢呼声。而且，他们向我们

83. **dindarlar**-qa yuḳünti-lär s(ä)vinč ötünti-lär. q̇(a)m(a)γ

选民们致敬了，向我们选民们道出了喜悦。整个

84. **il-täki bodun** ögrünčü boltï：ikiläyü yangïrtï

国内的民众都欢快起来了，他们（把自己）更新换貌了，

85. tngri možak üzä amrantï kirtgünti-lär.

他们因为神圣的慕阇而具备了爱心，保持了信仰。

86. anta ötrü üzük-süz özütlük iškä ädgü

自此之后，他们毫无间断地为成就灵魂之工作，为善

87. q̇ïlïnčq̇a q̇at(ï)γl-antï-lar：ymä q̇utluγ ül-üg-lüg

行而修身。而且，有福分的、幸运的

88. ilig xan ol q̇am(a)γ bodunǰa ädgü q̇ïl-ïnč

国王可汗对那些所有民众，以行善

89. q̇ïlmaq̇q̇a turq̇aru ötläyür tavratïr q̇atïγ

为目标，不停地忠告劝促，让他们

90. lanturur：ymä tngri il-ig taq̇ï inča///

自主修身。而且，天王还这样……

91. nom törü urtï. onar ärkä bir bir-är **anïng**

制定了教义和法规。针对每十个男丁，一组一组各配置其头领

92. baši urtï ädgü qïl-inčqa özüt**lük išingä**

　　一名，为善行、为**成就灵魂之工作**，

93. t(a)vratγučï qïltï. ymä birök kim /////////

　　设置了督促者。而且，如万一……

94. -qa ärmägürsär yazuq qïl-sar ạnï ǪWN /////////

　　懈怠了///////，犯了错误的话，就把他(惩罚、鞭挞?)……

95. ädgü bošγut bošγurup//..T///////

　　叫他接受良好的教育……

96. -lar kim bolur ärti/////////////////

　　他们曾是……

注释

05 ạmtï(现在)：原刊者作 a，读作 ''。然第 2 个 "'"，只见到上半部，而且在文字中心线右侧，有一线条划向右下方。这一特点，令人想起词中的 m。ạmtï 亦见于第 40、49、50、70 行。笔者推定复原的第 49 行除外，其他均确切写作 'MTY。此处 'M 的运笔，虽与第 50 行稍不同，但与第 40、70 行完全相同。

07 ạrïγ(圣洁的，清净的)：原刊者未复原。

08 tngrim(我的君主啊)：tngri(天，神)后续第一人称所有词缀＋m，构成呼格。高昌回鹘王国时期，存在 tngrim 的称号，[1]可汗夫人可敦又被称为"天公主邓林"(tängri qunčui tängrim)，有"神圣的公主夫人"之义。[2] 不过，此处 tngrim 应指牟羽可汗，见克拉克所引茨默文。[3]

---

〔1〕 森安孝夫《ウイグル仏教史史料としての棒杭文書》,《史学雑誌》第 83 编第 4 号,1974 年,43 页。

〔2〕 张广达、荣新江《有关西州回鹘的一篇敦煌汉文文献——S. 6551 讲经文的历史学研究》,《北京大学学报(哲学社会科学版)》1989 年第 2 期,收入张广达著《西域史地丛稿初编》,第 227 页。

〔3〕 L. Clark,"The Conversion of Bügü Khan to Manichaeism", p.102.

08 ö-dsüz-kä(向明尊)：原意为"向永恒之物"。名词 öd(时)后续词缀＋süz(未，没)，再后续向格词尾＋kä。相关讨论，见原刊者注释8，以及其他相关研究。[1] 摩尼教最高神"光明之父"，即明尊，回鹘文作 äzrua，来自粟特文 'zrw'，频现于摩尼教文献中。[2] 此处概为意译。

11 bulsar(若发现)：此据茨默案。

12 tükäti arïɣ(全然圣洁的)：原刊者复原作 tört(?) arïɣ(?)，茨默复原作 tört bulungtaqï(?)。

13a äʋrilgli(离开的人)：原刊者复原作 ärürlär(?)，茨默复原作 azu yämä（6＋letters）。其中，第 1 个字母是 '，此点无疑。第 2 个字母只见上半部，是从中心线向左侧延伸，但略向下方倾斜。对比同一文书他处所见 är-或 az-的写法，[3]笔者不赞成把第 2 个字母读作 R 或 Z。依据上述特点判断，该字母存在读作 Y、W、V、D 四种可能性。考虑到之前 taʋɣač yirintä 的 ＋intä 可视作从格，且第 14 行存在 qonɣlï"居住者"——动词词干后续表示动作主体的词缀 ɣlï 这种表达方式，此处复原作 äʋrilgli"离开者"。[4]

---

〔1〕 W. Bang and A. von Gabain, "Türkische Turfan-Texte, II: Manichaica", p.418；Jes P. Asmussen, *Xuāstvānīft: Studies in Manichaeism* (*Acta Theologica Danica*, vol.7), Copenhagen: Prostant Apud Munksgaard, 1965, pp.147; H. J. Klimkeit, *Gnosis on the Silk Road: Gnostic Texts from Central Asia*, p.369; L. Clark, "The Conversion of Bügü Khan to Manichaeism", p.102.

〔2〕 Jes P. Asmussen, *Manichaean literature : representative texts chiefly from Middle Persian and Parthian writings*, *Delmar*, New York, 1975, pp.69－77; H. J. Klimkeit, *Gnosis on the Silk Road*, *Gnostic Texts from Central Asia*, pp.300－305; L. Clark, *Uygur Manichaean Texts: Texts*, *Translations*, *Commentary* (*Corpus Fontium Manichaeorum. Series Turcica*, 3.), Turnhout, Belgium: Brepols Publishers, 2013, pp.89－93；芮传明《摩尼教突厥语〈忏悔词〉新译和简释》，《史林》2009 年第 6 期，第 54—62 页；马小鹤《光明的使者——摩尼与摩尼教》，兰州大学出版社，2010 年，第 246—251 页。

〔3〕 är-见第 7、13、34、42、43、54、55、92、96 行，az 见第 30 行。

〔4〕 古突厥语中，较为常见的"离开"是 adril-，参见 G. Clauson, *An Etymological Dictionary of Pre-Thirteenth Century Turkish*, Oxford: The Clarendon Press, 1972, p.68. 参考第 5 行 adruq"不同、错误"，第 15、22 行 ada"危险"而言，此处若是 adril-，写作 "DRYL 的可能性更大。äʋril-虽多数情况下为"旋转"之意，但亦有"离开"之意。参见上引克劳森同书，第 14 页。

13b **taqï ym**ä(更有,还有)：表示并列递进的连词。之前的 kim 为关系代名词,其指称的对象——第 12—13 行 bu **tükäti arïɣ** dindarlar(这些**全然圣洁的**选民们),包括两个关系子句,即第 13 行的 **ta**ν**ɣač** yirintä ä**ν**rilgli(从唐朝之地**离开**的人),以及第 14 行 tört küsänt*ä* kirü ɋonɣlï(从四龟兹到达居住的人)。上述两个关系子句之间,需要起衔接作用的连词。

12—15 ymä bu tngri arïɣ dindarlar kim **ta**ν**ɣač** yirintä ä**ν**rilgli **taqï ym**ä tört küsänt*ä* kirü ɋonɣlï **al**ɋ**u b**ο**dun**qa uluɣ ada ïy(ï)nč basïnč bolɣay(而且,这些**全然圣洁的**选民们,即从唐朝之地**离开**的人,以及从四龟兹到达居住的人,将会因**所有民众**而受到危险与迫害)：该部分,关键之处是第 14 行出现的地名 tört küsän(四龟兹)。虽然笔者利用彩色图片成功读出了 tört küsän,但后来发现,茨默早在十多年前就已发现原刊者的误读。不过,茨默关于其他不明部分的解读与诠释,与笔者不同。而且,整段文字所蕴含的历史学信息,值得探讨。兹将学界相关转写或译文列出,以便讨论。

1. 邦格、葛玛丽：[1]

y-mä bu **tört**(?) **arïɣ**(?) dindarl-ar kim ta ν ɣač yirintä **ärürlär**(?) tört kösüšin(?) kirü qo … -qa uluɣ ada ïy(ï)nč basïnč bolɣay.

Und wenndiese vier … heiligen Elekten, welche in（aus?）dem Land China sind（?）ihre vier Wünsche（mit ihren vier Wünschen?）zürück … sowird für（durch?）das Volk? Die Lehre? usw. große Gefahr und Bedrückung entstehn.

而且,当(从?)中国之地来的他们四个神圣的选民,带着他们的四个愿望(与他们的四个愿望)回去时,那么对(或通过)(人民？教义？等)会产生巨大的危险与沮丧(或悲伤、消沉、萧条)。

〔1〕 转写与德译文见 W. Bang and A. von Gabain, "Türkische Turfan-Texte", pp. 414 - 415.

2. 克林凯特、刘南强：[1]

And if these four ... holy elect who are from the land of China will haye to go? back with? their four wishes (demands?) ... then great danger and oppression will arise for the Law, that is, religion.

而且，如果 从中国之地来的这四个……神圣的选民，带着？他们的四个愿望（要求？）回去……那么，对法，即宗教而言，会产生巨大的危险与压制。

3. 杨富学、牛汝极：[2]

这四位圣僧来自桃花石（唐），抱有四种欲望……对……要遇到大的压迫和危险。

4. 茨默：[3]

yämä bu **tört bulungtaqï** ? dindarlar kim **ta**νɣač yirintä **azu yämä**（6＋letters）tört küsänt*a* kirü ɋuz il**gärü bergärü alqu**qa uluɣ ada ïyïn*č* basïn*č* bolɣay.

And these Elects in the four directions? who are west, north, east and south of China or even of the land of the ... Four küsän, there will be great danger and oppression for all of them.

而且中国东、南、西、北四方的？的，甚至 ……四龟兹（Tört Küsän）之地的这些选民们，都将有来自所有他们（即突厥人）的极大危险和压迫。

由于已经读出 tört küsän（四龟兹），上举第 1、2、3 条试读案，可

---

[1] H. J. Klimkeit, *Gnosis on the Silk Road*, pp. 366 - 367; Samuel Lieu, *From Iran to South China*, p. 19; 王媛媛《从波斯到中国：摩尼教在中亚和中国的传播》，第 195 页。

[2] 杨富学、牛汝极《牟羽可汗与摩尼教》，第 88 页。

[3] 转写与译文见 L. Clark, "The Conversion of Bügü Khan to Manichaeism", pp. 102 - 103；中译文见杨富学《牟羽可汗对摩尼教的皈依》，第 337 页。转写按笔者规则转写。

暂时不作考虑。而第 14 行第 4 字，茨默读作 q̈uz。该文书中，词末 Z
出现多次，绝大多数情况下，都是按标准正字法书写，即向右下方运
笔，保持比较大的倾斜度。而茨默读作 Z 的文字，虽有一定倾斜度，
但与该文书中的大多数 Z 相比，倾斜度并不明显。虽然如此，茨默的
读法，亦未尝不可。不过，参照同一文书 N 的写法，[1] 笔者以为，该
字完全可读作 N。至于 N 下面的文字，参照同文书词中 γ（写作 X）
的写法，[2] 读作 X，并无大碍。如此，我们可以得到 q̈onγlï "居住者"
一词。

　　tört küsäntä（从四龟兹）之后的文字，茨默已经给出了自己的读
法。不过，不论是克拉克英译文，抑或杨富学中译文，均未对茨默释
读案中 alqu（所有，全部）之前的 kirü q̈uz ilgärü bergärü 给出一个答
案。由于克拉克是借用茨默释读案，尚不敢断言此处代表的就是茨
默意见。不过，笔者以为，kirü- 可视作动词 kir-（进入，到达）的副动
词，[3] 修饰后面的 qon-（居住，停留）。就克劳森列举的众多例子而
言，当 kir- 为"进入"之意时，之前需要名词向格词缀，而充当"到达"
之意时，之前需要名词从格词缀。tört küsäntä 的＋tä，虽然存在位
格词缀的可能性，但参照之后的 kir-（到达），此处无疑应视作从格词
缀更合文义。这样，我们可以了解到，这段文字记录了来自两个不同
地域的摩尼教相关人员抵达回鹘国内。换言之，当时回鹘国内的粟
特人集团，包括来自唐朝与四龟兹的移民。

　　关于粟特人在东方的殖民活动，学术界早已关注多年。[4] 唐代

---

〔1〕　如第 15 行第 5 字 basïnč，第 21 行能够确认到的第 4 字 qïlïnč。见图版 9－1。

〔2〕　如第 3 行第 4 字 ayγïn，第 12 行第 1 字 basïnγay，第 15 行第 6 字 bolγay 等。

〔3〕　kir-参见 G. Clauson, *An Etymological Dictionary of Pre-Thirteenth Century
Turkish*, p.735.

〔4〕　主要见小野川秀美《河曲六胡州の沿革》,《東亜人文学報》1942 年第 1 卷第 4
号，第 193—226 页；E. G. Pulleyblank, "A Sogdian Colony in Inner Mongolia", *T'oung
Pao*, vol.41, 1952, pp.317－356；池田温《8 紀中葉における敦煌のソグド人聚落》,《ユー
ラシア文化研究》1965 年第 1 辑，第 49—92 页；荣新江《北朝隋唐粟特人之迁徙及其聚
落》,《国学研究》1999 年第 6 卷，第 27—86 页（后收入氏著《中古中国与外来文明》，北京，
三联书店，2001 年，第 37—100 页）；荣新江《西域粟特移民聚落补考》,《西域研　（转下页）

活动于龟兹地区的粟特人，主要秉承原有的拜火教。[1] 另据庆昭蓉研究，库车出土龟兹语文献反映，部分粟特人为佛教徒。[2] 而关于摩尼教徒粟特人在龟兹一带的活动，近年也颇受学界注意。王媛媛对中古波斯语 M1《摩尼教赞美诗集》(*Mahrnāmag*)跋文重新进行释读，对摩尼教在漠北回鹘汗廷以及西域北道、西域南道的传播与粟特人之关系进行了详细讨论。[3] 并根据《摩尼教赞美诗集》出现的来自龟兹地区的人名，指出至 9 世纪早期，回鹘在龟兹已建立了稳固的统治，设立了两位节度使进行管辖。[4] 葛承雍亦曾对回鹘统治时期摩尼教在龟兹地区的传播进行了整理，并认为库车克孜尔石窟群唐代遗址出土的陶祖属于摩尼教"男根魔貌"教义艺术品。[5] 可惜，关于 9 世纪之前摩尼教在龟兹地区的存在，我们还缺乏强有力的论据，[6] 至于摩尼教在西域北道的真正传播，荣新江则认为恐怕是在 9 世纪初期以后。[7]

至于粟特人在漠北的活动，護雅夫曾就突厥国内的"胡部"进行过探讨。[8] 近年，王小甫、杨富学在讨论牟羽可汗改宗摩尼教及其

　　(接上页)究》2005 年第 2 期，第 1—11 页；关于唐代粟特人在东方的交易活动，参见荒川正晴《唐帝国とソグド人の交易活動》，《東洋史研究》第 56 卷第 3 号，1997 年，第 171—204 页；荒川正晴《ソグド人の移住集落と東方交易活動》，《岩波講座　世界歴史》第 15 卷，东京，岩波书店，1999 年，第 81—103 页；荒川正晴《唐帝国と胡漢の商人》，载氏著《ユーラシアの交通・交易と唐帝国》，名古屋大学出版会，2010 年，第 336—378 页。

　　[1] 荣新江《西域粟特移民聚落补考》，第 9—10 页；影山悦子《粟特人在龟兹：从考古和图像学角度来研究》，《法国汉学》第 10 辑，2005 年，第 195 页。

　　[2] 庆昭蓉《库车出土文书所见粟特佛教徒》，《西域研究》2012 年第 2 期，第 61—75 页。

　　[3] 王媛媛《从波斯到中国：摩尼教在中亚和中国的传播》，第 43—114 页。

　　[4] 王媛媛《从波斯到中国：摩尼教在中亚和中国的传播》，第 91—92 页。

　　[5] 葛承雍《龟兹摩尼教艺术传播补正》，《西域研究》2012 年第 1 期，第 86—92 页。

　　[6] 相关考述，见王媛媛《从波斯到中国：摩尼教在中亚和中国的传播》，第 95—96 页。

　　[7] 荣新江《摩尼教在高昌的初传》，新疆吐鲁番地区文物局编《吐鲁番新出摩尼教文献研究》，第 224—229 页；《西域：摩尼教最终的乐园》，《寻根》2006 年第 1 期，第 7—8 页。

　　[8] 護雅夫《突厥の国家と社会》，《古代トルコ民族史研究》第 1 卷，东京，山川出版社，1967 年，第 71—73 页。

与粟特人之关系时,亦进行了相关考述。[1] 茨默则通过对柏孜克
里克出土回鹘语文书残片(81TB10:06 - 3)的解读,阐明 760 年前
后受回鹘可汗邀请的摩尼教三位慕阇取道吐火罗地面前往漠北回
鹘汗国。[2] 森安孝夫则对 P. t. 1283 文书(反映情况为 8 世纪中后
期)记录的回鹘国内的摩尼教徒向中亚民族 Og-rag 邀请传教士一
事,进行了考察。[3] 回鹘第二代可汗磨延啜纪功碑希内乌苏碑(建
于 759 年或之后不久)西面第 5 行,在记录狗年(758)的事迹时,
谈道:

suɣdaq tavɣačqa säläŋädä bay balïq yapïtï bertim

我令(人)在色楞格河畔,为粟特人和唐人建造了富贵城。[4]

就此条记录而言,758 年之际,回鹘国内已有部分粟特人移民。
前面介绍的茨默刊布的 81TB10:06 - 3 文书也提到"当亦力嘔昆城中
同中原来人相会之时"等。[5] 另外,《摩尼教赞美诗集》,是在 762 年
或 763 年在焉耆开写,后在 9 世纪初期续完,[6]这说明,摩尼教与焉
耆发生联系的时间可能在 763 年之前或更早。[7] 这些均旁证上述
笔者关于 tavɣač yirintä ä vrilgli(从唐朝之地离开的人),以及 tört
küsäntä kirü qonɣlï(从四龟兹到达居住的人)的解释,不是空穴来
风。依文书第 16 行及其他相关内容而言,当时回鹘国内的这些粟特

〔1〕 王小甫《回鹘改宗摩尼教新探》,《北京大学学报(哲学社会科学版)》2010 年第 4
期,第 98—105 页;杨富学《回鹘改宗摩尼教问题再探》,《文史》2013 年第 1 辑,第 205—
206、210、216—227 页。

〔2〕 茨默《有关摩尼教开教回鹘的一件新史料》,王丁译,《敦煌学辑刊》2009 年第 3
期,第 1—7 页。

〔3〕 森安孝夫《チベット語史料中に現われる北方民族——DRU - GU と
HOR——》,《アジア・アフリカ言語文化研究》14(別冊),1977 年,第 7、11—13 页。

〔4〕 白玉冬《〈希内乌苏碑〉译注》,《西域文史》第 7 辑,北京,科学出版社,2013 年,第
93 页。

〔5〕 茨默《有关摩尼教开教回鹘的一件新史料》,第 3 页。

〔6〕 相关介绍,参见荣新江《摩尼教在高昌的初传》,第 221—222 页;王媛媛《从波斯
到中国》,第 43 页。

〔7〕 王媛媛《从波斯到中国:摩尼教在中亚和中国的传播》,第 97—98 页。

人移民，理应包括摩尼教教徒 dindar（选民），俗家信徒 n(i)γošak（听民），以及商人（sart）等。不过，考虑到该文书是在回鹘改宗摩尼教之后的 10 世纪左右写成，不完全排除日后追述的可能。

地名 küsän（龟兹），在回鹘文献中并不陌生，茨默曾专此进行过介绍。[1] 如在 T Ⅱ T 3097（Ch/U 3917）残片中，其与 talas（怛剌斯）、qaš（喀什）等并列出现。王媛媛则对龟兹地区存在的摩尼教徒，进行了梳理。[2] 而克拉克则依据柏林吐鲁番文献内含有龟兹出土的吐火罗文摩尼教文献，主张龟兹极可能是摩尼教在四吐火罗（Toxri）地区的四个中心之一。[3] 而 tört küsän（四龟兹）之名亦数见于出土文书中，如哈密本《弥勒会见记》序文第 12 叶背面第 12—13 行，[4] 以及 U971（T Ⅱ S 20）佛经跋文等。[5] 前者中，作为膜拜对象的所在地，tört küsän uluš（四龟兹国）与 üč solmï uluš（三唆里迷国，即焉耆国）并列出现。[6] 至于 tört küsän（四龟兹）与四吐火罗（Toxri）间的关系，[7] 已超过本文范围，此不深究。

20 özüngüz tayarsar（如果您自身支持的话）：原刊者作 özüngüz-kä tarqr，茨默作 özüngüz ketärsär（?）。

21 **dindarlar**（选民们）：原刊者作 sar，茨默作 siz。此处据前后

〔1〕 P. Zieme，"Zum Handel im uigurischen Reich von Qoso"，*Altorientalische Forschungen*，vol. 4，1976，pp. 248‑249；"Drei neue uigurische Sklavendokumente"，*Altorientalische Forschungen*，vol. 5，1977，pp. 157‑158，*ll*. 10，12，164‑165.

〔2〕 王媛媛《从波斯到中国：摩尼教在中亚和中国的传播》，第 53—56 页。

〔3〕 L. Clark，"The Conversion of Bügü Khan to Manichaeism"，pp. 83‑84，note 1；中译文见杨富学《牟羽可汗对摩尼教的皈依》，第 35—351 页注释 1。

〔4〕 Geng Shimin and H. J. Klimkeit，*Das Zusammentreffen mit Maitreya : die ersten fünf Kapitel der Hami-Version der Maitrisimit*，teil I，Wiesbaden：Harrassowitz，1988，p. 52；耿世民《回鹘文哈密本〈〈弥勒会见记〉〉研究》，北京，中央民族大学出版社，2008 年，第 41 页。

〔5〕 Kasai Yukiyo，*Die uigurischen buddhistischen Kolophone*，Berliner Turfantexte，vol. 26，Turnhout，2008，pp. 203‑204.

〔6〕 相关考释见耿世民、张广达《唆里迷考》，《历史研究》1980 年第 2 期，收入张广达著《西域史地丛稿初编》，第 45—46 页。

〔7〕 相关研究归纳，参见王媛媛《从波斯到中国》，第 39—40 页。相关讨论，见荣新江《所谓"吐火罗语"名称再议——兼论龟兹北庭间的"吐火罗斯坦"》，载王炳华主编《孔雀河青铜时代与吐火罗假想》，北京，科学出版社，2017 年，第 181—191 页。

文义补出。

22 **siz tayarmasar**（如您不支持的话）：原刊者与茨默均未作复原。

22　kir ada（肮脏危险）：原刊者作 alp(?) ada，茨默作 qïz ada。

23 **ïy(ï)nč basïnč**（压制）：此据茨默复原。

24 **tngri yir**ingärü（向天国）：此据茨默复原。

26 tngri možak（神圣的慕阇）：森安氏根据与回鹘摩尼教相关的 Mainz 345 文书的最新解读，指出此人物与 Mainz 345 文书记录的 tngri mar nyw rw'n možak 为同一人物，均为九姓回鹘可汗碑粟特文面记录的 βγy (mry) nwy (rw)'n m(w)z-'k(')。[1]

37 ača suvsamaqïn（由于饥渴）：原刊者作 ača suvsamaqa，此据茨默读法。动词 suvsa-（渴）的不定词形式 suvsamaq 后续工具格词缀＋ïn。[2]

38 bu muntaγ qat(ï)γlanmaqïn（由于这些修身行为）：原刊者作 bu muntaγ qat(ï)γlanmaqa，此据茨默读法。

39 nomqa tutγay（你们让教法捕获住我吧）：按 39—40 行 siz mini yrlïqaγay nomqa tutγay dïndar qïlγay siz（你们怜悯我吧！你们让教法捕获住我吧！你们把我变成选民吧！）其中，整句主语为 siz（你们），动作对象是 män（我），动词分别是 yrlïqa-（怜悯），tut-（捉住），qïl-（做成）。前人解释作"你让我持法"，是把 tut-（捉住）的主语视作"我"，这与句子整体结构相抵触。按 nomqa 的＋qa 为向格词缀，有时含"凭借、依据"之意，或表示主语，此处似是以向格表示分句的主语。即，tut-（捉住）的直接主语是 nom（教法），间接主语是 siz（你们）。

57 q̈uvraγ dindarlar（听民与僧侣）：原刊者作 q̈uvraγ /// d/

---

[1]　森安孝夫《ウイグルから見た安史の乱》，《内陸アジア言語の研究》第 17 辑，2002 年，第 143—144 页。

[2]　suvsa-参见 G. Clauson, *An Etymological Dictionary of Pre-Thirteenth Century Turkish*, p.793.

n ////。相比第 81 行的 q̈uvraγ，此处 q̈uvraγ 的词尾-γ，向右下方延伸略长。q̈uvraγ 与下一字 D 之间并无文字。第 53—56 行讲述僧侣们与民众一起交流，共同欢庆，则此处僧侣与民众之一的 q̈uvraγ"在家修行的摩尼教徒"一起出现，不悖于理。

60 etigimäk(佩戴装饰物者)：名词 etig(装饰)后续动词构词词缀＋i，再后续动词不定词词缀-mäk。[1] 原刊者作 ögirmäk，但包括读作 R 的文字在内，该词明显与同行第 3 字 ögirdi 的 ögir-不同。第58—59 行谈到欢快的人们以多种多样的游戏与娱乐走来，etig(装饰)此处或许是指假面具之类的装饰品。

62 kičig(小)：此处可能与 uluγ(大)并列使用，代表老幼民众。

63 *uluγ* töl(大孩子)：原刊者作 *uluγ* t ////。töl(孩子们，子孙，弟子)，参见克劳森辞典。[2] 此后至末尾，文书记录了牟羽可汗向僧侣与老少民众发布命令，宣示改宗摩尼教的具体细节。作为宣示对象，除 63 行提到的僧侣们之外，64—65 行记录了以公主们、太子们、大臣们为首的老幼所有民众。据森安孝夫研究，黄文弼所获吐鲁番出土回鹘文《摩尼教寺院经济令规文书》中，记录有从属于摩尼教寺院与摩尼教僧侣的年轻的侍从 oγlan(孩子，儿童，少年)。[3] 作为僧侣侍从的 oγlan，理应包括在宣布对象之内。此处 töl，似为这些侍从的另一种表达方式。

69 **ürüng bägkä q̈(a)ra bodunqa**(向高贵的贵族与普通的民众)：原意是"向白色的匋(贵族阶层)与黑色的民众"，原刊者作 **bägkä qra budunqa**。该行上部破损，原刊者复原出的 **bäg** 之上，尚有 5 字母左右空间。回鹘汗国希内乌苏碑中，以 ürüng bäg 代表国内的贵族

〔1〕 etig 参见 G. Clauson，*An Etymological Dictionary of Pre-Thirteenth Century Turkish*，p.50.

〔2〕 G. Clauson，*An Etymological Dictionary of Pre-Thirteenth Century Turkish*，p.490.

〔3〕 森安孝夫《ウイグル＝マニ教史の研究》，京都，朋友书店，1991 年，第 73—75 页注 58b.oγlan；《黄文弼发现的〈摩尼教寺院经营令规文书〉》，白玉冬译，载荣新江编《黄文弼所获西域文献论集》，北京，科学出版社，2013 年，第 157—159 页注 58b.oγlan。

阶层。[1]

70 ɋamaγ üzäki y(a)ruq（万物之上光明的）：原刊者作 qamaγ öngü(?) y(a)ruq。üzäki 中，末尾的 Y，右侧呈三角形状，近似 W。不过，对比同一文书其他词末 KY 的写法，[2]该字笔顺应与 Y 相同。大概左侧运笔过重，出现了三角形状，但与接近椭圆形状的 W 仍有区别。

82 bizingä（向我们）：写作 PYZYN'K'，多出一个 '。

84 ikiläyü yangïrtï（他们更新换貌了）：克劳森辞典 yangïrtï 条目引用该处，按副词解释。[3]按之前的 ikiläyü（重新，再次）为副词，且句子至此结句，此处的-tï 应为动词过去式-t 后续第三人称所有语尾。由 yangï（新）派生的动词 yangïla-,[4]很难与 yangïr-联系起来。而汉语"样"很早就已被借入古突厥语，且克劳森对此专门进行了介绍，指出突厥语 yang 意思为"a pattern，model，kind，sort，maner"。[5]笔者以为，名词 yang 后续词缀＋ï 构成动词 yangï-（做样子），再后续使役词缀-r，最终构成了动词 yangïr-。该词在此描述的是，牟羽可汗改宗摩尼教，使得回鹘国内民众风貌一新。

二、U206 译注

正面(图版 9－5)

01. /////////////// sizlär k(ä)ntü ät　　您……身的肉体

---

〔1〕　森安孝夫《シネウス碑文·遺跡》，载森安孝夫、奥其尔编《モンゴル国現存遺蹟·碑文調査研究報告》，丰中，1999 年，第 193 页；森安孝夫等《シネウス碑文訳注》，《内陆アジア言语の研究》第 24 期，2009 年，第 63—64 页；白玉冬《〈希内乌苏碑〉译注》，第 108 页。

〔2〕　第 25 行 öngi，第 29 行 közätkätägi，第 40 行 amtï-qatägi，第 53 行 il-täki，第 59 行 yar(ï)nqatägi，第 65 行 ɋapïγïnqatägi。

〔3〕　G. Clauson, *An Etymological Dictionary of Pre-Thirteenth Century Turkish*, p. 952.

〔4〕　G. Clauson, *An Etymological Dictionary of Pre-Thirteenth Century Turkish*, p. 943.

〔5〕　G. Clauson, *An Etymological Dictionary of Pre-Thirteenth Century Turkish*, p. 940.

02. ////////////// barɣu tngrim ……存在的（或去往某地的）君主

03. //////////////：tngrim siz ……我的君主啊！您

04. ////////////// küčäyü antaɣ ……努力着，如此

05. ////////////// tngri bitigintä ……在神圣的书信中

06. ////////////// inčip tngri ……这样，天

07. ////////////// da/dä? yrl-qayur kim qanyu kisi 在？……发布了圣旨：何人……

08. ////////////// ymä k(ä)ntü özin ……而且自己自身

09. ////////////// sizkä ayɣay ……向你们报告吧！

10. ////////////// anï t(ï)ld(a)sar nom ……如果以那个为借口的话，教法

11. //////////////-SYK nomqa tutmaq ……教法捕获住

12. ////////////// -tü il-ig ……国王

13. ////////////// ötügün ……以报告（或请示）

14. ////////////// -masar/mäsär bu kün 如果不……今天

15. ////////////// lar/lär ……们

16. ////////////// ɣlï ……者

17. //////////////

18. //////////////PLR ……吧！

19. //////////////

20. ////////////// ' YN ……

背面(图版 9‐6)

21. //// qunčuy-lar ///////// ……公主们……

22. X' //// Y Z qan? /////// ……可汗？……

23. yiti-k än tngri ilig ///////// ……移地健天王……

24. arasïnda KWY /////////   在(或从)其中间……
25. *biz t*ä ///SY///YZ L' //////   我们……
26. *i*lig il*lik nom* t*ö*rü /////////   国王用于国家的法规……
27. ikinti ay 'Y/////kirü*p*   二月……抵达……
28. *n*om*q*a tud*m*aq /////////   教法捕获住……
29. ////// qan //////   ……可汗……
30. anta*γ* /// //   这样// //
31. alp *ä*r kikš*ü*rü ///////   勇敢的战士磨(刀?)……
32. ay ïna*n*č ////   月,亦难赤……
33. /// il ya*q*a ////   ……国家边境……
34. S'X///////////   ……
35. 'WN ////////   那……
36. Y ///////////   ……
37. '///////////   ……
38. T//////////   ……
39. 'WY///////////   ……
40. TWY///////////   ……

注释

02 barγu(存在的,去往的):[1]动词 bar-(有,在,去)后续表示必要、必然等意的动词后缀-γu。其中,第 2 个字母稍长,看起来应是 Y。而末尾的 W,中间空白部分已被墨迹填满,近似 R 或 K。或许可复原作部族名称 b(a)y(ï)rqu"拔野古"。

05 tngri bitigintä(在神圣的书信中):tngri bitig(神圣的书信)后续第三人称位格词缀+intä。tngri bitig,另见于摩尼教相关残片

---

[1] G. Clauson, *An Etymological Dictionary of Pre-Thirteenth Century Turkish*, pp. 353, 354.

TⅢ T 338（Ch/U 6890）第 5 行，应指来自摩尼教高层人物的书信。[1] 柏孜克里克石窟第 65 窟出土的粟特文回鹘文摩尼教徒书信中，粟特文书信 A 与 B 的收信人均是统领高昌回鹘王国摩尼教教团的东方教区首领 možak（慕阇）。[2] tngri bitig，或来自上述摩尼教教团首领。

　　13 ötügün（以报告，以请示）：ötüg（请示，报告）后续名词工具格词缀＋n。据克劳森之说，ötüg 意为"请求，向上级的请愿"。[3] 另据森安孝夫研究，术语 ötüg 被清楚地记录在回鹘文书信格式中，与它的同源动词 ötün-"向上级提出陈述或请求"具有同样的语义，基本上是由下属向上级提交的文书。[4] 收藏于中国文化遗产研究院的、编号为 xj 222‑0661.9 的回鹘文书，记录了高昌回鹘王国早期历史，其背面左端写有回鹘文 ötüg。[5] 柏孜克里克石窟第 65 窟出土的粟特文回鹘文摩尼教徒书信中，回鹘文书信 D 第 2 行、F 第 3 行出现 ötügümüz（我们的报告或请示）。[6] 此处的 ötüg，或为对第 5 行 tngri bitig（神圣的书信）——摩尼教高层人物之书信所做的答复

〔1〕 P. Zieme, *Manichäisch-türkische Texte*, *Berliner Turfantexte*, vol.5, Berlin, 1975, p.71.

〔2〕 吉田豊《粟特文考释》，载柳洪亮主编《吐鲁番新出摩尼教文献研究》，北京，文物出版社，2000 年，第 3—4 页；森安孝夫、吉田豊《ベゼクリク出土ソグド語・ウイグル語マニ教徒手紙文》，《内陆アジア言語の研究》第 15 辑，2000 年，第 139 页。

〔3〕 G. Clauson, *An Etymological Dictionary of Pre-Thirteenth-Century Turkish*, p.51.

〔4〕 Moriyasu Takao, *Epistolary Formulae of the Old Uygur Letters from Central Asia*, Acta Asiatica. *Bulletin of the Far Eastern Culture* (*Japanese Studies in the History of Pre-Islamic Central Asia*), vol.94, 2008, pp.139‑140；森安孝夫《シルクロード東部出土古ウイグル手紙文書の書式（前編）》，《大阪大学文学研究科紀要》第 51 期，第 16、第 50—51 页。ötüg，参见 G. Clauson, *An Etymological Dictionary of Pre-Thirteenth-Century Turkish*, p.62.

〔5〕 Zhang Tieshan and P. Zieme, "A Memorandum about the King of the On Uygur and His Realm", *Acta Orientalia Academiae Acientiarum Hungaricae*, vol.64, no.2, 2011, pp.130, 159.

〔6〕 森安孝夫《回鹘文考释》，载柳洪亮主编《吐鲁番新出摩尼教文献研究》，第 200—201、206—207 页；森安孝夫、吉田豊《ベゼクリク出土ソグド語・ウイグル語マニ教徒手紙文》，第 168—169、173、175 页。

报告。

21 qunčuy-lar(公主们)。可确认到词中的 W 与 N，词尾的 Y，以及复数词缀 L'R。虽 Č 下端横线模糊不见，然可见其左侧竖条。

22 qan(汗)：虽文字中心线无法确认，然可见 X'N。略觉勉强的是，X 与 ' 间距略大，或为 qaγan"可汗"。虽然如此，笔者仍不敢断定此读法一定正确。

23 yiti-kän tngri ilig(移地健天王)：其中，yiti-kän 是数词 yiti(七)后续表示等级的名词词缀 kän，tngri 表示天、神或神圣之意，ilig 为国王之意。回鹘文献中的 yiti-kän，一般指北斗七星。[1] 如《佛说北斗七星延命经》，回鹘语称作 yitikän sudur。[2] 虽不能完全否定 yiti-kän 与 tngri 共同构成固有名词的可能性，但 tngri 亦有可能与 yiti-kän 各成一词。考虑到 U206 出现 ilig(国王)、yrl-ǧa-(发布圣旨)等与最高统治者相关的词汇，且回鹘文献中的 tngri(天)往往与国王(ilig)构成 tngri ilig(天王)，此处 tngri 后补充复原 ilig。改宗摩尼教的牟羽可汗，汉文史料记录其名为移地健。关于移地健，葛玛丽认为是 idi(主人)后续 kän，哈密顿(J. Hamilton)对此表示赞同。[3] 不过，笔者倾向 yiti-kän 即移地健，yiti-kän tngri ilig 为移地健天王，即牟羽可汗。

24 arasinda(在其中间，从其中间)：名词 ara(中间)后续第三人称位格或从格词缀 sinda，威尔金斯业已读出。

26 ilig illik nom törü(国王用于国家的法规)：其中，illik 的第 2 个 L 模糊不清，近似于 W，K 仅见顶部。

31 alp är kikšürü(勇敢的战士磨刀?)：其中的 kikšür-，克劳森

〔1〕参见 A. von Gabain, *Alttürkische Grammatik*, Leipzig：Otto Harrassowitz, 1950, p. 60；G. Clauson, *An Etymological Dictionary of Pre-Thirteenth-Century Turkish*, p. 889.

〔2〕Kasai Yukiyo, *Die uigurischen buddhistischen Kolophone*, p. 132, *l*. 9；133, *ll*. 3, 14.

〔3〕哈密顿《五代回鹘史料》，耿升、穆根来译，乌鲁木齐，新疆人民出版社，1986 年，第 146 页。

指出来自动词 kik-(磨刀)，解释作"敌视"。[1]

32 ay ïna*n*č(月，亦难赤)。其中的 ïna*n*č，克劳森指出是来自动词 ïnan-(相信，信任)的名词或形容词"依靠，信赖，相信"。[2] 回鹘文献中多按人名出现，此不赘述。

综上，U 206 残片中出现 tngrim(君主)，tngri bitig(神圣的书信)，yrlǧa-(下达圣旨或命令)，nomqa tutmaq(教法捕获住)，ilig(国王)，ötügün(以报告，以请示)，qamaγ *ili*(整个国家)，yi*ti-k*än tngri ilig(移地健天王)，*i*lig il*lik nom* tǫ*r*ü(国王用于国家的法规)等词句。虽因文书破损严重，无法了解整体文义，但上举这些词汇，仍从侧面反映，该文书应与回鹘改宗摩尼教有关。

小　　结

以上，笔者在前人研究基础上，给出了与回鹘改宗摩尼教相关的 U72－U73、U206 文书转写与简单注释。下面，从文字特点与语言特征方面，简要介绍一下笔者关于 U72－U73 与 U206 间关系的感受。

U72－U73：文字上，以长短来区分词末的-q/-γ；以左侧加 2 点标记词头与词中的 q，用以与 x/γ 进行区分；[3] s 与 š，n 与 r 区分明显。语言上，ǧanyu(哪个)与 ạnïγ(坏)并存，与其他大多数摩尼教文献相同，属于 n-语言(n-方言)。就词末的-q/-γ 并不是以 2 点，而是以长短进行区分而言，应属于 n-语言中相对较早的一种，创作年代大体在 10 世纪。

U206：文字上，以长短区分词末的-q/-γ；词头 q 左侧不加 2 点；

〔1〕 G. Clauson，*An Etymological Dictionary of Pre-Thirteenth-Century Turkish*，p.714a；kik-见 p.710.

〔2〕 G. Clauson，*An Etymological Dictionary of Pre-Thirteenth-Century Turkish*，p.187；ïnan-见 p.188.

〔3〕 唯有第 29 行 qatïγlantï"他修身了"的 q，左侧未加 2 点。然第 38 行 ǧat(ï)γlan-加有 2 点。或许，第 29 行的写法，与其说是书写习惯，毋宁视作是书写者一时疏忽。

词中 q 左侧 2 点不一；s 与 š,n 与 r 区分明显。语言上,就以长短区分词末的-q/-γ,且出现 qanyu(哪)而言,应属于 n-语言中 ny 要素较多的一种,即相对较早的一种。进言之,词头 q 左侧不加 2 点,或进一步增强这一可能性。创作年代大体在 10 世纪,可能稍早于 U72－U73。

结论：U72－U73 与 U206 文书,同与牟羽可汗改宗摩尼教相关。就词头 q 是否加 2 点而言,U72－U73 与 U206 文书,似不应是同人所做,亦不属于同一文书。

（原载荣新江、罗丰主编《粟特人在中国：考古发现与出土文献的新印证》,北京,科学出版社,2016 年,第 24—44 页,收入本书时进行了修订）

第十章　有关高昌回鹘的一篇回鹘文文献

——xj 222－0661.9 文书的历史学考释

　　高昌回鹘(9 世纪中期—13 世纪初)，又称西州回鹘，是漠北回鹘汗国(741—840)崩溃之后，由西迁的部分回鹘人所创建。其汗城位于今吐鲁番，夏都是北庭(今乌鲁木齐北吉木萨尔县)。初期国内盛行漠北回鹘汗国时期的国教摩尼教，自 10 世纪以后逐渐改信佛教。13 世纪初蒙古兴起之后，当时的高昌回鹘首领亦都护巴而术·阿而忒·的斤，元太祖四年(1209)杀掉西辽监使，归顺成吉思汗。不久，高昌回鹘并入蒙元察哈台汗国。

　　高昌回鹘，地控天山南北，地处丝路要冲，在东西方文化交流史上，起过重要作用。源自中亚粟特文的回鹘文，在高昌回鹘境内得到广泛使用。后来的蒙古文，即出自回鹘文，满文又出自蒙古文。蒙元统治阶层推崇的佛教，初期曾受到回鹘佛教之影响。另外，近年在敦煌莫高窟北区，还发现了蒙元时期制作的回鹘文木刻活字。高昌回鹘在文字文化交流史上的地位，可见一斑。

　　然受史料所限，高昌回鹘的历史，尤其是其建国初期的历史，成为困扰学术界多年的一个难题。本文旨在利用记录高昌回鹘王国历史的回鹘文本的一个片段，对这一问题略作探讨，以求专家之雅正，并起到抛砖引玉之效。

一、文书介绍及其转写、译文

　　笔者在此介绍利用的回鹘文书,收藏于中国文化遗产研究院(原中国文物研究所),编号为 xj 222‐0661.9。正反两面,每面各 31 行,共 62 行文字。该文书,已由中央民族大学少数民族语言文学学院张铁山教授与德国著名的回鹘学家茨默(P. Zieme)二位解读。其研究成果附文书照片,以《关于十姓回鹘王及其王国的一篇备忘录》为名,由二位联名发表在匈牙利东方学报上。[1] 据二位介绍,该文书片段的规格为 17×28.6 厘米。对开页的上下端标有黑线,左右端标有红线。背面左端写有回鹘文 ötüg(请求、向上级的请愿),[2]紧接着是用回鹘文和汉字共同书写的页码 iki otuz 22。

　　术语 ötüg,据森安孝夫研究,这个词被清楚地记录在回鹘文书信格式中,与它的同源动词 ötün‐(向上级提出陈述或请求)具有同样的语义。[3] 森安氏还指出,ötüg 基本上是由下属向上级提交的文书。[4] 另外,关于该文书的创作年代,上述二位解读者根据文书中存在来自新波斯语的借词,出现使用汉字代替回鹘语单词的现象以及齿音混同例子较为多见的特点等,指出该文书出自 13 或 14 世纪。[5] 换言之,标有页码以及 ötüg 字样的该文书,应是蒙元时

　　[1] Zhang Tieshan and P. Zieme, "A Memorandum about the King of the On Uygur and His Realm", *Acta Orientalia Academiae Acientiarum Hungaricae*, vol. 64, no. 2, 2011, pp. 129‐159.

　　[2] G. Clauson, *An Etymological Dictionary of Pre-Thirteenth-Century Turkish*, Oxford: The Clarendon Press, 1972, p. 51.

　　[3] ötüg,参见 G. Clauson, *An Etymological Dictionary of Pre-Thirteenth-Century Turkish*, p. 62.

　　[4] Moriyasu Takao, "Epistolary Formulae of the Old Uygur Letters from Central Asia", *Acta Asiatica. Bulletin of the Far Eastern Culture* (*Japanese Studies in the History of Pre-Islamic Central Asia*), vol. 94, 2008, pp. 139‐140. 森安孝夫《シルクロード東部出土古ウイグル手紙文書の書式(前編)》,《大阪大学文学研究科紀要》第 51 期,2011 年,第 16、第 50—51 页。

　　[5] Zhang Tieshan and P. Zieme, "A Memorandum about the King of the On Uygur and His Realm", pp. 131‐133.

期——极可能是隶属察哈台汗国的某一人物向其上级提交的关于高昌回鹘历史的某一文本之一部分。

二位解读者还指出，该文书是散文与押韵诗的结合体，记录了高昌回鹘某位国王的成长经历，以赞美诗的形式称颂了该国王以及高昌回鹘王国。[1]下面，笔者依据二位解读者提供的拉丁字母换写（transliteration）、转写（transcription）以及文书照片（图版 10-1、10-2），[2]刊载该文书的转写及译文。关于该文书的详细注释，请参阅二位解读者的英文原文或笔者的中译文，[3]此不赘述。

拉丁字母转写[4]

正面

A. 01 kičig k(i)yä bešik-tä yatur ärkän ök adïn alp alpaγut ärän-lär 02 -ning küvänü sävinü sözlämiš sav-larïn kirišin suqïmïš ün-lärin särä 03 umadïn yïdruqïn tügüp qatïγ ünin čarlayu kesar arslan änüki ač kičig 04 - k(i)yä ärsär : ymä arïγ-taqï adïn käyik-lär-ning ätinämiš ün-lärin särä 05 umadïn aγïzïn äläyä [5]tiš-lärin čïqratïp örü qudï sikriyü yügürür käčär 06 tep ančulayu ymä bu tängrikänimiz. özi yašï taqï kičig türk yigit 07 oγlan y(a)rlïqar ärkän ök : ačayan tonga oγlïn-ča turïtmaq [6]türk 08 yüräk-lig

〔1〕 Zhang Tieshan and P. Zieme，"A Memorandum about the King of the On Uygur and His Realm"，pp. 134-135.

〔2〕 Zhang Tieshan and P. Zieme，"A Memorandum about the King of the On Uygur and His Realm"，pp. 135-140.

〔3〕 Zhang Tieshan and P. Zieme，"A Memorandum about the King of the On Uygur and His Realm"，pp. 144-150.白玉冬《十姓回鹘王及其王国的一篇备忘录》，《西域历史语言研究辑刊》第 5 辑，2012 年，第 158—176 页，收入杨富学编著《回鹘学译文集新编》，兰州，甘肃教育出版社，2015 年，第 278—304 页。

〔4〕 转写字体选用国内学术界通用字体。其他转写规则，如段落划分等，遵循二位解读者做法。其中，"…"表示原文书中的汉字的同义词，黑体字代表押韵诗句的首音节。

〔5〕 aγïzïn äläyä-(紧闭嘴巴)，张铁山、茨默二位换写作"qyzyq lʼryn，转写作 azïγlarïn(把嘴巴)。

〔6〕 turïtmaq-(生成的)，张铁山、茨默二位换写作 twrydmʼz，转写作 turïtmaz，译作"not-harming"。

yarlïqar üčün kesar arslan änükinčä keng kögüzlüg 09 kigäy-siz
ädräm-lig yarlïqar üčün ata-sï 天 tängri elig qutïnga 10 arqa berip
alqatmïš el-kä muyɣa bolmïš toquz tatar bodunïn 11 ügritrü [1]
balïq saqa-sïnda ünärär [2]čärig urup yatmaq üzä 12 öz-kä sanlïɣ
qïlu yarlïqap öz eli-ning basïnčïn ketärü yat ellig 13 ayïɣ saqïnč-lïɣ
yaɣï-lar-qa ešidmiš-tä ök ïčanɣuluq äymängülük 14 qïlu yarlïqadï

B. +on uyɣur elindä ärigmä qamaɣ bodun boqun

15 udan qangïmïz oɣlï uluɣadtï :

ondïn sïngar yat yaɣï basïnčïn 16 körmägäy biz tep

uluɣ ögrünčlüg sävinčlüg boltï-lar

17 uluɣ orunqa yarlïqamïšta basa käntü üküš tälim iš 18 küč
išläyü yarlïqadï

C. qutluɣ kočo uluš nung yaɣï-sï bolmïš 19 tarïm-lïɣ bodunïn
yančqalïr üčün

qop qamaɣ süsi čärigi birlä 20 atlanu yarlïqap

D. solmï balïqqa qudulap tägimlig čärigin 21 tarayu sačïp yer
yüdüki qamaɣ bodunïn enčkä tïnčqa tägürü yarlïqadï

E. 22 kerüki talaz yudun atlanu yarlïqap baɣučaq sipasalar
bašïn on 23 artuq känt bäglärin közündürü yarlïqap: yititü
yontdurup talaz 24 atl(ï) ɣ balïqïɣ elig ičin alu yarlïqadï :

F. qatïtïp turdačï yaɣïqa

25 qatïɣ yarlïɣ tätürmäk qïnamaq :

G. ängitip töpün tüšdäči-lärig

26 äsirkämäk tsuyurqamaq ärsär :

ärklig küč-lüg elig-lär-ning xan-lar-nïng 27 etigi yaratïɣï

---

〔1〕 ügritrü(使被欺骗)，张铁山、茨默二位读作 ögrätgü，同时指出该读法并不确定。
〔2〕 ünärär-(使升起、让出发)，张铁山、茨默二位换写作 'wyrk'r，转写作 ürkär，译作
startling(?).

čoɣï yalïnï

H. 是 butegüči rača-šastir bitig-täki 28 savïɣ ötig kälürü yarlïqap talaz bodunïn tarayu buzdurmatïn ašïn   29 tükäl qodup yedä yarlïqadï ∶∶

I. ol savïɣ ešidmiš-čä körmiš-čä 30 人 kiši-lär tolp čomaq bodunï ïraqdïn yaqïn-tïn ïduq tängrimiz-kä 31 elig-lärin qavšurup ayïtu yükünü adïnu mungadu inčä tep sözlädilär

J. 32 el ärsär ïduq uyɣur xan ärmiš ∶

elig eyin kirmiš bodunuɣ

irinčkämäk munda 33 artuq mu bolur ∶

K. xan ärsär qamaɣ-ta yeg 圣天 ïduq tängrikän ärmiš

qara-sïn qangča 34 mundaɣ bölmiš bar mu ∶ tešip

L. töš-lärin basa ∶ töngitü ∶

ärin-lärin 35 yapïnu ängitü

alqïš-lïɣ yamɣur yaɣïtdï-lar ∶

M. ïraqdïn ešdigmä kiši-lär ∶

36 el-tä ïduqï on uyɣur eli ök ärmiš

xan-ta saɣlï ymä bu tängrikän 37 törümiš tešip

N. ïduq tängrikänimiz-ning ädgü atlïɣ čavïn soruɣ-ïn kök 38 - kä kötürdi-lär ∶ yaɣïz-ta kengürü yaddï-lar ∶ irdäši s(a)lmïš yat ellig 39 - lär etilmiš 三 üč solmï uluš qïquzïn ulatï 大 uluɣ yultuz-qatägi

O. öz-kä san-lïɣ 40 yerin suvïn

ötükän bodunïn ornatu yarlïqadï

P. ečüläri apalarï 41 qïlmaduq išlämädük

adïl adruq išlärin üküš tälim išläyü bütürü 42 yarlïqadï ∶

Q. 四 törttin sïngar alp qatïɣ ädgü atïn kengürü yada yarlïqap 43 tük tümän bodunuɣ boqunuɣ

töpü-lärin töngitdürü öz-kä san-lïγ 44 qïlu yarlïqadï

R. alqatmiš on uyγur eli turγalïr-tïn bärü 45 ïraq-tïn adï ešidilür ：

S. qïday el-kä san-lïγ altï tatar bodunï törüp 46 此 bu el-kä yaγumadïn toquz buqa bägär ：

王 xanbirlä adïnčïγ ïduq alp 47 xanïmïz-nïng atïn čavïn ešdip tapïnu ögr(ä)nmiš el-in

xan-ïn tapla 48 - matïn qodup

ornanmiš yurt-ïn turuγ-ïn uqsï-ča [1]titip ：

udan 49 ïduq 天 tängrikänimiz-kä bodun bolup küč bergü tïltaγ-ïntïn

T. qongrulu 50 köčüp kälip

qutluγ ïduq tängri-känimiz-ning

qur-ïnga quurlaγ-ïnga 51 sïγïnu kälip

qudï bay taγ ： qum sängir-kä-tägi qonup yurtlap

U. 52 心 könggülläri ong(a)y

kögüz-läri qanmïš täg ädäm(lä)r

V. üküš ay-ta artuq 53 ïduq 天 tängrikän-ning

üdräg-lig känt-läringä känt bulup ičikdi-lär 54 ornašdï-lar ：

öng tegit siravil taisi oγlanï turdï taysi ： 七 yeti buqa 55 čangši bašïn bätägi [2]tegit-lär ：

W. yurtlaγu tüz yurt-larïn nä qodup

56 yurtča ürkä kälip ketip yangï balïq altïn-ïn

57 yurtlap qonup： el-tä tuγmïš bodun-ta artuq ičikdi-lär ornašdï 58 - lar

---

〔1〕 uqsï-ča，张铁山、茨默二位换写作 'wqš'rč'，转写作 oqšar-ča，未译出。

〔2〕 原文换写作 b't'ky 的文字，也可转写作 bätäki，本稿姑按 bätägi 转写。张铁山、茨默二位换写作 pntky，转写作 b(a)nt(')gi，未译出。

X. 七 yeti buqa č(a)ngšï öz-tä tuɣmïš qïzïn özi taplap

yaɣïz 59 yer ärkligi

yalïn-lïɣ 圣天 ïduq tängrikänimiz-ning yarïndï-sï bolmïš：

Y. 60 **azlančü** oɣlï sügülüg tegin-kä ：töpüsin-tä kötürüp kälürür 61 – čä kiši-lärig yïgïp

金 **altun** yipin arqašïp kümüš yipin köklüšip：

Z. 62 tümän yïl-qatägi küč bergü üčün tükäl-lig 圣天 ïduq tängrikänimiz birlä

译文（按文书段落）[1]

A. 幼时躺在摇篮里时，他就不能忍受其他勇士们（即外国勇士们）的傲慢兴奋的言谈，以及他们击打弓弦发出的声音，握紧拳头、发出坚硬的吼叫声——如同饥饿又幼小的 Kesārin 狮子之幼仔。还有，不能忍受森林中其他野兽发出的声音而紧闭嘴巴、咬紧牙关、上下跳动翻腾的，那也是我们的这位君主（Tängrikän）。

他年岁不大，是个强壮有力的孩童。因为带着像 Ājāneya 豹之幼仔一样生成的强有力的心脏，因为带着像 Kesārin 狮子之幼仔一样宽阔的胸怀、无尽的智慧，所以帮助他父亲天王陛下，愚弄（原意为"使被欺骗"）对神圣的国家（即高昌回鹘）构成威胁的九姓达靼之人民，在城下布置伏兵，因而使他们（即九姓达靼之人民）服属于自己，解除了自己国家的危机，使外国的国王、抱有恶意之人和敌人，在听到时就躲避（我们），害怕（我们）。

B. 十姓回鹘国（即高昌回鹘王国）的所有人民说道："我们的父亲兀单之子长大成人了，我们（今后）不会看到周边外敌的压迫"。他们非常欢喜起来。他登上王位后，还亲自付出了很多艰辛。

C. 为了打击成为神圣的高昌国之敌人的塔里木地方的人民，他

---

〔1〕 根据张铁山、茨默二位解读者翔实的研究重译，与原英译文间的细微差异，不一一指明。

和其所有的军队一起出征。

D. 对唆里迷城（即焉耆）进行攻击后，他把高贵的军队分散开来，使得大地上的所有人民获得了和平。

E. 他进军摧毁西方的怛逻斯（城），他使得以 Baɣučaq 将军为首的十多个城主出现（在他面前），在刀光剑影中，他获取称为怛罗斯的这个城市和这个王国，使之成为自己的内属（即一部分）。

F＋G＋H. "对顽固的敌人，进行严厉的命令和惩罚；对鞠躬稽首者，给予同情和怜悯"。这就是充满力量和权威的国王们和可汗们的点缀和光芒。他带来这个被称为 Rājaśāstra 书中的忠言，他没有遣散摧毁怛逻斯地方的人民，而是让他们拥有自己全部的食粮（原意为"放置他们所有的食粮"）并领导他们。

I. 听到或看到了这件事，人们——所有的穆斯林人民即刻自远方，自近处，对着我们神圣的国王收起双手，鞠躬致意。他们惊叹道：

J. "谈起王国，就是神圣的回鹘汗，将仁慈赐予服从国王的人民，还有比这更伟大的吗？"

K. "谈起汗，胜于万物者就是神圣的君主（Tängrikän），他不是像父亲一样分配了他的黎民吗？"——他们就这样互相流传。

L. 他们按着胸膛鞠躬，他们捂着嘴唇低头，他们使祝福的雨降下。

M. 从远方听到的人们彼此说道："王国之神圣者，正是十姓回鹘王国，汗中出类拔萃者，这位君主（Tängrikän）又已产生。"

N. 他们把我们神圣的君主（Tängrikän）的良好名声与威望，高举至上天。在褐色大地上，他们开拓得遥远而宽阔，到达施予调查的异族人建立的三唆里迷王国之山谷等大裕勒都斯地方。

O. 他让于都斤地方（今蒙古杭爱山一带）的人民居住在属于他自己的土地上，

P. 他成就了许多他的祖先没有创造的、没有进行的特别辉煌的事业。

Q. 他向四方广泛传播他勇敢坚定的美名，他使数以万计的人民低头鞠躬、服属于他自己。

R. 受人称颂的十姓回鹘王国，自存在以来，名扬远方。

S. 归属于契丹国的六姓达靼人兴起，在他们还没有接近这个王国时，听说 Toquz Buqa Bägär[1] 王以及我们异常神圣英勇的汗的名字与威望时，就不侍奉并抛弃了服侍的国家和汗，如同 Uqsï 一样，丢掉了他们的家园和故土，成为我们神圣的兀单君主（Tängrikän）的属民。自从给了力量，

T. 决裂而来的人们移居过来，由于我们仁慈神圣的君主（Tängrikän）的腰带，他们得到庇护，向下方到 Bay Taγ（富贵山）、横相乙儿地方为止，他们定居并建立家园。

U. 他们心情舒畅，他们胸怀满足，

V. 很多月以上，他们对着我们神圣的君主（Tängrikän）的繁荣的城市群，发现城市就进入其内定居下来。王子们——Sirafil 太子的儿子们，即 Turdi 太子和 Yeti Buqa 长史与其首领（即六姓达靼人首领）成为别贴乞部（Bätägi）的王子们。

W. 他们丢掉用于居住的美好家园，就来到作为长期居住的（这里），并出去居住在仰吉八里（今新疆昌吉回族自治州玛纳斯西北）的下部地区。比出生在这个王国里的人民更多的他们进入并居住下来。

X. Yeti Buqa 长史把自己亲生的女儿奉献给他君主（Tängrikän）本人，成为褐色大地之王——我们光辉神圣的君主（Tängrikän）的 Yarïndï。

Y. 他向 Azlančču 之子 Sügülüg 王子抬头，带过来这些人后就马上集中起来，用金线连在一起，用银线绑在一起，

Z. 为了给予力量直到万载，与我们完美神圣的君主（Tängrikän）一起……

---

〔1〕 Toquz Buqa Bägär 或为六姓达靼人首领。

二、内 容 考 释

根据上面提供的转写及译文，xj 222－0661.9 文书内容可归纳为两部分，即 A—Q 记录某位国王的伟大经历，R—Z 称颂高昌回鹘王国。具体如下：

第一部分开头关于国王成长经历的描述，充满传奇色彩。接下来的部分，首先介绍国王在青年时期，协助其父王征服九姓达靼。然后提到该国王登上王位后，为了壮大高昌王国的力量而采取的几项行动。具体是出征塔里木地方，征服唆里迷城（今焉耆），兼并怛逻斯地方并对其进行统治。接下来介绍穆斯林民众的归顺，称颂国王的伟名，其中提到"他让于都斤地方的人民居住在属于他自己的土地上"。

第二部分歌颂高昌回鹘王国之伟大。首先提到归属于契丹国的六姓达靼人归顺高昌回鹘后，移居在 Bay Taɣ、横相乙儿和仰吉八里等地，其首领与高昌回鹘的部分王子一同成为 Bätägi 的王子们。但末尾的 Y—Z 部分与之前内容，在衔接上略显不自然，有待重新探讨。

根据上面的整理，不难发现，该文书记录的某些史实，对内亚史研究而言，都是崭新的材料。尤其是对高昌回鹘的历史及其与蒙古高原游牧民族达靼之关系的研究方面，给我们提供了绝无仅有的史料。为便于对文书内容进行诠释，笔者先梳理一下高昌回鹘的创建经过。

唐武宗开成五年（840），遭受叶尼塞河流域黠戛斯汗国攻击的漠北回鹘汗国崩溃，回鹘部众离散。其中，西迁到东部天山地区的，在北庭一带稍作停留并摆脱黠戛斯军队的追击后，一部分即由其首领庞特勤率领南下，在之前的唐安西都护府管内的焉耆一带自立。之后，大中十年（856），庞特勤曾受唐朝册封，但因唐朝的册封使途中受到"黑车子"部族掠夺，未能成功。[1] 在唐朝册封庞特勤之前，另有一支回鹘使者抵达唐廷。根据杜牧《樊川集》所收、草于大中五年(851)左右的《西州回鹘授骁卫大将军制》，[2] 可知该部回鹘来自西州。虽其所属不明，[3] 但大中五年之前，回鹘已占据西州，此点无疑。

时隔十五年之后，史料记载咸通七年(866)，北庭回鹘仆固俊克西州、轮台等地。《旧唐书》卷19《懿宗本纪》咸通七年条、《新唐书》卷216《吐蕃传》、《新唐书》卷217《回鹘传》均言仆固俊当时是与吐蕃相战。但诚如先行研究所分析，将仆固俊克西州一事与吐蕃相联系起来的这些记录，是对史料记载的混淆。[4] 相反，仆固俊可能是由在焉耆一带自立的庞特勤治下夺取西州。[5] 总之，如华涛所指出，史载咸通七年的事件虽有不明之处，但仆固俊占领了西州是毫无疑问的。咸通七年，可视为高昌回鹘的正式起步。

关于高昌回鹘的初期发展，学者们做了许多细致的工作。安部

---

〔1〕 相关史料及其主要考证，见森安孝夫《ウィグルの西遷について》，《東洋学報》第59卷第1, 2号，1977年，第115—118页；华涛《回鹘西迁及东部天山地区的政治局势》，《西北民族研究》1990年第1期，第112—116页；华涛《西域历史研究(八至十世纪)》，第38—42页。

〔2〕《唐大诏令集》卷128，北京，商务印书馆，1959年，第692—693页；藤枝晃《沙州归义军节度使始末(二)》，《東方学報(京都)》第12卷第4号，1942年，第55页；华涛《回鹘西迁及东部天山地区的政治局势》，第116页；华涛《西域历史研究(八至十世纪)》，第43页。

〔3〕 安部氏推定由北庭地区的回鹘首领所派，森安氏认为应是身在焉耆的庞特勤所遣，华涛认为可能是早先随庞特勤西迁之众，但此时已经脱离庞特勤而自立，见安部健夫《西ウィグル国史の研究》，京都，汇文堂书店，1955年，第248—250页。森安孝夫《ウィグルの西遷について》，第118页；华涛《回鹘西迁及东部天山地区的政治局势》，第116—117页；华涛《西域历史研究(八至十世纪)》，第43—44页。

〔4〕 藤枝晃《沙州归义军节度使始末(二)》，第54—55页；森安孝夫《ウィグルの西遷について》，第119—121页；荣新江《归义军史研究——唐宋时代敦煌历史考索》，上海古籍出版社，1996年，第357页。

〔5〕 除851年来自西州的回鹘入朝使之外，杜牧《西州回鹘授骁卫大将军制》(《唐大诏令集》卷128，第692—693页)还言及另外两批回鹘入朝使者，并言"皆云庞特勤今为可汗，尚寓安西，众所悦附，扬宰相以忠事上，誓复龙庭。杂虏等以义向风，颇闻麕至"。可见，西迁回鹘诸部中，庞特勤部最为强盛，且有"杂虏"归顺。851年的回鹘入朝使，虽出自西州，但极可能受庞特勤统领。如是，866年之前，西州应在庞特勤治下。其他相关考证，参见森安孝夫《ウィグルの西遷について》，第121页。

氏根据吐鲁番出土木杵文书三号回鹘文文书所记录的高昌回鹘的统治疆域"东自沙州、西至 Nuč Bars-xan",对元代《高昌王世勋碑》所记"四至"进行旁证,并利用太平兴国六年(981)出使高昌的宋使王延德的《高昌行纪》等,勾画出高昌回鹘的早期疆域。[1] 森安氏则利用波斯学者伽尔迪齐(Gardīzī)书中关于托古兹古思(高昌回鹘)的 Panjīkath(五城、即北庭)首领 Kūr Tegīn 击灭在首都 Azal(Ark、即焉耆[2])居住的可汗兼其兄长这一记载,提出北庭回鹘仆固俊最终战胜了安西一带的庞特勤这一观点,并参照前人研究成果,列举了钢和泰藏卷于阗文文献(写于 925 年)记录的当时西州回鹘管下的城市。[3] 华涛除利用敦煌出土文书对伊州与高昌回鹘之关系进行了探讨之外,还利用上述于阗文文献、回鹘文木杵文书以及佚名作者著波斯文《世界境域志》(写于 980 年左右),对高昌回鹘的西部疆界进行了详细的考证。[4] 荣新江则主要利用敦煌出土文献,对早期的高昌回鹘与沙州归义军政权间围绕伊州主权展开的争夺及二者间的文化交往,进行了细腻的研究。[5] 这些研究成果,对 xj 222 - 0661.9 文书第一部分 A—Q 内容之考释,意义非凡。

首先,文书 E 段落言国王率军摧毁西方的怛逻斯城,使怛逻斯地区成为高昌回鹘的一部分。怛逻斯位于今中亚乌兹别克斯坦塔什干东北约三百公里的怛逻斯河畔,是一个在很多古代文献史料中见到的著名城市。华涛利用塔巴里(al-Tabri)的《塔巴里编年史》、纳尔沙赫(Narshakhi)的《不花剌史》、马苏地(al-Mas'udi)的《黄金草原》等伊斯兰史料,对 9 世纪末期的怛逻斯历史进行了考证。据其研究,8 世纪中期起,为西部天山地区的葛逻禄人控制的塔剌思(怛逻斯),在893 年被勃兴期的中亚萨曼王朝攻陷。之后,怛逻斯成为大食与葛

---

[1] 安部健夫《西ウィグル国史の研究》,第 388—398 页。
[2] Azal 应视作 Ark,即焉耆,见森安孝夫《ウィグルの西遷について》,第 115 页。
[3] 森安孝夫《ウィグルの西遷について》,第 113—115、123—124 页。
[4] 华涛《西域历史研究(八至十世纪)》,第 90—93、123—140 页。
[5] 荣新江《归义军史研究——唐宋时代敦煌历史考索》,第 351—397 页。

逻禄人的贸易中心，葛逻禄人开始皈依伊斯兰教，10 世纪早期，之前的葛逻禄部族联盟已经瓦解。[1] 据此而言，E 段落所记高昌回鹘攻陷怛逻斯城这一事件，应发生在萨曼王朝攻陷怛逻斯的 893 年之前，被征服的以 Baɣučaq 将军为首的十多个城主，应属于葛逻禄部族联盟。而上面介绍的回鹘文木杵文书所记高昌回鹘领土西端 Nuč Bars-xan，安部氏认为 Nuč（粟特语"新"）是唐代史料所见"弩室羯"、"弩赤建"（今塔什干北），Bars-xan 是怛逻斯河东岸的下巴儿斯寒（下拔塞干）。华涛则把上述二地考证得更靠东一些，分别为《新唐书·地理志（七下）》所记碎叶城西 40 里的"新城"以及今伊塞克湖附近的上巴儿斯寒（上拔塞干）。可惜上述木杵文书的创作年代，学术界尚无定论。无疑，xj 222 - 0661.9 文书 E 段落反映的史实对上述回鹘文木杵文书的年代断定，会有所帮助。

其次，文书 B—D 段落，提到国王登上王位后，为了打击成为高昌国之敌人的塔里木地方的人民，出征唆里迷城（即焉耆），使大地上的所有人民获得了和平。前面介绍的钢和泰藏卷于阗文文献记录焉耆为西州回鹘管下的城市。由此可推定，文书 B—D 段落所记历史事件，其发生的年代定在仆固俊攻克西州的咸通七年（866）之后，《钢和泰藏卷》于阗文文献成立的 925 年之前。进而言之，若 E 段落所述内容早于 893 年这一结论无误，则 B—D 段落内容至迟不晚于 893 年。另外，据文书该段内容可推定，诚如森安氏所言，北庭回鹘仆固俊于咸通七年克西州、轮台等地后，继续南下，征服了庞特勤所立的以焉耆为中心的安西回鹘。之后，"使大地上的所有人民获得了和平"，即宣告天下获得了统一。

再次，文书 A 段落记录国王在青年时期，协助其父王，用计谋降服了对高昌回鹘构成威胁的九姓达靼，解除了自己国家的危机。文书 O 则谈到"他（即上述国王）让于都斤地方的人民居住在属于他自

---

〔1〕 华涛《西域历史研究（八至十世纪）》，第 156—160、167—169 页。

己的土地上"。由此可见,高昌回鹘建国初期曾与九姓达靼发生过冲突,并对当时九姓达靼的居住地于都斤地方(今蒙古国杭爱山一带)似乎持有支配权。九姓达靼,自 8 世纪的突厥鲁尼文碑文时代起就为人所知,是漠北回鹘汗国的一个组成部分。[1] 840 年终结回鹘统治的黠戛斯,其在蒙古高原的统治为何没有长久下去,学术界尚无定说,但至少与九姓达靼的势力壮大有直接关系。九姓达靼至迟在 9 世纪末占据了蒙古高原中心地带,并在 10 世纪时期发展成为"九姓达靼国"。[2] 虽无明确史料告诉我们 9 世纪末的高昌回鹘与九姓达靼之关系,但《资治通鉴·唐纪》僖宗乾符二年(875)条"回鹘还至罗川。十一月,遣使者同罗榆禄入贡。赐拯接绢万匹"这条史料却格外引人注目。[3] 胡注视该处"罗川"为隋罗川县,但该史料的"罗川",应为"合罗川"之误。森安氏进而指出该"合罗川"不应是河西的额济纳河,而是曾为回鹘牙帐所在地的、漠北鄂尔浑河流域之"合罗川"。[4] 虽不敢贸然断定文书 A 段落记录的高昌回鹘降服九姓达靼这一事件,与回鹘在 875 年重回鄂尔浑河流域存在直接的因果关系。但 875 年,至少可视作高昌回鹘与九姓达靼发生接触的一个参考年代。

无独有偶,张广达、荣新江二位考订其成书年代为 10 世纪 30 年代的敦煌出土汉文文书 S. 6551 讲经文,也可为 xj 222‐0661.9 文书所反映的历史事件提供线索。在描述了高昌回鹘的强大,称颂了国王及其一族的伟大之后,S. 6551 讲经文提道:

> 遂得葛禄、药摩、异貌、达但竞来归伏,争献珠金。独西乃纳驼马,土蕃送宝送金。拔悉密则元是家生,黠戛私则本来奴婢。

〔1〕 相关考证见白玉冬《回鹘碑文所见八世纪中期的九姓达靼》,《元史及民族与边疆研究集刊》第 21 辑,2009 年,第 151—165 页。
〔2〕 白玉冬《10 世纪から 11 世纪における九姓タタル国》,《東洋学報》第 93 卷第 1 号,2011 年,第 90—116 页;白玉冬《十至十一世纪漠北游牧政权的出现——叶尼塞碑铭记录的九姓达靼王国》,《民族研究》2013 年第 1 期,第 74—86 页。
〔3〕 《资治通鉴》卷 225《唐纪》,北京,中华书局,1956 年,第 8181 页。
〔4〕 森安孝夫《ウィグルの西遷について》,第 109—111 页。

诸蕃部落，如雀怕鹰；责（侧）近州城，如羊见虎。实称本国，不是
虚言。[1]

上引史料所反映的历史背景，学者们已做深入探讨。[2] 唯有其
中的"达但"，据 xj 222-0661.9 文书内容而言，视作漠北的九姓达
靼，并不有悖于理。另外，《世界境域志》提到达靼也是托古兹古思
（即高昌回鹘）之种，[3] 这与在此讨论的文书内容并不抵触。

相对于文书第一部分记录了高昌回鹘建国初期的历史而言，第
二部分（R—Z）则主要提到隶属契丹国的六姓达靼人归顺高昌回鹘。
其中 T 段落特意谈到六姓达靼人移居在 Bay Taγ、横相乙儿之地，W
段落则说六姓达靼人出去居住在仰吉八里（今新疆昌吉回族自治州
马纳斯西北）的下部地区。据张铁山、茨默二位之说，Bay Taγ 在世
界地图上地理位置为北纬 $45°15'0''$，东经 $90°49'58''$，横相乙儿位于北
庭北、乌伦古河上游。[4] 也就是说，六姓达靼人移居在今阿尔泰山
南准格尔盆地东缘一带。那这一事件，发生在何时呢？

诚然，创作于蒙元时代的 xj 222-0661.9 文书中的 Qïday El（契
丹国），除契丹人所建辽朝之外，不能完全否定代指金朝的可能性。
但文书第一部分记录的是 9 世纪后半叶的高昌回鹘建国初期形势，
考虑到文书内容的连贯性，第二部分内容不大可能延后到二百多年
之后的金代。故笔者的注意力，着重放在辽代史料上。

关于辽朝对蒙古高原诸部族的征讨及其对蒙古高原统治优势的

---

〔1〕 转引自张广达、荣新江《有关西州回鹘的一篇敦煌汉文文献——S.6551 讲经文
的历史学研究》，《北京大学学报（哲学社会科学版）》1989 年第 2 期，收入张广达著《西域史
地丛稿初编》，第 218—219 页，年代考证见第 225—226 页。另笔者引文标点略作变动。

〔2〕 张广达、荣新江《有关西州回鹘的一篇敦煌汉文文献——S.6551 讲经文的历史
学研究》，第 226—237 页；华涛《高昌回鹘与契丹的交往》，《西域研究》2000 年第 1 期，第 26
页；华涛《西域历史研究（八至十世纪）》，第 131—132 页。

〔3〕 V. Minorsky, *The Regions of The World: A Persian geography*, London:
Messrs. Luzac and Company, Ltd, 1937, p.94.

〔4〕 Zhang Tieshan and P. Zieme, "A Memorandum about the King of the On
Uygur and His Realm", p.148.

确立过程,前田氏以及陈得芝先生已作详细分析。[1] 契丹人虽曾在10世纪初对蒙古高原腹地的阻卜(即达妲)诸部用兵,但其对蒙古高原的实际统治在10世纪时期并未能够真正确立。直至圣宗统和二十二年(1004),以对阻卜诸部的防御和统治为目的,辽朝才在今蒙古国中部图拉河畔的镇州可敦城设置了镇州建安军。这反映,自此之后,辽朝基本确立起对蒙古高原的统治优势。虽然如此,阻卜诸部在向辽称臣纳贡的同时,亦多次抵抗辽朝统治。《辽史》卷94《耶律化哥传》记录西北路招讨使耶律化哥经略西境,讨伐阻卜时,有如下内容:

> 开泰元年(1012),伐阻卜,阻卜弃辎重遁走,俘获甚多。帝嘉之,封齑王。后边吏奏,自化哥还阙,粮乏马弱,势不可守,上复遣化哥经略西境。化哥与边将深入。闻蕃部逆命居翼只水,化哥徐以兵进。敌望风奔溃,获羊马及辎重。路由白拔烈,遇阿萨兰回鹘,掠之。都监裹里继至,谓化哥曰:"君误矣!此部实孝顺者。"化哥悉还所俘。诸蕃由此不附。[2]

上文言遭到耶律化哥征讨的阻卜部落遁走,寄居翼只水。化哥继续用兵,回师路由白拔烈时,对阿萨兰回鹘进行了掠夺。翼只水,即今额尔齐斯河上游。白拔烈,或为蒙元时期亚美尼亚国王海屯东行时经过的 Ber Balïq(突厥语意为"一城"),位于今新疆木垒哈萨克自治县境内(乌鲁木齐东约2百公里),阿萨兰回鹘,即指高昌回鹘。[3] 换言之,耶律化哥征讨阻卜部落,是由额尔齐斯河上游

<hr />

〔1〕前田直典《十世紀時代の九族達妲——蒙古人の蒙古地方の成立——》,《東洋学報》第32卷第1号,1948年,收入氏著《元朝史の研究》,东京大学出版会,1973年,第249—256页;陈得芝《辽代的西北路招讨司》,《元史及北方民族史研究集刊》第2辑,1978年,收入氏著《蒙元史研究丛稿》,北京,人民出版社,2005年,第26—30页。

〔2〕《辽史》卷94《耶律化哥传》,北京,中华书局,2016年,第1519—1520页。

〔3〕刘迎胜《蒙古征服前操蒙古语部落的西迁运动》,《欧亚学刊》第1辑,1999年,第38—39页;刘迎胜《辽与漠北诸部——胡母思山蕃与阻卜》,《欧亚学刊》第3辑,2001年,第214页;华涛《高昌回鹘与契丹的交往》,第25—29页;华涛《西域历史研究(八至十世纪)》,第95—101页。

南下到达今木垒一带。耶律化哥的这一行军路线，正位于准格尔盆地东缘一带。这与前面介绍的六姓达靼人在高昌回鹘境内的移居地点属于同一地域。或许，化哥掠夺高昌回鹘，与高昌回鹘接受达靼人移居有关。刘迎胜先生则认为，上引史料中的阻卜和蕃部均与散居在今阿尔泰山至额尔齐斯河一带的乃蛮部有关。[1] 虽不敢断言上文中的阻卜和蕃部即为乃蛮部，但如后所言，这一事件所引起的连锁反应，的确与乃蛮部有关。总之，《辽史》关于耶律化哥征讨阻卜的这一记录，与 xj 222-0661.9 文书所言隶属契丹国的六姓达靼人归顺高昌回鹘这一事件，虽不能明断二者之间必定存在直接的因果关系，但就辽军的出征路线而言，至少两起事件之间应有一定的关联。张铁山、茨默二位把该文书中的六姓达靼人与蒙元时代的塔塔儿六部落联系起来，固然可备一说。[2] 塔塔儿正是辽金时期阻卜的重要组成部分。[3]

　　文书 V 段落还提到，六姓达靼人的首领与高昌回鹘的部分王子一同成为 Bätägi 的王子们。名词 Bätägi 或为地名，抑或部族名称。虽不能把握其具体的地理位置，但 Bätägi 隶属高昌回鹘，毋庸置疑。就六姓达靼人的首领成为 Bätägi 的首领而言，Bätägi 应与六姓达靼人的移居地 Bay Taγ、横相乙儿及仰吉八里，即准格尔盆地东缘至南缘一带不远。笔者在钢和泰藏卷于阗文文献记录的西州地方（高昌回鹘）的 23 个地名，以及《世界境域志》记录的托古兹古思的 22 个地名之中，未能发现相同的名称。[4]

　　〔1〕 刘迎胜《西北民族与察哈台汗国史研究》，南京大学出版社，1994 年，第 41 页。

　　〔2〕 Zhang Tieshan and P. Zieme, "*A Memorandum about the King of the On Uygur and His Realm*", p.148. 此处的六姓达靼人，或存在代指其他阻卜部落的可能性。

　　〔3〕 王国维《鞑靼考》，《清华学报》1926 年第 3 期第 1 号，收入谢维扬、房鑫亮主编《王国维全集》第 14 卷，杭州，浙江教育出版社，第 250—254 页；亦邻真《中国北方民族与蒙古族族源》，《内蒙古大学学报（社会科学版）》1979 年第 1 期，收入齐木德道尔吉等编《亦邻真蒙古学文集》，呼和浩特，内蒙古人民出版社，2001 年，第 576 页。

　　〔4〕 H. W. Bailey, "The Stael-Holstein Miscellany", *Asia Major*（new series），vol.2, no.1, 1951, pp.1-45；V. Minorsky, *The Regions of The World*, pp.94-95；华涛《西域历史研究（八至十世纪）》，第 132—139 页。

幸运的是,《世界境域志》谈到托古兹古思的统辖之地有由 5 个粟特人的村子构成的 Bek Tegin 地方,其居民有基督教徒、祆教徒和不信教的人,地处寒冷地带,周围皆山。[1] 在高昌回鹘辖境内,属于群山环绕之寒冷地区的 Bek Tegin 地方,位于北庭以北的可能性更大。就信仰而言,Bek Tegin 的居民除主要以商业活动为主的粟特人(一部分信仰基督教或祆教)之外,还应该包括没有宗教信仰的群体——大部分为游牧人。《世界境域志》反映的有关高昌回鹘的历史背景,基本属于回鹘西迁后至 10 世纪中期,至迟不晚于其成书年代——10 世纪 80 年代。而 Bek Tegin 这一地名,又不见于 925 年写成的钢和泰藏卷于阗文文献。看来,地名 Bek Tegin 所反映的时代背景,具体应归于 10 世纪 20 年代至 80 年代。而与 Bätägi 相关的六姓达靼人移居至高昌回鹘境内的时期,如前文所言,似在开泰元年(1012)左右。即,地名 Bek Tegin 与在此关注的 Bätägi,二者反映的历史背景时代极其相近。而据华涛确认,米诺尔斯基转写作 Bek Tegin 的地名,在巴托儿德提供的波斯文原文中,并不清楚。[2] 即,我们不能完全肯定米氏的转写 Bek Tegin 没有疏漏。考虑到 Bek Tegin 与 Bätägi 间,在地理位置与背景年代上存在共通性,上述两地名之间,应有很大的可比性。频见于蒙元时代史料的占据阿尔泰山南北的乃蛮部中,存在别贴乞部(Betki),亦作别贴斤(Betkin)。另乃蛮部的别名,即《辽史》之粘八葛,《金史》之粘拔恩,可解释作 17 世纪蒙古文历史著作《蒙古源流》记录的乃蛮部太阳罕率领的八部别贴斤(Naiman Otuq Betkin)之八别贴斤(Naiman Betkin)。[3]《蒙古源流》虽把 13 世纪蒙古部落的崛起及成吉思汗王统的起源与佛教世界联系到一起,但考虑到原书作者萨囊彻辰自称此书系根据《沙儿巴·忽笃土所撰诸汗源流史》《古昔蒙古诸汗源流之大黄史》等至少 7

---

〔1〕　V. Minorsky, *The Regions of The World*, p.95.

〔2〕　华涛《西域历史研究(八至十世纪)》,第 134 页。

〔3〕　齐达拉图《乃蛮部历史若干问题研究》,硕士学位论文,内蒙古大学蒙古学学院,2010 年,第 3—5、12 页。

种以上蒙、藏文献写成，[1]其关于乃蛮部八部别贴斤之叙述，应有固定的史料来源。另外，元代黄溍撰《金华集》卷 28 所收《答禄乃蛮氏先茔碑》提到乃蛮曲出禄后人言"康里夫人以己丑年春正月六日生台州路达鲁花赤别的因公"。[2] 此别的因，应即 Betkin 别贴斤。

关于乃蛮部的起源，学术界基本认为其来自 840 年追随黠戛斯南下的黠戛斯属部，笔者对此不持过多异议。如张广达、荣新江二位所言，前引 S. 6551 讲经文提到"黠戛私则本来奴婢"，说明当时的高昌回鹘统有黠戛斯部落。这些黠戛斯部落，不可能在黠戛斯本土叶尼塞河流域，只能靠近高昌回鹘。这说明，840 年黠戛斯南下追击西迁至东部天山的回鹘部众，并退回本土之后，其部分民众在 10 世纪 30 年代，已为高昌回鹘所兼并。看来，乃蛮部来源极可能与残留在东部天山一带的黠戛斯余众有关。如是，距准格尔盆地东缘至南缘一带不远的 Bätägi，与其视为地名，毋宁视作后来的乃蛮部之别贴乞部（Betki/Betkin）。

众所周知，作为游牧民族的乃蛮部，其上层人物信仰古代基督教东方教派之一的景教，即聂斯脱利教派（Nestorianism）。乃蛮人信仰袄教与否，笔者不得而知。但信仰基督教（聂斯脱利教派）与袄教、且与高昌回鹘的回鹘商人保持有千丝万缕关系的粟特人，与隶属高昌回鹘的乃蛮人同地共生，并不意外。这与《世界境域志》记录的 Bek Tegin 地方的居民包括基督教徒、袄教徒和不信教的人这一情况相符。

综上，笔者认为，Bätägi 应即是乃蛮部之别贴乞部（Betki/Betkin），也即同时期汉文史料记录的隶属高昌回鹘的黠戛斯余部，应视作《世界境域志》记录的 Bek Tegin。[3] 极可能，伴随着喀喇汗

〔1〕 乌兰《〈蒙古源流〉研究》，沈阳，辽宁民族出版社，2000 年，第 24—31 页。

〔2〕 黄溍《金华黄先生文集（二）》，《四部丛刊初编·集部》，上海书店出版社，1989 年，第 13 页。

〔3〕 Bek-Tegin 的原字及其与 Bätägi/Bätäki 之间，在语音上的龃龉等，笔者拟另作探讨。

朝的日益强盛，以及其他一些原因等，高昌回鹘国力日趋平庸，受其统领的部族日渐离散。最终结果是，乃蛮部脱离高昌回鹘而独立。虽然如此，12 至 13 世纪的乃蛮人使用回鹘文字，这说明乃蛮部与高昌回鹘的关系极为密切。

小　结

诚如张铁山、茨默二位所言，回鹘文 xj 222‐0661.9 文书，描述了一些大约发生于 10 至 11 世纪的事件，它弥补了关于高昌回鹘王国史料之匮乏。[1] 考虑到该文书是后世之作，且以韵文形式称颂高昌回鹘的某位国王及其王国，这样的文学作品难免有夸大之嫌。虽不能对该文学作品的所述内容抱有绝对的信任度，但 22 这个页码，说明这一文书是某大型作品之一部分。笔者只是在上述二位的研究基础之上，略述拙见。更深层次的研究，有待学界同仁之明察。

（本文以《一篇回鹘文高昌回鹘历史文书之浅释》为题，2011 年 10 月 9 日口头发表于"元后期政治与社会学术研讨会"（阜阳师范学院），收入《皖北文化研究集刊》第 3 辑，2012 年，第 217—233 页。修订稿《有关高昌回鹘的一篇回鹘文文献——xj222‐0661.9 文书的历史学考释》载《中国边疆史地研究》2014 年第 3 期，第 134—146 页，收入本书时进行了修订。）

---

[1] Zhang Tieshan and P. Zieme，"A Memorandum about the King of the On Uygur and His Realm"，p.129.

第十一章　有关高昌回鹘历史的一方回鹘文墓碑

——蒙古国出土乌兰浩木碑释读与研究

公元 840 年蒙古高原的回鹘汗国崩溃之后，西迁回鹘人的一支不久就以吐鲁番盆地为中心，建立起高昌回鹘王国，又称西州回鹘王国（九世纪中期—十三世纪初）。在高昌回鹘王国境内，源自中亚粟特文的回鹘文得到广泛使用，初期盛行漠北时期的国教摩尼教，自十世纪以后佛教渐次占据主导地位，同时基督教聂斯托利派（Nestorianism，景教）亦有流传。关于早期高昌回鹘的历史，可以说宋使王延德的《西州程记》（又名《使高昌记》），[1] 敦煌出土 S.6551《佛说阿弥陀讲经文》，[2] 以及中国文化遗产研究院藏 xj 222-0661.9 元代回鹘文书，[3] 共同构成其三大支柱。本章拟利用蒙古国出土

---

[1] 《西州程记》全文载于南宋王明清作于乾道二年（1166）的《挥麈前录》，部分载于元马端临《文献通考》卷336《车师前后王传》、《宋史》卷490《高昌传》与《续资治通鉴长篇》卷25雍熙元年（984）条。主要参见王国维《古行记四种校录》，王东点校本收入谢维扬、房鑫亮主编《王国维全集》第11卷，杭州，浙江教育出版社，第161—164页；長澤和俊《王延德の〈使高昌記〉について》，《東洋学術研究》第14卷第5号，1975年，收入作者著《シルクロード史研究》，东京，国书刊行会，1979年，第586—605页。

[2] 参见张广达、荣新江《有关西州回鹘的一篇敦煌汉文文献——S.6551讲经文的历史学研究》，《北京大学学报（哲学社会科学版）》1989年第2期，收入张广达著《西域史地丛稿初编》，第217—248页，又收入张广达著《文书、典籍与西域史地》，桂林，广西师范大学出版社，2008年，第153—176页。

[3] Zhang Tieshan and Peter Zieme, "A Memorandum about the King of the On Uygur and His Realm", *Acta Orientalia Academiae Scientiarum Hungaricae*, vol.64, no.2, 2011, pp.129-159；付马《西州回鹘王国建立初期的对外扩张——中国文化遗产研究院藏 xj222-0661.09 回鹘文书的历史学研究》，《西域文史》第8辑，2013年，第145—162页；白玉冬《有关高昌回鹘的一篇回鹘文文献——xj222-0661.9文书的历史学考释》，《中国边疆史地研究》2014年第3期，第134—146页。

回鹘文乌兰浩木（Ulaanɣom）碑，就早期高昌回鹘历史略作补充。错误之处，敬祈方家指正。

一、碑 文 译 注

1955 年，蒙古考古学家策·道尔吉苏仁（Ts. Dorjsüren）在蒙古西部乌布苏（Uvs）省图尔根（Türgen）苏木哈儿乌苏（Khar-Us）地方发现两座古墓及其墓碑。[1] 古墓被称为多罗郭德（Doloogodoi）墓葬，因距乌布苏省首府乌兰浩木（乌兰固木，Ulaanɣom）50 公里，又被称为乌兰浩木碑文。南北两座墓葬并列。南侧的大墓高 2 米，直径近 20 米，四面竖立有一米多高的红色花岗岩石碑，其中东面的石碑镌刻有 8 行回鹘文。北侧的小墓高 1 米，直径 17.5 米，东面竖有红色花岗岩石碑，上刻 4 行鲁尼文。上述两碑文现并排竖立于乌兰固木市内的乌布苏省博物馆外小亭内，回鹘文碑文在西侧，鲁尼文碑文在东侧，间距约 2 米。2019 年 8 月 5 日和 8 日，笔者在蒙古国际游牧文化研究所国际协调员奥其尔（A. Ochir）教授陪同下，有幸对上述两方墓碑进行了实地调查。两块碑石表面未进行打磨处理，均仅在一面（现为南面）刻有文字，文字均被今人涂上了白色。回鹘文面高 150/173 厘米，宽 51/58/56 厘米；鲁尼文面高 116/118 厘米，宽 51/50/50 厘米。回鹘文（图版 11‑1）字迹清晰，以半楷书体写成，基本可以释读；鲁尼文字迹漫漶，每行仅能识别 3—6 字，难成文本。虽然据现存文字而言，两块碑文并不直接相关，但不排除二者隶属同一家族的可能性。兹就回鹘文碑文内容进行释读与考述。

这方回鹘文碑文，最早由苏联学者谢尔巴克（A. M. Ščerbak）解读。其研究成果的俄译文、蒙译文和摹写，由蒙古学者 E. Vanduy

---

　　[1]　以下相关介绍，引自策·道尔吉苏仁《多罗郭德（ДОЛООГОДОЙН）的墓和碑》，载西北民族学院资料丛刊 4《蒙古历史资料选》，1980 年，第 49—52 页。

发表。[1] 之后，谢尔巴克本人刊出俄文版论文。[2] 作为年代考证的重要证据，谢尔巴克释读出 türgeš（突骑施）。之后，苏联学者谷米列夫（L. N. Gumilyev）和克里亚什托儿内（S. G. Klyaştorniy）依据谢尔巴克释读，分别撰文考证碑文年代属于回鹘西迁之前的八世纪后半叶。[3] 德国学者茨默（P. Zieme）1986 年发表《对回鹘文碑铭文献的一些看法》一文，对谢尔巴克的释读提出了异议。[4] 谢尔巴克在 1996 年对茨默作出答复，给出了图版和最新转写。[5] 另外，土耳其学者 O. S. Sertkaya 建议碑主名称应读作 Bugra，并给出了图版。[6] 蒙古学者巴图图鲁噶（Ts. Battulga）在介绍蒙古境内回鹘碑文时，再次给出了图版，并转引谢尔巴克转写。[7] 国内学者中，卡哈尔·巴拉提最早依据摹写进行了释读。[8] 李树辉在讨论回鹘文始用年代时，给出了碑文的转写和译文。[9] 吐送江·依明与白玉冬给出了转写和词注。[10]

此前，笔者利用谢尔巴克 1996 年刊出的图版和大阪大学所藏乌

[1] E. Vanduy, "Uvsin Khar Usni Gerelt Khöshöö", *Shinjleh Ukhaan Tekhnik*, Ulaanbaatar, 1958, vol. 3, pp. 45 - 57.

[2] А. М. Щербак, "Надпись на Древнеуйгурском языке из Монголии", *Эпиграфика Востока* vol. 14, 1961, pp. 23 - 25.

[3] Л. Н. Гумилев, "По Поводу-Интерпретации-Уланкомской-Надписи", *Советская Археология*, 1963, vol. 1, pp. 295 - 298；С. Г. Кляшторный, "По Поводу интерпретации уланкомской надписи（письмо в редакцию）", *Советская Археология*, 1963, vol. 4, pp. 292 - 293.

[4] P. Zieme, "Uygur yazısıyla yazılmış Uygur yazıtlarına dair bazı düşünceler", *Türk Dili Araştırmaları Yıllığı- Belleten1982 -1983*, pp. 230 - 231.

[5] A. M. Scerbak, "Ulaangoon Yazıtı Üzerine İ lave ve Düşünceler", *Türk Dili Araştırmaları Yıllıği-Belleten 1994*, pp. 131 - 136.

[6] O. S. Sertkaya, "Kızılkum（Ulaangom）yazıtında geçen kişi adı üzerine." *Türk Dili Araştırmaları Yıllığı- Belleten 1994*, pp. 137 - 144.

[7] Ts. Battulga, "Moğolıstan'daki Uygur Harflı Yazıtlar", *Uluslararası Türkçe Edebiyat Kültür Eğitim Dergisi Sayı*, vol. 4, no. 2, 2015, pp. 503 - 520.

[8] 卡哈尔·巴拉提《多罗郭德回鹘文碑的初步研究》，《新疆大学学报》1982 年第 2 期，第 76—77 页。

[9] 李树辉《回鹘文始用时间考》，《青海民族研究》2011 年第 3 期，第 121—122 页。

[10] 吐送江·依明、白玉冬《蒙古国出土回鹘文〈乌兰浩木碑〉考释》，《敦煌学辑刊》2018 年第 4 期，第 25—30 页。

兰浩木碑文拓片及其图版,曾数次研读该碑文。虽然对谢尔巴克的
释读多有疑虑,但苦于没有清晰图版,一直未敢发表己见,更未敢收
入学位论文中。实地调查发现,包括吐送江·依明与白玉冬的最新
研究成果在内,前人的释读多有需要改进之处。以下,笔者先给出碑
文的换写、转写、译文和简单必要的词注,再做讨论。转写中,"[ ]"
内文字为根据文义的复原,"( )"内文字为碑文中被省略的字母,译文
的"( )"内文字为补充说明,"……"表示文字不明之处,另,本文回鹘
文转写采用中日回鹘学界通行方式,引用介绍苏联、土耳其、德国和
国内学者研究成果时亦按此方式改写。

1. 'R 'TYM P'RS T'KYN YYTY YKRMY Y'ŠMT' PWL/
   WLWQ Q'

   är atïm bars tegin. yeti y(e)girmi yašïmta bol(č)uluq qa

2. SWYLDM MYNK YWNT ''LTYM TWQWZ YKRMY YŠ
   YWXM T'

   sül(ä)dim. ming yont altïm. toquz y(e)g(i)rmi y(a)š yoq
   (ï)m ta

3. 'WYK' XWCWWW T'T'R Q' SWYLDY 'NT' C//YK

   ögä qočo-oo tatar qa sülädi. anta čärig

4. L'DYM.　YKRMYNČ　T'　''ŠTYM　TWXM　TWLW//
   LYYW

   lädim. y(e)girminč-tä aštïm. toq(u)m tolu [yu]lïyu

5. TWYPWNČ　TWXLT'　KYŠY　TWYK'（L）　BWLT'
   'WYKWŠ

   tübünč tuɣl(a)ta kiši tükäl bulta üküš

6. 'LTYM PYR 'WTWZ Y'ŠYM T' XWMWZ（X）' SWY（L）
   TMZ

   altïm. bir otuz yašïmta qumuz qa sül(ä)tim(i)z.

7. TWYPLYW P'RP TNKRY T'N TLWWSY KYŠY

tübl(ä)yü bar(ï)p t(ä)ngri tan t(a)loosï kiši

8．MR YV'RKY(Z) K'

    m(a)r y(u)wargi(z) kä

[1-2]我的成人名字是末斯特勒。在我 17 岁时，我向布尔津地区（Bulčuluq）进军了，我获取了一千匹马。在我即将（直译是未满）19 岁时，[3-4]于伽高昌王向达靼进军了，那时我出兵了。第 20 日，我穿越过去了（即抵达了达靼之地）。[4-6]我大量掠夺着马匹，在老巢图拉（河畔）发现全体敌人，并俘获很多。在我 21 岁时，我们向忽母思（部）进军了。[7-8]朝着老巢行进时，把神圣的身体向棕枝王、人之大德 Yuwargiz（奉献了）。

词注

1 行，P'RYS ＞ bars（老虎，人名）：碑主名。谢尔巴克读作 boɣaz，茨默读作 bars，O. S. Sertkaya 读作 buɣra，卡哈尔、李树辉读作 buqan，吐送江和白玉冬读作 bars。回鹘文中，字母 ' 出现在 P 下面时经常呈现△状。据图版，应以 bars 为正。参见下图。

1(1958)	2(1982)	3(1995)	4(1996)	5(2000)	6(2015)	7(2019)
Vanduy	卡哈尔	Sertkaya	谢尔巴克	大阪大学	巴图图鲁噶	笔者
1958	1982	1995	1996	2000	2015	2019

1 行，PWL/WLWQ ＞ bol(č)uluq（布尔津地区，地名）：谢尔巴克读作 bur-uluɣ，卡哈尔、吐送江和白玉冬读作 bor-uluɣ，李树辉读作 borluq（葡萄园，葡萄沟）。实地考察之前，笔者读作 bozluq，倾向马合木·喀什噶里（Maḥmūd al Kāšɣārī）11 世纪 70 年代编纂的《突厥

语大词典》(*Dîvânu Luġat at-Turk*)记录的 Yabaqu 部族首领名称 bozuluq。[1] 确认实物发现第 3 个字母并非 Z,而是 L,L 紧下方字母风化残损严重,第 5 个字母是 W。参见下图。

Vanduy	卡哈尔	Sertkaya	谢尔巴克	大阪大学	巴图图鲁噶	笔者

后突厥汗国时期的暾欲谷碑第 35 行,阙特勤碑东面第 37 行,毗伽可汗碑东面第 28 行记录有地名 Bolču。[2] 内容有关突厥军队翻过阿尔泰山,渡过额尔齐斯河,征讨西突厥(十姓或十箭)后裔突骑施。徐松《西域水道记》记录的额尔齐斯河支流博喇济河(今布尔津河,burchun)可以视作回鹘汗国希内乌苏碑记录的 bolču 河。[3] 乌兰浩木碑文发现地位于阿尔泰山北麓,向南翻越阿尔泰山可以抵达额尔齐斯河流域的布尔津地区。古突厥语中,名词后缀 luq 用于构成某种功用的新的名词,相当于汉语的“用于……的(东西);为了……的(东西)”。语法上,bol(č)uluq 可以解释作“用于 bolču 河的地方”或“为了 bolču 河的地方”,可以视作 bolču 河流域,即今布尔津河流域。碑文发现地位于阿尔泰山之北、唐努山之南的大湖盆地草原内。在其周边,作为适合大型游牧集团生存的草原,准噶尔盆地内的额尔齐斯河流域是最佳候选。清代准噶尔部首领噶尔丹就是从准

〔1〕 alpaɣut 条,参见 Mahmūd el-Kāšġarī, *Compendium of the Turkic Dialects*, Edited and Translated with Introduction and Indices by Robert Dankoff, in Collaboration with James Kelly, Cambridge: Harvard University Printing Office, 3 vols, 1982 - 1985, vol.1, p.163;麻赫穆德·喀什噶里《突厥语大词典》第 1 卷,校仲彝等译,北京,民族出版社,2002 年,第 155—156 页。

〔2〕 T. Tekin, *A Grammar of Orkhon Turkic*. Bloomington: Indiana University, 1968, pp.251, 288; 236, 269, 243, 276.

〔3〕 岑仲勉《突厥集史》,第 875 页;白玉冬《〈希内乌苏碑〉译注》,《西域文史》第 7 辑,2013 年,第 109—110 页。

噶尔盆地北上进入喀尔喀蒙古西部，占据大湖盆地作为其东进的基地。故作此复原。

2 行，YŠ＞yaš（岁）：谢尔巴克、吐送江和白玉冬未读出。兹据图版和实地考察结果。

3 行，'WYK'＞ögä（于伽，官职名）：谢尔巴克、吐送江和白玉冬读作 öngi，卡哈尔、李树辉读作 ätki。从下面图片左数第 4、5、6、7 可以看到，该单词末尾字母左端并不如图片 1、2、3 那样向左下方延伸。如果是向左下方延伸，该字母如第 1 行第 6 个单词 yeti（七）和第 7 个单词 y(e)girmi（二十）的末尾字母那样读作 Y。据笔者实地调查和拍摄的图版，该字母实际上向左上方伸出，和同行第 4 个单词 qa（与格词缀）的末尾字母相同，应为 '。故取 ögä。

Vanduy	卡哈尔	Sertkaya	谢尔巴克	大阪大学	巴图图鲁噶	笔者

3 行，XWCWWW＞qočo-oo（高昌王）：谢尔巴克读作 sunutu，后加（?），以示存疑；卡哈尔、李树辉读作 tonuɣu；吐送江和白玉冬读作 sučutu。就下面给出的图版来说，该单词第一个字母不可能是 T，应该是 X 或 S。词首的 X 与 S 区别在于 X 右端呈弧形，S 右端呈尖形。相比第 2 行第 1 个词组 sül(ä)dim 和第 3 行第 5 个词组 sülädi 的 S，该字右端呈弧形，应为 X。在庄垣内正弘研究的俄藏回鹘文标记汉文佛典中，汉字"王"被音译作 oo。[1] 此处相连的两个 W 完全可以视作王的音译 oo。即，ögä qočo-oo（高昌王）应是指高昌地区的最高首领。

---

[1] 庄垣内正弘《ロシア所蔵ウイグル文献の研究—ウイグル文字表記漢文とウイグル語仏典テキスト》，京都，京都大学大学院文学研究科（《ユーラシア古文献研究叢書》第 1 辑），2003 年，第 134 页。

Vanduy	卡哈尔	Sertkaya	谢尔巴克	大阪大学	巴图图鲁噶	笔者

　　3 行，'NT'＞anta（那时）：谢尔巴克、吐送江和白玉冬读作 öngrä，卡哈尔、李树辉读作 özkä。据图版和实地释读，应为 anta。

　　4 行，''ŠTYM＞aštïm（我越过了）：谢尔巴克、吐送江和白玉冬读作 ärtürü，卡哈尔、李树辉读作 aštïm。最初尝试读作 'NTTYM＞en(i)ttim（我降下了），然词中被读作 T 的第三个字母，看来更接近于 Š。

Vanduy	卡哈尔	Sertkaya	谢尔巴克	大阪大学	巴图图鲁噶	笔者

　　4 行，TWXM＞toq(u)m（用于宰杀的动物，多指马匹）：谢尔巴克读作 tudïm，吐送江和白玉冬读作 todïm，卡哈尔、李树辉读作 tuγ(u)m。若转写作 toγïm，即"我的灰尘或我的阻碍"之义，[1]与文义不合。又曾尝试读作 tuγïm（我的旌旗），然与紧后面的 tolu［yu］lïyu-（大量掠夺）不合。据《突厥语大词典》，toqum 指用于宰杀的动物，多指马匹。[2]故作此复原。

<hr>

　　〔1〕　toγ 参见 G. Clauson，*An Etymological Dictionary of Pre-Thirteenth Century Turkish*，Oxford：The Clarendon Press，1972，pp. 463－464.
　　〔2〕　Mahmūd el-Kāšgarī，*Compendium of the Turkic Dialects*，vol. 1，p. 303.

Vanduy	卡哈尔	Sertkaya	谢尔巴克	大阪大学	巴图图鲁噶	笔者

　　4 行，//LYYW＞[yu]lïyu-(掠夺着)：动词 yulï(掠夺)的副动词，表示动作的同时进行。谢尔巴克读作 yïlqï(在……年)，茨默读作 alqu(所有)，卡哈尔读作 yilki(牲畜)，李树辉读作 yïlq-ï(大牲畜)，吐送江和白玉冬赞成谢尔巴克读法 yïlqï(在……年)。据右面给出的图版，末尾字母无疑为 W，故作此复原。

　　5 行，TWYPWNC＞tübünč(根据地，老巢)：谢尔巴克读作 tübüt，卡哈尔、李树辉读作 tüpünč，吐送江和白玉冬读作 tübütig。从下面图版可以看出，该字末尾字母与第 4 行第 2 个单词 y(e)girminč(第二十)的 Č 相同，应该是词尾的 Č。据克劳森之说，名词 tüb 原意是树木或植物的根基，扩张意思包括"(结构的)基础，(海洋)底部，(人物的)祖先或起源"。[1] 兹视作源自 tüb 的动词 tübü-(创建根基)的自归动词 tübün-的名词形式，含有根据地、老巢之义。

Vanduy	卡哈尔	Sertkaya	谢尔巴克	大阪大学	巴图图鲁噶	笔者

　　5 行，TWXLT'＞tuɣl(a)ta(河名图拉后续位格词缀 ta)：谢尔巴

---

　　〔1〕 G. Clauson，*An Etymological Dictionary of Pre-Thirteenth Century Turkish*，pp.434 - 435.

克读作 tünlüg，卡哈尔、李树辉读作 tölük，吐送江和白玉冬读作 büklüg。兹据下面图版和实地释读予以改正。河名 Tuɣla 多次出现于后厥汗国和回鹘汗国鲁尼文碑铭中，即今图拉河，唐代汉籍记录作独乐河。《新唐书》卷 217 下《回鹘传下》黠戛斯条介绍黠戛斯在击溃回鹘后，其可汗阿热将牙帐自叶尼塞河上游迁至距回鹘旧牙马行 15 日的牢山之南。[1] 牢山，据贾<u>丛江</u>之说，是指今唐努山。[2] 乌兰浩木碑文发现地正处于唐努山南麓的草原中。假定碑主人是这片草原某部落首领，则可以认为从碑文发现地到鄂尔浑河畔的喀喇巴刺噶孙故城，马行约需 15 日。从喀喇巴刺噶孙故城到图拉河，最短直线距离约 160 公里。即，碑文所言出征后第 20 日"我穿越过去了（即抵达了达靼之地）"，并在图拉河获胜，这可从路程和时日上获得支持。

Vanduy	卡哈尔	Sertkaya	谢尔巴克	大阪大学	巴图图鲁噶	笔者

　　5 行，KYŠY＞kiši(人)：谢尔巴克、吐送江和白玉冬读作 kisrä；卡哈尔、李树辉读作 käz(i)gi。兹据下面图版和实地释读予以改正。

Vanduy	卡哈尔	Sertkaya	谢尔巴克	大阪大学	巴图图鲁噶	笔者

[1]　北京，中华书局，1975 年，第 6150 页。
[2]　贾丛江《黠戛斯南下和北归考辨》，《西域研究》2000 年第 4 期，第 31 页。

5 行，TWYK'（L）＞tükäl（完全，全部）：谢尔巴克读作 türgäš（突骑施）；吐送江和白玉冬读作 türkäš；卡哈尔、李树辉读作 tügär。从下面图片可以看清，该单词 TWY 之下根本不存在字母 R，而且末尾字母相比其他字尾的 S（如第 1 行第 3 单词 bars）差异明显，应该是字尾的 R。依据图版和实际释读，该单词应为 TWYK'R。关于 tügär，不知据何理由，卡哈尔译作"息"。李树辉将其译作"完全"，大概是把 tügär 视作 tükäl。我们知道，回鹘文的 L 是在 R 的右侧加上一横和伸向上方的一竖，然实地观察该单词末尾并不存在 L 的最后一竖。考虑到碑文的风化与上下文义，兹视作 TWYK'（L）＞tükäl（完全，全部）。如此，依据谢尔巴克释读的 türgäš（突骑施），主张该碑文成立于回鹘西迁之前的八世纪后半叶极其勉强。

Vanduy	卡哈尔	Sertkaya	谢尔巴克	大阪大学	巴图图鲁噶	笔者

5 行，BWLT'＞bulta（bul-的副动词，发现）：谢尔巴克读作专用名词 Boluču；吐送江和白玉冬读作 bulun；卡哈尔、李树辉读作 bu lu。据图版和实地确认，作此改读。

6 行，XWMWZ＞qumuz（忽母思部）：谢尔巴克、吐送江和白玉冬、卡哈尔、李树辉均读作专有名词 Omuz。据下面图版和实地确认，在被读作 ' 的首字母上方，有一横和一点。据此，该单词第 1 个字母应为 X，并非 '。《辽史》卷 2《太祖纪下》记录天赞三年（924）耶律阿保机西征漠北，"九月丙申朔，次古回鹘城，勒石纪功。庚子，拜日于蹛林。丙午，遣骑攻阻卜。南府宰相苏、南院夷离堇迭里略地西南。……甲子，诏砻辟遏可汗故碑，以契丹、突厥、汉字纪其功。是月，破胡母思山诸蕃部，次业得思山，以赤牛青马祭天地"。[1] 上文古回鹘城即杭爱山东端、鄂尔浑河畔的回鹘汗国牙帐哈剌巴剌噶孙（Qara-balɣasun）故城。据此可以推定胡母思山大概在杭爱山—鄂尔浑河一带。《辽史》卷30《耶律大石传》记录辽末耶律大石西行"西至可敦城，驻北庭都护府"，其会合的漠北十八部中有名忽母思者。[2] 忽母思即胡母思。据刘迎胜介绍，十三世纪波斯史学家拉施都丁（Rašīd al-dīnī）在其著作《史集》（Jami'al-Tarikh）中提到扎剌亦儿人自古居于和林川，曾为回鹘牧驼。在拉施都丁列举的扎剌亦儿部的十个部落中，第四个在苏联1965年波斯文合校本中写为Kumsaut。刘迎胜指出此名称语尾之-ut系蒙古语复数词缀，其原名似可构为Qumusun/Qumus，此部很可能就是上述居于古回鹘城附近的"胡母思山诸蕃部"，胡母思很可能是Qumus的音译。而且，元至元二十六年（1289）钦察大将床兀儿在漠北与叛王作战时，曾至"和林兀卑思之山"。刘先生认为这里所提到的"兀卑思"应即上述《史集》所记Kumsaut。[3] 考虑到古突厥语尾音-z有时对应蒙古语尾音-s，且碑文此前介绍墓主在19岁时在漠北图拉河一带参加对达靼的战争，推定此处qumuz即《辽史》记录的漠北游牧民忽母思部，也即刘迎胜所言扎剌亦儿部分族。

Vanduy	卡哈尔	Sertkaya	谢尔巴克	大阪大学	巴图图鲁噶	笔者

　　7行，TWYPLYW＞tübl(ä)yü（名词tüb的派生动词，创建根基）：名词tüb（根基，根源，底部，起源）后续动词构词词缀lä构成动词tüblä-，tübl(ä)yü是其副动词形式。

---

〔1〕　北京，中华书局，2016年，第21—22页。

〔2〕　北京，中华书局，2016年，第402页。

〔3〕　刘迎胜《辽与漠北诸部——胡母思山蕃与阻卜》，《欧亚学刊》第3辑，2002年，第210页。

7行，T'N＞tan(身体)：谢尔巴克读作 tegin，后加(?)；卡哈尔读作 tar；李树辉读作 taγ；吐送江和白玉冬读作 tan。据实地释读，应以 tan 为正。tan 为波斯语借词，见于敦煌出土鲁尼文占卜文书中。[1]此处出现在 t(ä)ngri(天，神，神圣)之后，与其构成"神圣的身体"之义。

7行，TL WWSY＞t(a)loosï(棕榈树王)：笔者一度改读作 N'LYTKYN＞nilitegin(泥利特勤)，今仍取最初的读法。谢尔巴克读作 il tügi；卡哈尔、李树辉读作 äl tökigä；吐送江和白玉冬读作 al tuqï。该单词第 1 个字母顶端呈弧形，与顶端通常呈竖线状的字母 ' 区别明显。故，此字母首选应该是 N。考虑到风化等问题，或可以视作左半部残缺的 T。打印图版后，发现 T 左半部圆弧的凹陷和白色的涂描可见，此第一个字母应为 T。另，该单词第 6 个字母右端呈椭圆形，读作右端呈尖状的 S 稍显勉强。不过，考虑到涂描未必完全正确，且难以见到 K 左上端的分叉，此第 6 个字母读作 S 更为稳妥。tal 通常是树枝、柳树之义。不过，据Ş. Tekın 研究，梵语 tāla(棕榈树)传入回鹘语中作 tal。[2] tal 视作源自梵语的 tal(棕榈树)亦未尝不可。如此，taloosï 字面意思是"棕榈树的那王"之义。吐鲁番高昌故城外景教寺院遗址曾出土一幅壁画，收藏于德国柏林印度艺术博物馆，编号为 MIKⅢ 6911。[3] 该壁画绘有站立的三男一女，左边一人形体相对较大，面朝右，右边三人面朝左，手执树枝。[4] 据学者们

〔1〕 G. Clauson，*An Etymological Dictionary of Pre-Thirteenth Century Turkish*，p. 510；T. Tekin，*Irk bitig*，*The Book of Omens*，Wiesbaden：Harras- sowitz Verlag，1993，pp. 8 - 9，no. 3.

〔2〕 Ş. Tekın，*Msitrisimit nom bitig*，*Die uigurische Übersetzung eines Werkes der buddhistischen Vaibhāṣika—Schule*，*Berliner Turfantexte*，vol. 9，1980，pp. 95，no. 139，*ll*. 2，4，5，11.

〔3〕 图画参见勒柯克(A. von Le Goq)著、赵崇民译《高昌—吐鲁番古代艺术珍品》，乌鲁木齐，新疆人民出版社，1998 年，图版 7。

〔4〕 相关介绍参见勒柯克(A. von Le Goq)著、赵崇民译《高昌—吐鲁番古代艺术珍品》，第 57—58 页；陈怀宇《景风梵声：中古宗教之诸相》，北京，宗教文化出版社，2012 年，第 61、66—67 页。

考证,其内容为基督教的"棕枝主日"。[1]《新约·约翰福音》第 12
章《荣入圣城》介绍耶稣到达耶路撒冷,有很多人拿着棕树枝迎接他,
并喊着说"和散那!奉主名来的以色列王是应当称颂的。"[2]从
taloosï"棕枝王"来看,此墓碑主人信仰基督教聂斯托利派(景教)。

　　8 行,MQYV'RKY(Z) K'>m(a)r y(u)wargi(z) kä(大
德＋人名 yuwargiz 后续名词与格词缀 kä):谢尔巴克未释
读;卡哈尔、李树辉读作 äzrua kün;吐送江和白玉冬读作///
yorï kün。其中,关于第 1 个单词 m(a)r 和第 3 个单词 kä,笔
者在实地考察之前已经释读得出,现场确认无误。关于第 2
个单词(见右图),最初读作 urï/ätči/yohnay 之一,但实地确
认发现上述读法均较为勉强。由于紧后面的 kä(名词与格词
缀)确切无误,故该词首选是前舌音词。另外,由于紧前面的词 mar
(大德)源自叙利亚语,在摩尼教文献中代指"经师",在景教和天主教
文献中代指"主教",此处该词亦有可能是人名或宗教人物之名,故不
否定借用外来词的可能。据茨默介绍,在发现于吐鲁番的基督教文
献 MIK Ⅲ 194(T Ⅱ B 66)《乔治的传说》的跋文(回鹘文回鹘语)祈愿
文中,出现两次 mar giwargiz tep tesär(若说是为了大德乔治 mar
giwargiz)。[3],在 U5550(T Ⅱ D 34)回鹘语文书中出现的 mar
giwargiz 是在高昌。[4] 笔者最初尝试把该第 2 个单词读作
giwargiz,但词头第 1 个字母相比 K,更接近于 Y。同样据茨默介绍,

　　〔1〕　勒柯克(A. von Le Goq)著,赵崇民译《高昌—吐鲁番古代艺术珍品》,第 58 页;
佐伯好郎《支那基督教の研究》第 1 卷,东京,春秋社松柏馆,1943 年,第 472—480 页;陈怀
宇《景风梵声:中古宗教之诸相》,第 66—67 页。
　　〔2〕　《新约·约翰福音》第 12 章第 12—13 节,《圣经》,上海,中国基督教三自爱国运
动委员会、中国基督教协会,2014 年,第 120 页。
　　〔3〕　P. Zieme, AltuigurischeTexte der Kirche des Ostensaus Zentralasien: Old
Uigur Texts of the Church of the East from Central Asia (Gorgias Eastern Christian
Studies, vol.41), Piscataway (new Jersey): Gorgias Press, 2015, pp. 93‐95,正面第 8
行,背面第 1—2 行。
　　〔4〕　P. Zieme, AltuigurischeTexte der Kirche des Ostensaus Zentralasien,第 184 页
注 661。

在吐鲁番出土基督教回鹘文回鹘语文献中，SI 4847(SID 11)文书
中出现景教人名 yuwargiz，是来自粟特语 giwargis 的人物名，相当于
georg。[1] 兹把该第 2 个单词视作 yuwargiz 的第 2 个字母 W 脱落
后的形式。据碑文第 2 行，墓主曾参加高昌王的军事行动。此处，不
否定碑文记录的 mar yuwargiz 即 mar giwargiz，亦即与高昌回鹘景
教相关的人物的可能性。而且，据碑文的出土地点是笃信景教的乃
蛮部的核心居地而言，此 mar yuwargiz 视作景教大德高僧亦未尝不
可。推而言之，碑主人可视作基督教聂斯托利派（景教）教徒。

综上，据上面给出的译注，不难看出，乌兰浩木碑文是一方墓碑，
碑主人是在出征漠北的游牧部族，即蒙元时期札剌亦儿部分族
Qumus，也即《辽史》的胡母思部时去世，碑主人是一位景教徒。

二、创 建 年 代

由于墓碑主人出征的 Qumuz 可以视作《辽史》记录的漠北游牧
民胡母思（忽母思）部，且碑文内容与景教相关，这反映乌兰浩木碑文
年代不太可能属于回鹘西迁之前的八世纪后半叶。这也旁证谢尔巴
克从第 5 行中释读出的 türgäš（突骑施）十分可疑。以下，笔者拟从
文字学、历史学、宗教学等方面，就乌兰浩木碑文的创建年代，略作
探讨。

（一）文字学

从图片不难看出，乌兰浩木碑文字体与《亦都护高昌王世勋碑》
《元重修文殊寺碑》等蒙元时期的回鹘文碑铭字体（写经体或楷书体）
明显不同，接近于哈密顿（J. Hamilton）解读的敦煌出土 10 世纪回
鹘语文书之字体。[2] 森安孝夫在系列研究《回鹘文书札记》中，专设

---

[1] P. Zieme, *AltuigurischeTexte der Kirche des Ostensaus Zentralasien*, pp. 38, 188.

[2] J. Hamilton, *Manuscrits Ouïgours du IXe-Xe siècle de Touen-Houang: Textes Établis, Traduits*, Paris: Peeters France, 1986.

《根据书体的年代判定》一节,尝试对回鹘文写本的年代进行分析和确定。[1] 他同时强调"无需赘言,依据书体的年代断定只是相对的……接近于半楷书体的文字即便是古老的必要条件,但不会是古老的充分条件"。虽然刘戈对上述森安孝夫关于依据字体的年代断定提出质疑,[2]但其相关分析很难立足。[3] 森安氏提出的楷书体、半楷书体、半草书体、草书体四种字体类型的划分及其特点属性,现已成为国际学术界判断回鹘文写本文书大致年代的重要参考之一。[4] 笔者以为此种依据字体的年代断定,同样适应于乌兰浩木碑文。乌兰浩木碑文中,词中的 q(如第 2 行第 5 个单词"九"toquz)与 γ(如第 4 行第 4 个词组 tuγ(ï)m)写法相同,q 的左侧不加两点,词尾 q 的尾巴略长(如第 1 行第 8 单词"布尔津地方"bol(č)uluq),这可以视作碑文属于古老年代(10—11 世纪,至晚为 12 世纪)的参考指标。

(二) 历史学

第一,乌兰浩木碑文中,第 3 行出现 ögä qočo-oo(于伽高昌王)。顾名思义,这是高昌地区的最高统治者之名。我们知道,元仁宗延祐三年(1316),高昌回鹘亦都护纽林的斤被元廷封为高昌王,亦都护高昌王世勋碑汉文面明确记录此事。[5] 不过,汉文高昌王在同一碑文的回鹘文面中写作 qao čang ong。[6] 显然,乌兰浩木碑文的高昌王(qočo-oo)非元代的高昌王(qao čang ong)。《突厥语大辞典》qočo

〔1〕 森安孝夫《ウイグル文書劄記(その二)》,《内陸アジア言語の研究》第 5 辑,1989 年,第 69—72 页。
〔2〕 刘戈《回鹘文契约断代研究——昆山识玉》,北京,中华书局,2016 年,第 19—67 页,尤见第 46—47 页。
〔3〕 主要参见白玉冬《书评:刘戈〈回鹘文契约文书断代研究——昆山识玉〉》,《敦煌吐鲁番研究》第 17 卷,2017 年,第 384—388 页。
〔4〕 另参见付马《丝绸之路上的西州回鹘王朝》,北京,社会科学出版社,2019 年,第 64 页。
〔5〕 黄文弼《亦都护高昌王世勋碑复原并校记》,新疆社会科学院考古研究所编《新疆考古三十年》,第 458—461 页。
〔6〕 残碑第 3 栏第 50 行、第 4 栏第 1 行、第 5 栏第 18 行。参见耿世民《回鹘文亦都护高昌王世勋碑研究》,《考古学报》1980 年第 4 期,第 517—520 页。

条言高昌是回鹘城市之一，同时言高昌是回鹘国之名。[1] 回鹘文文献中，出现 qočo uluš（高昌国或高昌地区）这样的表达方式。[2] 胡汉语文献反映，高昌回鹘时期 qočo uluš 高昌地区共有 22 座城。[3] 写于 1009 年的德藏第一件木杵文书（回鹘文）MIK III 4672 中，作为施主夫妻的随喜者，第 18 行记录有 qočo balïq bägi alp totoq ögä（高昌城主合都督于伽）。[4] 此处 ögä 构成人名要素之一，且高昌城主 qočo balïq bägi 的官阶与于伽高昌王 ögä qočo-oo 之间差距过大。年代在 1019 年的德藏第 3 件木杵文书（回鹘文）MIK III 7279 中，第 3—4 行言 il ögäsi alp totoq ögä ・ qutluɣ qočo ulušuɣ bašlayur ärkän（当颉于伽斯合都督于伽统帅有福的高昌国期间）云云。[5] il ögäsi 颉于伽斯语义上含有"国家之顾问、长老或统帅"之义，实际上是"辅佐可汗和王子的宰相"之义，是王族之外的最高官阶。ögä qočo-oo（于伽高昌王）的 ögä 视作充当宰相 il ögäsi（颉于伽斯）的 ögä 似乎与之后的 qočo-oo（高昌王）官阶相合，惜碑文此处缺乏 il（国家）之字样。仔细观察 ögä qočo-oo（于伽高昌王），ögä 是 qočo-oo（高昌王）的修饰词兼并列词，该称号重点是在 qočo-oo（高昌王）上。高昌回鹘首领有着多种称号，如可汗（qaɣan），天王（tängri ilig），天汗（tängri xan/tängrikän）等，尚未发现有称为王（oo）的。[6] 就

［1］ Mahmūd el-Kāšgarī, *Compendium of the Turkic Dialects*, vol.2, pp.263, 273.

［2］ Kasai Yukiyo, *Die uigurischen buddhistischen Kolophone*, Berliner *Turfantexte*, vol.26, 2008, pp.182, *l.* 33, 216, *l.*3.

［3］ 相关归纳，见付马《丝绸之路上的西州回鹘王朝》，第 197—199 页。

［4］ Moriyasu Takao, "Uighur Buddhist Stake Inscriptions from Turfan." in: L. Bazin/P. Zieme eds., *De Dunhuang à Istanbul. Hommage à James Russell Hamilton*, (Silk Road Studies，5), Turnhout (Belgium): Brepols, pp.162；森安孝夫《西ウイグル王国史の根本史料としての棒杭文書》，载氏著《東西ウイグルと中央ユーラシア》，第 693 页。

［5］ Moriyasu Takao "Uighur Buddhist Stake Inscriptions from Turfan." pp.192-193, n.106；森安孝夫《西ウイグル王国史の根本史料としての棒杭文書》，第 688 页。

［6］ 相关研究，主要参见森安孝夫《東ウイグル可汗および西ウイグル国王のクロノロジー》，《ウイグル＝マニ教史の研究》（《大阪大学文学部紀要》），1991 年，第 182—185 页；P. Zieme, "Manichäische Kolophone und Könige", in: G. Wiessner and H. J. Klimkeit eds., *Studia Manichaica Ⅱ*, Internationaler Kongreß zum
（转下页）

qočo-oo 是汉语"高昌王"的音译来看,该称号似乎来自汉语语境下的
"高昌王"。不过,依据回鹘文的始用年代而言,此处"高昌王"没有任
何理由可以追溯到唐朝以前的高昌国时期。吐鲁番安乐城出土的属
于高昌回鹘早期的《造佛塔功德记》中,第3—4 行云"其时□牧主多
害伊难主⬚骨都禄都⬚尊[ ]莫诃达干宰相 摄西州四府五县事"。[1]
荣新江通过对该称号的分析,指出文字虽有残缺,但这是当时西州回
鹘西州长官的全部结衔,其中的"摄西州四府五县事"表明该人物继
承了原本掌控西州军政全权的职责,似乎可以认为这个建制应当是
回鹘取代唐朝西州不远时的事情。[2] 以此类推,就汉语"高昌王"的
音译来看,称号 qočo-oo 似乎属于唐朝统治在西州地区尚有影响之
时。不过,高昌回鹘境内除回鹘文回鹘语外,还通行汉文汉语,此已
经是学术界公认的常识。参此而言,qočo-oo 更可能源自高昌回鹘境
内汉人对高昌回鹘最高首领的称呼,当然亦有可能来自中原王朝对
高昌回鹘首领的册封之名号。关于此问题的讨论颇费笔墨,笔者拟
另文探讨,兹不赘述。

　　第二,墓碑主人在出征漠北忽母思部时去世。如前文所介绍,《辽
史·太祖纪下》记录契丹在天赞三年(924)西征漠北诸部,其征讨对象
包括胡母思山诸蕃部。不过,此后契丹对外关系重点放在南面的五代
和后来的北宋,并未对漠北草原马上实施有效统治。关于契丹对漠北
草原统治的成立过程,陈得芝先生进行了详细考证。据其分析,辽景宗

────────────────
　　(接上页)Manichäismas. 6. - 10. August 1989,St. Augustin/Bonn, Wiesbaden: Otto
Harrassowitz, 1992, pp. 323 - 327;桂林、杨富学译《吐鲁番摩尼教提拔中的"国王"》,《敦
煌学辑刊》2003 年第 1 期,第 150—151 页;W. Sundermann, "Iranian Manichaean Turfan
Texts Concerning the Turfan Region", in: A. Cadonna ed., *Turfan and Tun-huang.
The Texts. Encounter of Civilizations on the Silk Route* (Orientalia Venetiana,4),
Firenze:Leo S. Olschki Editore,1992, pp. 66 - 71;V. Rybatzki, "Titles of Türk and
Uigur Rulers in the Old Turkic Inscriptions", *Central Asiatic Journal*, vol. 44, no. 2,
2000, pp. 205 - 292;荣新江《〈西州回鹘某年造佛塔功德记〉小考》,张定京、阿不都热西
提·亚库甫编《突厥语文学研究——耿世民教授 80 华诞纪念文集》,第 184—186 页。
　　[1] 荣新江《〈西州回鹘某年造佛塔功德记〉小考》,第 183 页。其中,尊为笔者
所补。
　　[2] 荣新江《〈西州回鹘某年造佛塔功德记〉小考》,第 188—189 页。

保宁三年(971)，设置西北路招讨司之后，契丹才开始了名副其实的漠北征服计划。经过 30 多年的征讨，辽圣宗统和二十二年(1004)，契丹终于在漠北中部图拉河流域的回鹘可敦城设置了镇州建安军。[1] 之后，契丹辽朝开始了对漠北达靼诸部的真正意义上的统治。如前引《辽史·耶律大石传》，耶律大石在漠北会合的十八部中有忽母思部。参此而言，推定在契丹设置镇州建安军之后，忽母思部归属于辽西北路招讨司之下合乎情理。推而言之，在契丹确实掌控漠北草原主权之后的那段时间，不太可能出现以蒙古西部乌布苏省——科布多地区为活动地域的游牧集团深入漠北草原腹地征讨忽母思部。这一事件应该发生在契丹辽朝在漠北的有效统治真正建立起来的 1004 年之前。

（三）宗教学

依据前面给出的分析，不难看出墓主属于基督教聂斯托利派，即景教教徒。基督教聂斯脱利派是最早传入中国的基督教教派，景教是入华聂斯脱利派自称。[2] 5 世纪时期，聂斯脱利派在罗马帝国遭到迫害，幸在波斯帝国得到庇护，自此传往东方世界。唐元之世，景教在华二度得以盛行。[3] 关于包括景教在内的基督教向东方的传播，裕尔(H. Yule)、伯希和(P. Pelliot)最早进行了介绍，[4] 贡献较大的是明甘那(A. Mingana)。[5] 虽然其依据的东方教会相关叙利亚

〔1〕 陈得芝《辽代的西北路招讨司》，《元史及北方民族史研究丛刊》第 2 辑，1978 年，收入作者著《蒙元史研究丛稿》，第 26—30 页。

〔2〕 西安《大秦景教流行中国碑颂》有相关记载。见朱谦之《中国景教》，北京，东方出版社，1993 年，第 225 页。

〔3〕 主要参见伯希和《唐元时代中亚和东亚之基督教徒》，《通报》第 28 卷，1914 年，第 623—644 页，收入冯承钧译《西域南海史地考证译丛一编》，北京，商务印书馆，1962 年，第 49—70 页；罗香林《唐元二代之景教》，香港，中国学社，1966 年；佐伯好郎《支那基督教の研究》第 2 卷，东京，春秋社，1943 年。

〔4〕 H. Yule 著，铃木俊《東西交渉史——支那及び支那への道——》，东京，原书房，1975 年，第 195—237 页；伯希和《唐元时代中亚和东亚之基督教徒》，第 49—70 页。

〔5〕 A. Mingana, "The Early Spread of Christianity in Central Asia and the Far East: A NewDocument." *The Bulletin of the John Rylands Library*, vol. 9, no. 2, 1925, pp. 297-371. 中译文见牛汝极、王红梅、王菲合译《基督教在中亚和远东的早期传播》，收入牛汝极著《十字莲花——中国元代叙利亚文景教碑铭文献研究》，上海古籍出版社，2008 年，第 163—211 页。

文材料中,部分人名、地名存在讹误,但经过排梳整理,作者给出了基督教在内亚突厥人中传播的大致情景。据其介绍,公元 781 年,景教总主教提摩太(Timothy)在给 Maronites 的信中写到一位突厥可汗与其臣民皈依了基督,并在给 Rabban Sergius 的信中说他已为突厥人任命一位主教,并准备给吐蕃也立一位。[1]景教在内亚的传播,最有名的当属 1009 年左右克烈部的改宗,中亚木鹿(Merw)城大主教写信给景教总主教约翰时对此进行了报告,兹不赘引。[2]关于景教在高昌回鹘的流传,陈怀宇依据吐鲁番水盘遗址出土的多语种景教文献和教堂的存在,对高昌回鹘的教阶制进行复原,推测当地应当存在主教。[3]就碑主人曾经追随高昌王出兵攻打达靼人而言,此人信仰的景教和碑文中所言大德可能均与高昌回鹘景教存在某种关联。碑文出土地在阿尔泰山之北、唐努山之南,位于十二至十三世纪的乃蛮部居地内。1253 年访问蒙古本土的天主教修道士鲁布鲁克(William of Rubruck)在其报告书中言:“哈喇契丹人住在某些高地上,我在旅途中经过了这些地方。在这些高地的平原上,住着聂斯脱利派基督教徒,他(笔者按:乃蛮部长曲出律)是一个强大的牧羊人和所有乃蛮人的君主,乃蛮人是聂斯脱利派基督教徒。”[4]鉴于碑文出土于乃蛮部故居地,且乃蛮部曾经使用回鹘文,碑主人可能属于乃蛮部人。关于乃蛮人的景教信仰,我们了解的极其有限,笔者关于乌兰浩木碑文的释读与分析或可为学界提供些许新的信息。

综上,笔者以为乌兰浩木碑文的年代属于高昌回鹘王国早期,约 9 世纪后期至 11 世纪初期。

---

〔1〕　牛汝极、王红梅、王菲合译《基督教在中亚和远东的早期传播》,第 169 页。

〔2〕　详见牛汝极、王红梅、王菲合译《基督教在中亚和远东的早期传播》,第 171—172 页。

〔3〕　陈怀宇《景风梵声:中古宗教之诸相》,第 68 页。

〔4〕　C. Dawson, *The Mongol Mission: Narratives and Letters of the Franciscan Missionaries in Mongolia and China in the Thirteenth and Fourteenth Centuries*, London and New York: Sheed and Ward, 1955, p. 123;中译文见吕浦译,周良霄注《出使蒙古记》,北京,中国社会科学出版社,1983 年,第 139—140 页。

三、相关史事钩沉

按笔者释读，乌兰浩木碑文主要记录碑主人在 17 岁时出征布尔津地方，在将满 19 岁时追随于伽高昌王征讨图拉河畔的达靼人，在 21 岁时出征漠北胡母思部时死去。以下略作考述。

第一，若笔者关于布尔津（Bolčuluq）的复原没有问题，这反映约在高昌回鹘王国早期，位于今蒙古西部的某一部族曾经与阿尔泰山南麓的部族发生过冲突。遗憾的是，传统汉籍编撰文献缺乏相关记录。若考虑到碑主人在两年后跟随于伽高昌王征讨漠北的达靼部落，此次针对布尔津一带的出征或许与高昌回鹘有关。

我们知道，黠戛斯在攻灭漠北回鹘汗国后，为追讨西迁的回鹘部落，在会昌三年（843）2 月以前似乎攻打过安西（近新疆库车一带）、北庭（今乌鲁木齐北吉木萨尔县一带）。[1] 但黠戛斯势力很快就从东部天山地区退出，并未长期立足于此。[2] 不过，考古学资料反映，九至十世纪黠戛斯曾经在阿尔泰山地区活动并有过影响。[3] 张广达、荣新江二位考订成书年代为 10 世纪 30 年代的敦煌出土 S. 6551 讲经文，创作于高昌回鹘境内。在称颂高昌回鹘的国王及其一族的伟大之后，S. 6551 讲经文提道：[4]

> 遂得葛禄、药摩、异貌、达但竞来归伏，争献珠金。独西乃纳驼马，土蕃送宝送金。拔悉密则元是家生，黠戛私则本来奴婢。诸蕃部落，如雀怕鹰；责（侧）近州城，如羊见虎。实称本国，不是虚言。

---

[1] 《旧唐书》卷 174《李德裕传》，北京，中华书局，1975 年，第 4522 页。

[2] 相关考述，主要参加巴哈提·依加汉《9 世纪中叶以后黠戛斯的南下活动》，《西域研究》1991 年第 3 期，第 26—27 页；华涛《西域历史研究（八至十世纪）》，第 44—49 页。

[3] 巴哈提·依加汉《9 世纪中叶以后黠戛斯的南下活动》，第 31—33 页。

[4] 张广达、荣新江《有关西州回鹘的一篇敦煌汉文文献——S. 6551 讲经文的历史学研究》，载张广达著《西域史地丛稿初编》，第 218 页。笔者对引文标点略作改动。

关于上引史料所反映的历史背景，学者们已做深入探讨。[1] 其中的"黠戛私"，诚如张广达、荣新江二位所指出，即宋使王延德《高昌行纪》记录的高昌回鹘统辖下的"黠戛司"，也即"黠戛斯"。考虑到阿尔泰山一带曾出土有黠戛斯遗存，不否定高昌回鹘辖下的黠戛斯部落位于阿尔泰山一带的可能。另外，由于把"异貌"和"达但"连读，张广达、荣新江二位对 S. 6551 讲经文的"异貌"未做考述。波斯学者葛尔迪吉（Gardīzī）1050 年前后著《记述的装饰》（Zainu'I-Axbār），记录了基马克（Kīmek）部落出自 Tatar（达靼）的传说。其中说到达靼人的首领死后，其二子不和，次子设带着情人逃到了额尔齐斯河流域。之后，七个出自达靼的仆人——Īmī、咽蔑（Īm ä k）、塔塔尔（Tatār）、Bayāndur（或 Bilāndir）、钦察（Qifčaq）、Lāniqāz、Ajlād 投奔设。后来，达靼本部遭到敌人攻击后，其他部落也投向他们，进而上述七人分成七个部落居住在额尔齐斯河地方。[2] 据音值而言，S. 6551 文书记录的"异貌"应该就是上述基马克部落中的咽蔑（Īmāk）。在年代稍晚的《突厥语大辞典》所附圆形地图上，额尔齐斯河南岸有 Yemäk（咽蔑），北岸分布有 Jumul（处密）、Qay 等部落。[3] 而且，作者在 kür（勇敢的，骁勇的）条目中引用诗文，谈到 ärtiš suvï yemäki

　　[1] 张广达、荣新江《有关西州回鹘的一篇敦煌汉文文献——S.6551 讲经文的历史学研究》，第 226—240 页；华涛《高昌回鹘与契丹的交往》，《西域研究》2000 年第 1 期，第 26 页；华涛《西域历史研究（八至十世纪）》，第 131—132 页。

　　[2] A. P. Martinez, "Gardīzī's Two Chapters on the Turks", *Archinum Eurasiae Medii Aevi*, vol. 2, 1982, pp. 120 - 121；瓦·弗·巴托尔德《加尔迪齐著〈记述的装饰〉摘要》，王小甫译，《西北史地》1983 年第 4 期，第 107—108 页；刘迎胜《9—12 世纪民族迁移浪潮中的一些突厥、达旦部落》，《元史及北方民族史研究集刊》第 12、13 合期，1990 年，收入《新疆通史》编撰文员会编《新疆历史研究论文选编》，乌鲁木齐，新疆人民出版社，2008 年，第 11—13 页；刘迎胜《蒙古西征历史背景新探》，载氏著《西北民族史与察合台汗国史研究》，北京，中国国际广播出版社，2012 年，第 36—37 页。

　　[3] 张广达《关于马合木·喀什噶里的〈突厥语词汇〉与见于此书的圆形地图》，《中央民族学院学报（哲学社会科学版）》1978 年第 2 期，增订后收入氏著《文书、典籍与西域史地》，第 53 页；麻赫穆德·喀什噶里《突厥语大词典》第 1 卷，校仲彝等译，北京，民族出版社，2002 年，卷首版权页后。

（额尔齐斯河畔的咽蔑人）。[1] 乌兰浩木碑文所反映的出征布尔津地方，或可能是针对黠戛斯余部或咽蔑的战争。

第二，碑主人追随于伽高昌王征讨图拉河畔的达靼人，21 岁时出征胡母思部，这些材料无疑与漠北游牧民集团九姓达靼和高昌回鹘之间的关系有关。笔者此前在《九姓达靼游牧王国史研究》中，主要利用张铁山、茨默二位解读的中国文化遗产研究院藏 xj 222 - 0661.9 文书，对该问题进行了讨论。[2] 兹不复赘引，仅概述要点，以作补充。

关于高昌回鹘与漠北游牧民九姓达靼之间的关系，xj 222 - 0661.9 文书重点提供了两条信息：第一，文书首先记录高昌回鹘的某位国王在青年时期，协助其父王在城下布置伏兵，愚弄对高昌回鹘构成威胁的九姓达靼，使九姓达靼服属于自己，解除了国家的危机（第 9—14 行）；第二，介绍这位国王让于都斤地方（今蒙古杭爱山一带）的人民居住在属于他自己的土地上（第 39 行）。笔者以为，上述九姓达靼和高昌回鹘之间的战斗，发生在 9 世纪下半叶的 875 年左右。[3] 付马则认为发生在 866 年至 876 年之间，九姓达靼使得回鹘可汗仆固俊身陷重围。[4] 付马甚至认为，九姓达靼还有可能曾在 866 年至 869 年间摧毁过高昌回鹘的北庭城。[5]《资治通鉴·唐纪》僖宗乾符二年(875)条言"回鹘还至罗川。十一月，遣使者同罗榆禄入贡。赐拯接绢万匹"。[6] 胡注视该处"罗川"为隋罗川县。森安氏

---

〔1〕 Maḥmūd el-Kāšġarī, *Compendium of the Turkic Dialects*, vol. 1, pp. 259 - 260.

〔2〕 白玉冬《九姓达靼游牧王国史研究(8—11 世纪)》，北京，中国社会科学出版社，2017 年，第 203—210 页。

〔3〕 白玉冬《有关高昌回鹘的一篇回鹘文文献——xj222 - 0661.9 文书的历史学考释》，第 142 页。

〔4〕 付马《西州回鹘王国建立初期的对外扩张——中国文化遗产研究院藏 xj222 - 0661.09 回鹘文书的历史学研究》，第 151，153—155 页。

〔5〕 付马《回鹘时代的北庭城——德藏 Mainz 354 号文书所见北庭城重建年代考》《西域研究》2014 年第 2 期，第 22 页。

〔6〕《资治通鉴》卷 225，北京，中华书局，1956 年，第 8181 页。

关注"还"字,主张上述罗川应为"合罗川"之误,且并非河西的额济纳河,而是曾为回鹘牙帐所在地的、漠北鄂尔浑河流域之合罗川。[1]如是,我们可以把上引《资治通鉴》内容和乌兰浩木碑文记录的于伽高昌王出征图拉河一带的达靼人,以及 xj 222-0661.9 文书所言"他让于都斤地方的人民居住在属于他自己的土地上"相联系起来考虑。或许,正是因为九姓达靼在此前围攻过高昌回鹘,才使得乌兰浩木碑文的主人追随于伽高昌王征讨达靼人。进言之,墓主出征漠北忽母思部,不否定这次的战争亦与高昌回鹘针对九姓达靼的战争有关。

小　　结

乌兰浩木碑文属于墓碑,墓主名为 Bars Tegin。碑文记录墓碑主人在 17 岁时出征布尔津地区,在即将 19 岁时追随于伽高昌王征讨图拉河一带的达靼人并获胜,在 21 岁讨伐漠北游牧民忽母思部时死去。墓主是个基督教聂斯托利派(景教)教徒,可能属于乃蛮人。依据碑文字体,术语 qočo-oo(高昌王)可能出现的时期和契丹对漠北草原统治的确立年代,以及景教在亚洲内陆的传播情况而言,该碑文年代属于高昌回鹘王国早期,约 9 世纪后期至 11 世纪初期。碑主人出征布尔津地区可能是指对咽蔑或黠戛斯余部的战争,征讨图拉河流域的达靼人是指墓主参加了高昌回鹘对九姓达靼的战争。另外,墓主出征漠北忽母思部也有可能与高昌回鹘和九姓达靼之间的战争有关。就碑文属于景教徒墓碑及其反映的高昌回鹘与九姓达靼之间的关系而言,乌兰浩木碑文为学术界提供了一个全新的材料。

由于谢尔巴克从乌兰浩木碑文中释读出部族名称 türgeš(突骑施),故学术界多据此认为回鹘人在西迁的 840 年之前已经使用回鹘文。不过,据笔者释读与分析,乌兰浩木碑文中根本不存在部族名称

---

〔1〕　森安孝夫《ウィグルの西遷について》,《東洋学報》第 59 卷第 1 号,1977 年,收入氏著《東西ウイグルと中央ユーラシア》,第 276—298 页。

突骑施，从该碑文内容我们无法判断漠北时期的回鹘人已经使用回鹘文字。众所周知，从回鹘文产生蒙古文，从蒙古文又产生满文，回鹘文字文化对中国北方民族的历史文化影响毋庸置疑。不过，在蒙古人开始接触并使用回鹘文字的十三世纪初以前，蒙古高原中部的克烈人存在已经使用回鹘文字的可能。无疑，本文的结论为回鹘文在漠北草原的流传问题的诠释提供了一条新的材料。姑陈管见，祈望学界同仁予以关注，并推陈出新。

参考文献

一、中文部分

阿·奥其尔、策·奥德巴特尔、巴·昂哈巴雅尔、勒·额尔敦宝力道《蒙古国发现的古代回鹘陵墓》,孟繁敏、杨富学译,《西夏研究》2020 年 2 期,第 104—108 页。

阿不都热西提·亚库甫《古代维吾尔语赞美诗和描写性韵文的语文学研究》,上海古籍出版社,2015 年。

敖特根《〈慧斯陶鲁盖碑文〉研究四篇》(Odqan "Küisü Toluγai yin Bičigesü yin Toqai Dürben Ügülel",《内蒙古社会科学(蒙古文版)》(Übür Mongγol un Neigem un Šinjilekü Uqaγan)2019 年第 4 期,第 147—153 页。

敖特根、马静、黄恬恬《惠斯陶勒盖碑文与回鹘的崛起》,《敦煌学辑刊》2020 年第 3 期,第 117—128 页。

巴哈提·依加汗《辽代的拔悉密部落》,《西北民族研究》1992 年第 1 期,第 141—142 页。

巴图图鲁噶《特布什刻铭重新释读》,哈斯巴特尔、陈爱峰译,收入《一组突厥卢尼文刻铭研究(一)》,载杨富学编著《回鹘学译文集新编》,兰州,甘肃教育出版社,2015 年,第 38—53 页。

巴图图鲁噶《达日必碑刻》,哈斯巴特尔、陈爱峰译,收入《一组突厥卢尼文刻铭研究(二)》,载杨富学编著《回鹘学译文集新编》,兰州,甘肃教育出版社,2015 年,第 54—76 页。

巴赞《突厥历法研究》,耿升译,北京,中华书局,1997 年。

白玉冬《回鹘碑文所见八世纪中期的九姓达靼》，《元史及民族与边疆研究集刊》第 21 辑，2009 年，第 151—165 页。

白玉冬《鄂尔浑突厥鲁尼文碑铭的 čülgl（čülgil）》，《西域研究》2011 年第 1 期，第 83—92 页。

白玉冬《十姓回鹘王及其王国的一篇备忘录》，《西域历史语言研究辑刊》第 5 辑，2012 年，第 158—176 页，收入杨富学编著《回鹘学译文集新编》，兰州，甘肃教育出版社，2015 年，第 278—304 页。

白玉冬《一篇回鹘文高昌回鹘历史文书之浅释》，《皖北文化研究集刊》第 3 辑（元后期政治与社会学术研讨会专辑），2012 年，第 217—233 页。

白玉冬《回鹘王子葛啜墓志鲁尼文志文再释读》，《蒙古史研究》第 11 辑，2013 年，第 45—52 页。

白玉冬《十至十一世纪漠北游牧政权的出现——叶尼塞碑铭记录的九姓达靼王国》，《民族研究》2013 年第 1 期，第 74—86 页。

白玉冬《〈希内乌苏碑〉译注》，《西域文史》第 7 辑，2013 年，第 77—122 页。

白玉冬《有关高昌回鹘的一篇回鹘文文献———xj222—0661.9 文书的历史学考释》，《中国边疆史地研究》2014 年第 3 期，第 134—146 页。

白玉冬《回鹘语文献中的 Il Ötükän Qutï》，《唐研究》第 22 辑，2016 年，第 397—409 页。

白玉冬、杨富学《新疆和田出土突厥卢尼文木牍初探》，《西域研究》2016 年第 3 期，第 39—49 页。

白玉冬《九姓达靼游牧王国史研究（8—11 世纪）》，第六批《中国社会科学博士后文库》，北京，中国社会科学出版社，2017 年。

白玉冬《P. T. 1189〈肃州领主司徒上河西节度天大王书状〉考述》，《丝路文明》第 1 辑，2017 年，第 121—123 页。

白玉冬《书评：刘戈〈回鹘文契约文书断代研究———昆山识

玉〉》,《敦煌吐鲁番研究》第 17 卷,2017 年,第 384—388 页。

白玉冬《Or.8212/76 突厥鲁尼文文书译注》,《民族古籍研究》第 4 辑,2018 年,北京,中国社会科学出版社,第 123—133 页。

白玉冬《E68(El—Baji)叶尼塞碑铭译注》,余太山、李锦绣主编《欧亚学刊》新 9 辑,商务印书馆,2019 年,第 202—203 页。

白玉冬《米兰出土 Or.8212/76 鲁尼文文书译注》,余太山、李锦绣主编《丝瓷之路》第 7 辑,2019 年,北京,商务印书馆,第 31—50 页。

白玉冬《突厥"于都斤"崇拜渊源蠡测》,刘迎胜、姚大力主编《清华元史》第 6 辑,2020 年,第 3—18 页。

白玉冬《葛啜墓志鲁尼文志文第 1 行再释读》,乌云毕力格主编《西域历史语言研究辑刊》第 13 辑,2020 年,第 26—31 页。

白玉冬《米兰出土 Or.8212/76 鲁尼文军需文书年代考》,余欣主编《中古中国研究》第 3 卷,2020 年,第 53—67 页。

白玉冬《突厥鲁尼文叶尼塞碑铭整理与研究(整理篇)》,国家社科基金一般项目"突厥鲁尼文叶尼塞碑铭整理与研究"(15BMZ015)成果报告,2020 年。

白玉冬《吐鲁番雅尔湖石窟第 5 窟鲁尼文题记释读与研究》,朱玉麒主编《西域文史》第 15 辑,2021 年,待刊。

白玉冬、吐送江·依明《"草原丝绸之路"东段胡汉语碑刻考察简记》,《敦煌学辑刊》2019 年第 4 期,第 196—197 页。

白玉冬、吐送江·依明《有关高昌回鹘历史的一方回鹘文墓碑——蒙古国出土乌兰浩木碑释读与研究》,《敦煌吐鲁番研究》第 20 卷,2021 年,待刊。

巴哈提·依加汗《辽代的拔悉密部落》,《西北民族研究》1992 年第 1 期,第 137—147 页。

巴哈提·依加汉《9 世纪中叶以后黠戛斯的南下活动》,《西域研究》1991 年第 3 期,第 25—39 页。

瓦·弗·巴托尔德《加尔迪齐著〈记述的装饰〉摘要》,王小甫译,

《西北史地》1983 年第 4 期，第 104—115 页。

包文胜、张久和《蒙古国"四方形遗址"所属时代考——以出土器物上的两组突厥卢尼文字判定》，《内蒙古社会科学（汉文版）》2016年第 5 期，第 82—84 页。

伯希和《唐元时代中亚及东亚之基督教徒》，冯承钧译，载冯承钧著《西域南海史地考证译丛一编》，北京，商务印书馆，1962 年，第49—70 页。

伯希和《吐谷浑为蒙古语系人种说》，冯承钧译，载冯承钧译著《西域南海史地考证译丛》第二卷，北京，商务印书馆，1995 年，第30—33 页。

茨默《有关摩尼教开教回鹘的一件新史料》，王丁译，《敦煌学辑刊》2009 年第 3 期，第 1—7 页。

茨默《和田出土木制品卢尼文题铭》，韩晓雪译，载杨富学编著《回鹘学译文集新编》，兰州，甘肃教育出版社，2015 年，第 77—79 页。

岑仲勉《突厥集史》，北京，中华书局，1958 年。

岑仲勉《突厥文碑注释》，载氏著《突厥集史》，北京，中华书局，1958 年，第 857—926 页。

陈得芝《辽代的西北路招讨司》，《元史及北方民族史研究丛刊》第 2 辑，1978 年，收入氏著《蒙元史研究丛稿》，北京，人民出版社，2005 年，第 25—38 页。

陈国灿《唐乾陵石人像及其衔名的研究》，《文物集刊》第 2 集，北京，文物出版社，1980 年，第 189—203 页。

陈国灿《唐西州的四府五县制——吐鲁番地名研究之四》，《吐鲁番学研究》2016 年第 2 期，第 10—23 页。

陈国灿、伊斯拉菲尔·玉苏甫《西州回鹘时期汉文〈造佛塔记〉初探》，《历史研究》2009 年第 1 期，第 174—182 页。

陈海玲《回鹘汗国哈喇巴拉嘎斯都城遗址及周边墓葬研究》，内蒙古大学硕士学位论文，2017 年。

陈怀宇《景风梵声——中古宗教之诸相》，北京，宗教文化出版社，2012年。

齐达拉图《乃蛮部历史若干问题研究》，硕士学位论文，内蒙古大学蒙古学学院，2010年。

成吉思《〈葛啜墓志〉突厥文铭文的解读》，《唐研究》第19卷，2013年，第443—446页。

道森《出使蒙古记》，吕浦译、周良霄注，北京，中国社会科学出版社，1983年。

策·道尔吉苏仁《多罗郭德（ДОЛООГОДОЙН）的墓和碑》，载西北民族学院资料丛刊4《蒙古历史资料选》，1980年，第49—52页。

A.冯·加班《古代突厥语语法》，耿世民译，呼和浩特，内蒙古教育出版社，2004年。

冯家升《1960年吐鲁番新发现的古突厥文》，《文史》第3辑，1963年，第145—156页（后收入《冯家升论著辑粹》，北京，中华书局，1987年10月，第491—502页）。

付马《西州回鹘王国建立初期的对外扩张——中国文化遗产研究院藏 xj222‐0661.09 回鹘文书的历史学研究》，《西域文史》第8辑，2013年，第145—162页。

付马《回鹘时代的北庭城——德藏 Mainz 354 号文书所见北庭城重建年代考》，《西域研究》2014年第2期，第9—22页。

付马《丝绸之路上的西州回鹘王朝》，北京，社会科学出版社，2019年。

嘎日迪《中古蒙古语研究》，沈阳，辽宁民族出版社，2006年。

高自厚《黄头回纥与河西回鹘的关系》，《西北民族文丛》1984年第2期，收入赞丹卓尔主编《裕固族研究论文续集》上册，兰州大学出版社，2002年，第40—51页。

葛承雍《龟兹摩尼教艺术传播补正》，《西域研究》2012年第1期，第86—92页。

耿世民《回鹘文亦都护高昌王世勋碑研究》,《考古学报》1980 年第 4 期,第 517—520 页。

耿世民《古代突厥文碑铭研究》,北京,中央民族大学出版社,2005 年。

耿世民《古代突厥文碑铭的发现和解读研究》,载氏著《古代突厥文碑铭研究》,第 23—44 页。

耿世民《回鹘文社会经济文书研究》,北京,中央民族大学出版社,2006 年。

耿世民《回鹘文哈密本〈弥勒会见记〉研究》,北京,中央民族大学出版社,2008 年。

耿世民、张广达《唆里迷考》,《历史研究》1980 年第 2 期,收入张广达著《西域史地丛稿初编》,第 31—56 页,又收入张广达著《文书典籍与西域史地》,桂林：广西师范大学出版社,2008 年,第 25—41 页。

郭锡良《汉字古音手册》,北京大学出版社,1986 年。

郭茂育、赵振华《〈唐张義之夫人阿史那氏墓志〉与胡汉联姻》,《西域研究》2006 年第 2 期,第 90—94 页。

桂林、杨富学译《吐鲁番摩尼教提拔中的"国王"》,《敦煌学辑刊》2003 年第 1 期,第 148—153 页。

哈密顿《九姓乌古斯和十姓回鹘考(续)》,耿升译,《敦煌学辑刊》1984 年第 1 期,第 128—143 页。

哈密顿《仲云考》,耿升译,《西域史论丛》第 2 辑,乌鲁木齐,新疆人民出版社,1985 年,第 163—189 页。

哈密顿《五代回鹘史料》,耿升译,乌鲁木齐,新疆人民出版社,1982 年。

哈密顿《十世纪突厥语的汉文对音研究》,载氏著《五代回鹘史料》,耿升、穆根来译,乌鲁木齐,新疆人民出版社,1982 年,第 155—185 页。

韩儒林《突厥文〈暾欲谷碑〉译文》,《禹贡》第 6 卷 7 期,1936 年,收入氏著《蒙元史与内陆亚洲史研究》,兰州大学出版社,2012 年,第 232—243 页。

华涛《喀喇汗朝王室族属问题研究》,《元史及北方民族史研究集刊》第 12、13 期,1989 年,收入氏著《西域历史研究(八至十世纪)》,上海古籍出版社,2000 年,第 198—210 页。

华涛《回鹘西迁及东部天山地区的政治局势》,《西北民族研究》1990 年第 1 期,第 109—120 页。

华涛《西域历史研究(八至十世纪)》,上海古籍出版社,2000 年。

华涛《高昌回鹘与契丹的交往》,《西域研究》2000 年第 1 期,第 23—32 页。

华涛《高昌回鹘在东部天山地区的发展》,载氏著《西域历史研究(八至十世纪)》,上海古籍出版社,2000 年,第 85—155 页。

华涛《8 世纪中期以后葛逻禄在西域的活动》,载氏著《西域历史研究(八至十世纪)》,上海古籍出版社,2000 年,第 21—24 页。

华涛《萨图克布格拉汗在天山地区的活动》,载氏著《西域历史研究(八至十世纪)》,上海古籍出版社,2000 年,第 171—188 页。

黄盛璋《〈西天路竟〉笺证》,《敦煌学辑刊》1984 年第 2 辑,第 1—13 页。

黄盛璋《敦煌于阗文 P.2741,Ch.00296,P.2790 号文书疏证》,《西北民族研究》1989 年第 2 期,第 40—71 页。

黄文弼《亦都护高昌王世勋碑复原并校记》,《文物》1964 年第 2 期,收入新疆社会科学院考古研究所编《新疆考古三十年》,乌鲁木齐,新疆人民出版社,1983 年,第 458—466 页。

吉罗《东突厥汗国碑铭考释》,耿升译,乌鲁木齐,新疆社会科学院历史研究所,1984 年。

吉田豊《粟特文考释》,载柳洪亮主编《吐鲁番新出摩尼教文献研究》,北京,文物出版社,2000 年,第 3—199 页。

吉田豊《布谷特碑粟特语部分再考》,王丁译,《中山大学学报》

2020 年第 2 期，第 105—116 页。

卡哈尔·巴拉提《多罗郭德回鹘文碑的初步研究》，《新疆大学学报》1982 年第 2 期，第 76—78 页。

克拉克《牟羽可汗对摩尼教的皈依》，杨富学、陈瑞莲译，载杨富学编著《回鹘学译文集》，兰州，甘肃民族出版社，2012 年，第 317—372 页。

克利亚什托尔内《古代突厥鲁尼文碑铭——中亚细亚史原始文献》，李佩娟译，哈尔滨，黑龙江教育出版社，1991 年。

克里亚施托尔内《新疆与敦煌发现的突厥卢尼文文献》，杨富学、王立恒译，《吐鲁番学研究》2010 年第 2 期，收入杨富学著《回鹘学译文集》，兰州，甘肃民族出版社，2012 年，第 117—136 页。

拉尔斯·约翰逊《古代突厥语的区域分布·断代分明·变体功能及与其他语言的接触》，张定京、阿卜都热西提·亚库甫译，载张定京、阿卜都热西提·亚库甫主编《突厥语文学研究——耿世民教授八十华诞纪念文集》，北京，中央民族大学出版社，2009 年，第 136—145 页。

勒柯克《高昌——吐鲁番古代艺术珍品》，赵崇民译，乌鲁木齐，新疆人民出版社，1998 年。

李符桐《撒里畏吾儿（Sari-vigurs）部族考》，《边政公论》第 3 卷第 8 期，1955 年，收入氏著《李符桐论著全集》，台北，学生书局，1992 年，第 39—55 页。

李树辉《回鹘文始用时间考》，《青海民族研究》2011 年第 3 期，第 119—127 页。

李树辉《圣彼得堡藏 S12 Kr17 号回鹘文文书研究》，《敦煌研究》2011 年第 5 期，第 90—99 页。

李珍华、周长楫《汉字古今音表》，北京，中华书局，1993 年。

林梅村《小洪那海突厥可汗陵园调查记》，载《粟特人在中国：历史、考古、语言的新探索学术研讨会》下册，2004 年，收入氏著《松漠之间：考古新发现所见中外文化交流》，北京，三联书店，2007 年，第208—220 页。

林梅村《布谷特所出粟特文突厥可汗纪功碑考》，《民族研究》1994 年第 2 期，第 64—71 页。

路易·巴赞《蒙古布古特碑中的突厥和粟特人》，耿升译，《民族译丛》1987 年第 5 期，第 48—52 页。

林悟殊《摩尼教及其东渐》，北京，中华书局，1987 年。

林悟殊《〈摩尼光佛教法仪略〉释文》，载氏著《摩尼教及其东渐》，北京，中华书局，1987 年，第 230—233 页。

林悟殊《〈下部赞〉释文》，载氏著《摩尼教及其东渐》，北京，中华书局，1987 年，第 234—265 页。

罗香林《唐元二代之景教》，香港，中国学社，1966 年。

刘戈《回鹘文契约断代研究——昆山识玉》，北京，中华书局，2016 年。

刘迎胜《9～12 世纪民族迁移浪潮中的一些突厥、达旦部落》，《元史及北方民族史研究集刊》第 12、13 合期，1990 年，收入《新疆通史》编撰文员会编《新疆历史研究论文选编》，乌鲁木齐，新疆人民出版社，2008 年，第 1—36 页。

刘迎胜《西北民族史与察合台汗国史研究》，北京，中国国际广播出版社，2012 年（初版南京大学出版社，1994 年）。

刘迎胜《蒙古征服前操蒙古语部落的西迁运动》，《欧亚学刊》第 1 辑，1999 年，第 29—45 页。

刘迎胜《辽与漠北诸部——胡母思山蕃与阻卜》，《欧亚学刊》第 3 辑，2001 年，第 210—216 页。

刘迎胜《蒙古西征历史背景新探》，载氏著《西北民族史与察合台汗国史研究》，北京，中国国际广播出版社，2012 年，第 27—66 页。

柳洪亮《雅尔湖千佛洞考察随笔》，《敦煌研究》1988 年第 4 期，第45—50 页。

罗新《北魏直勤考》，《历史研究》2004 年第 5 期，收入氏著《中古北族名号研究》，第 90—94 页。

罗新《论拓跋鲜卑之得名》，《历史研究》2006 年第 6 期，收入氏著《中古北族名号研究》，第 49—79 页。

罗新《虞弘墓志所见的柔然官制》，《北大史学》第 12 辑，2007 年，收入氏著《中古北族名号研究》，北京大学出版社，2009 年，第 127—132 页。

罗新《柔然官制续考》，《中华文史论丛》2007 年第 1 期，收入氏著《中古北族名号研究》，第 134—154 页。

罗新《高句丽兄系官职的内亚渊源》，载氏著《中古北族名号研究》，第 175—193 页。

罗新《中古北族名号研究》，北京，北京大学出版社，2009 年。

罗香林《唐元二代之景教》，香港，中国学社，1966 年。

麻赫穆德·喀什噶里《突厥语大词典》全 3 卷，校仲彝等译，北京，民族出版社，2002 年。

马晓鹤《摩尼教、基督教、佛教中的"大医王"研究》，《欧亚学刊》第 1 辑，1999 年，收入氏著《摩尼教与古代西域史研究》，北京，中国人民大学出版社，2008 年，第 101—120 页。

马小鹤《光明的使者——摩尼与摩尼教》，兰州大学出版社，2010 年。

内蒙古大学蒙古语文研究所编《蒙汉词典（增订本）》，呼和浩特，内蒙古大学出版社，1999 年。

牛汝极《回鹘文〈牟羽可汗入教记〉残片释译》，《语言与翻译》1987 年第 2 期，第 43—49 页。

牛汝极、王红梅、王菲合译《基督教在中亚和远东的早期传播——一件新发现的叙利亚文写本》，载《国际汉学》第十辑，郑州，大象出版社，2006 年，修订稿收入牛汝极著《十字莲花——中国元代叙利亚文景教碑铭文献研究》，上海古籍出版社，2008 年，第 163—

211 页。

庆昭蓉《库车出土文书所见粟特佛教徒》,《西域研究》2012 年第 2 期,第 61—75 页。

钱伯权《黄头回纥的变迁及名义》,《新疆社会科学》2004 年第 6 期,第 98—104 页。

芮跋辞、吴国圣《西安新发现唐代葛啜王子古突厥鲁尼文墓志之解读研究》,《唐研究》第 19 卷,2013 年,425—442 页。

芮传明《古突厥碑铭研究》,上海古籍出版社,1998 年。

芮传明《摩尼教突厥语〈忏悔词〉新译和简释》,《史林》2009 年第 6 期,第 54—62 页。

芮传明《古突厥碑铭研究（增订本）》,北京,商务印书馆,2017 年。

荣新江《晚唐归义军李氏家族执政史探微》,《文献》1989 年第 3 期,第 87—100 页。

荣新江《所谓"Tumshuqese"文书中的'gyāźdi—'》,《内陸アジア言語の研究》第 7 辑,1992 年,第 1—12 页。

荣新江《龙家考》,《中亚学刊》第 4 辑,1995 年,第 144—160 页。

荣新江《归义军史研究———唐宋时代敦煌历史考索》,上海古籍出版社,1996 年。

荣新江《北朝隋唐粟特人之迁徙及其聚落,《国学研究》第 6 卷,1999 年,收入氏著《中古中国与外来文明》,北京,三联书店,2001 年,第 37—100 页。

荣新江《摩尼教在高昌的初传》,新疆吐鲁番地区文物局编《吐鲁番新出摩尼教文献研究》,北京,文物出版社,2000 年,第 215—230 页。

荣新江《西域粟特移民聚落补考》,《西域研究》2005 年第 2 期,第 1—11 页。

荣新江《西域：摩尼教最终的乐园》,《寻根》2006 年第 1 期,第

4—9 页。

荣新江《阚氏高昌王国与柔然、西域的关系》，《历史研究》2007年第 2 期，第 4—14 页。

荣新江《吐鲁番文书总目（欧米收藏卷）》，武汉大学出版社，2007 年。

荣新江《〈西州回鹘某年造佛塔功德记〉小考》，载张定京、阿不都热西提·亚库甫主编《突厥语文学研究——耿世民教授 80 华诞纪念文集》，北京，中央民族大学出版社，2009 年，第 182—190 页。

荣新江《9、10 世纪西域北道的粟特人》，吐鲁番学研究院编《第三届吐鲁番学暨欧亚游牧民族的起源与迁徙国际学术研讨会论文集》，上海古籍出版社，2010 年，收入氏著《中古中国与粟特文明》，北京，三联书店，2014 年，第 126—142 页。

荣新江《唐代安西都护府与丝绸之路——以吐鲁番出土文书为中心》，《龟兹学研究》第 5 辑，2012 年，收入氏著《丝绸之路与东西文化交流》，北京大学出版社，2015 年，第 12—23 页。

荣新江《中古中国与粟特文明》，北京，三联书店，2014 年。

荣新江《丝绸之路与东西文化交流》，北京大学出版社，2015 年。

荣新江《所谓"吐火罗语"名称再议——兼论龟兹北庭间的"吐火罗斯坦"》，载王炳华主编《孔雀河青铜时代与吐火罗假想》，北京，科学出版社，2017 年，第 181—191 页。

荣新江、朱丽双《于阗与沙州归义军的交往》，载氏著《于阗与敦煌》，兰州，甘肃教育出版社，2013 年，第 107—149 页。

荣新江、朱丽双《喀喇汗朝的成立》，载氏著《于阗与敦煌》，兰州，甘肃教育出版社，2013 年，第 321—326 页。

荣新江、朱丽双《于阗与敦煌》，兰州，甘肃教育出版社，2013 年。

宋国栋、陈永志、包文胜《蒙古国赫列克斯浩莱山谷 6 号回鹘墓园出土突厥鲁尼文瓦考析》，《文物》2016 年第 4 期，第 51—53 页。

宋岘译注《道里邦国志》，北京，中华书局，1991 年。

沙婉《西突厥史料》,冯承钧译,上海,商务印书馆,1935 年。

赛诺《突厥文明的某些成分》,罗新译,载赛诺著《丹尼斯·赛诺内亚研究文选》,北京,中华书局,2006 年,第 86—93 页。

赛诺《突厥的起源传说》,吴玉贵译,载赛诺著《丹尼斯·赛诺内亚研究文选》,北京,中华书局,2006 年,第 54—67 页。

赛诺《"乌迈",一个受到突厥人礼敬的蒙古神灵》,罗新译,载赛诺著《丹尼斯·赛诺内亚研究文选》,北京,中华书局,2006 年,第 359—365 页。

森安孝夫《回鹘文考释》,载柳洪亮主编《吐鲁番新出摩尼教文献研究》,北京,文物出版社,2000 年,第 200—212 页。

森安孝夫《黄文弼发现的〈摩尼教寺院经营令规文书〉》,白玉冬译,载荣新江编《黄文弼所获西域文献论集》,北京,科学出版社,2013 年,第 136—176 页。

森安孝夫《回鹘汗国葛啜王子墓志再解读及其历史意义》,白玉冬译,《唐研究》第 21 卷,2015 年,第 499—526 页。

塔拉、恩和图布信主编《蒙古国古代游牧民族文化遗存考古调查报告(2005—2006 年)》,北京,文物出版社,2008 年。

塔拉、恩和图布信、陈永志、奥其尔《蒙古国浩腾特苏木乌布尔哈布其勒三号四方形遗址发掘报告(2006 年)》,北京,文物出版社,2008 年。

唐耕耦、陆宏基编《敦煌社会经济文献真迹释录》第 3 辑,北京,全国图书馆文献缩微复制中心,1990 年。

吐送江·依明、白玉冬《蒙古国出土回鹘文〈乌兰浩木碑〉考释》,《敦煌学辑刊》2018 年第 4 期,第 25—30 页。

吐鲁番地区文物局、吐鲁番学研究院《雅尔湖石窟调查简报》,《吐鲁番学研究》2015 年第 1 期,第 1—13 页。

王保田《汉语韵母与日语汉字音读的对应规律》,《江苏大学学报(社会科学版)》2002 年第 4 期,第 71—74 页。

王国维《鞑靼考》，《清华学报》1926 年第 3 期第 1 号，收入氏著《观堂集林》第 3 册第 14 卷，北京，中华书局，1961 年，第 640—642 页，又收入谢维扬、房鑫亮主编《王国维全集》第 14 卷，谢维扬、房鑫亮主编，杭州，浙江教育出版社，第 249—282 页。

王国维《黑鞑事略笺证》，清华学校研究院，1926 年，收入《王国维遗书》，上海古籍出版社，1983 年。胡逢祥点校本收入谢维扬、房鑫亮主编《王国维全集》第 11 卷，杭州，浙江教育出版社，第 363—406 页。

王国维《古行记四种校录》，罗振玉编《海宁王忠悫公遗书》，1928 年，王东点校本收入谢维扬、房鑫亮主编《王国维全集》第 11 卷，杭州，浙江教育出版社，第 153—174 页。

王杰《黠戛斯文化管窥》，《广播电视大学学报（哲学社会科学版）》2011 年第 4 期，第 90—96 页。

王媛媛《中古波斯文《摩尼教赞美诗集》跋文译注》，《西域文史》第 2 辑，2007 年，第 129—153 页。

王媛媛《从波斯到中国：摩尼教在中亚和中国的传播》，北京，中华书局，2012 年。

王小甫《"黑貂之路"质疑——古代东北亚与世界文化联系之我见》，《历史研究》2001 年第 3 期，第 81—90 页。

王小甫《回鹘改宗摩尼教新探》，《北京大学学报（哲学社会科学版）》2010 年第 4 期，第 98—105 页。

王治来《世界境域志》，上海古籍出版社，2010 年。

乌兰《〈蒙古源流〉研究》，沈阳，辽宁民族出版社，2000 年。

乌兰校勘《元朝秘史（校勘本）》，北京，中华书局，2012 年。

乌苏吉《〈动物之自然属性〉对"中国"的记载——据新发现的抄本》，王诚译，邱轶皓校，《西域研究》2016 年第 1 期，第 97—110 页。

吴玉贵《西突厥新考——兼论〈隋书〉与〈通典〉、两〈唐书〉之"西突厥"》，《西北民族研究》1988 年第 1 期，第 111—130 页。

吴玉贵《高昌供食文书中的突厥》,《西北民族研究》1991 年第 1 期,第 46—66 页。

薛宗正《突厥史》,北京,中国社会科学出版社,1992 年。

杨富学《沙州回鹘及其政权组织》,赞丹卓尕主编《裕固族研究论文续集》上册,兰州大学出版社,2002 年,第 458—460 页。

杨富学《回鹘改宗摩尼教问题再探》,《文史》2013 年第 1 辑,第 197—230 页。

杨富学《和田新出突厥卢尼文木牍及其所见史事钩沉》,载氏著《敦煌民族史探幽》,兰州,甘肃文化出版社,2018 年,第 149—176 页。

杨富学、高人雄《突厥佛教盛衰考》,《南都学坛(人文社会科学学报)》第 23 卷第 2 期,2003 年,第 17—22 页。

杨富学、牛汝极《牟羽可汗与摩尼教》,《敦煌学辑刊》1987 年第 2 期,第 86—93 页。

严耕望《唐代交通图考》第 2 卷《河陇碛西区》,《"中央研究院"历史语言研究所专刊》第 83 号》,台北,1985 年。

亦邻真《中国北方民族与蒙古族族源》,《内蒙古大学学报(哲学社会科学版)》1979 年第 3—4 期,收入齐木德道尔吉等编《亦邻真蒙古学文集》,呼和浩特,内蒙古人民出版社,2001 年,第 544—582 页。

影山悦子《粟特人在龟兹:从考古和图像学角度来研究》,《法国汉学》第 10 辑,2005 年,第 191—204 页。

张广达《关于马合木·喀什噶里的〈突厥语词汇〉与见于此书的圆形地图》,《中央民族学院学报(哲学社会科学版)》1978 年第 2 期,修订本收入氏著《西域史地丛稿初编》,上海古籍出版社,1995 年,第 57—82 页,又收入氏著《文书典籍与西域史地》,桂林,广西师范大学出版社,2008 年,第 46—66 页。

张广达《碎叶城今地考》,载《北京大学学报(哲学社会科学版)》1979 年第 5 期,收入氏著《西域史地丛稿初编》,第 1—30 页,又收入氏著《文书、典籍与西域史地》,桂林,广西师范大学出版社,2008 年,第1—22页。

张广达、荣新江《有关西州回鹘的一篇敦煌汉文文献——S.6551讲经文的历史学研究》，《北京大学学报（哲学社会科学版）》1989年第2期，收入张广达著《西域史地丛稿初编》，第217—248页，又收入张广达著《文书、典籍与西域史地》，第153—176页。

张惠明《1898至1909年俄国考察队在吐鲁番的两次考察概述》，《敦煌研究》2010年第1期，第86—91页。

张庆捷、郭春梅《北魏文成帝〈南巡碑〉所见拓跋职官初探》，《中国史研究》1999年第2期，第57—69页。

张铁山《我国古代突厥文研究六十年概述》，《西域研究》2009年第3期，第121—125页。

张铁山《〈故回鹘葛啜王子墓志〉之突厥如尼文考释》，《西域研究》2013年第4期，第74—80页。

张铁山、李刚《吐鲁番雅尔湖千佛洞5号窟突厥文题记研究》，《西域研究》2015年第4期，第161—168页。

朱谦之《中国景教》，北京，东方出版社，1993年。

朱振宏《从"小洪那海突厥石人"探讨泥利、泥撅处罗父子与隋朝关系发展》，严耀中主编《唐代国家与地域社会研究中国唐史学会第十届年会论文集》，上海古籍出版社，2008年，第386—416页。

中国基督教三自爱国运动委员会、中国基督教协会编《圣经》，上海，2014年。

中国社会科学院考古研究所、中共策勒县委、策勒县人民政府著《策勒达玛沟——佛法汇集之地》，香港，大成图书有限公司，2012年。

钟焓《辽代东西交通路线的走向——以可敦墓地望研究为中心》，《历史研究》2014年第4期，第39—49页。

钟进文《再释裕固族族称中的"sarəɣ"一词》，《西北民族大学学报（哲学社会科学版）》2012年第5期，第71—76页。

二、文献典籍部分

朝鲜史学会编《三国史記》,东京,国书刊行会,1971年。

朝鲜史学会编《三国遗事》,东京,国书刊行会,1971年。

黄溍《金华黄先生文集(元刻本)》,台北,台湾商务印书馆,1965年。

李吉甫《元和郡县图志》,贺次君点校,北京,中华书局,1983年。

李焘《续资治通鉴长篇》,北京,中华书局,1980年。

刘昫《旧唐书》,北京,中华书局,1975年。

欧阳修《新五代史》,北京,中华书局,1974年。

欧阳修、宋祁等《新唐书》,北京,中华书局,1975年。

司马光《资治通鉴》,北京,中华书局,1956年。

宋濂《元史》,北京,中华书局,1976年。

宋敏求《唐大诏令集》,北京,商务印书馆,1959年。

唐耕耦、陆宏基《敦煌社会经济文献真迹释录》全5辑,北京,书目文献出版社,1986—1990年。

脱脱《辽史》,北京,中华书局,2016年。

王明清《挥麈录》,上海书店出版社,2015年。

王钦若《册府元龟(明本)》,北京,中华书局,1960年。

魏收《魏书》,北京,中华书局,1974年。

魏征《隋书》,北京,中华书局,1973年。

乌兰校勘《元朝秘史(校勘本)》,北京,中华书局,2012年。

徐松辑《宋会要辑稿》,北京,中华书局,1957年。

徐松辑《宋会要辑稿·蕃夷道释》,郭声波点校,成都,四川大学出版社,2010年。

徐松辑《宋会要辑稿》,刘琳、刁忠民、舒大刚、尹波等点校,上海古籍出版社,2014年。

薛居正《旧五代史》,北京,中华书局,1976年。

三、日文部分

穴澤和光、馬目順一《アフラシャブ都城遺跡出土の壁画に見られる朝鮮人使節について》,《朝鮮学報》第 80 期,1976 年,第 9—10、30—31 页。

安部健夫《西ウィグル国史の研究》,京都,汇文堂书店,1955 年。

荒川正晴《吐魯番・烏魯木斉周辺地域の史跡について》,《内陸アジア言語の研究》第 7、8 辑,1992 年,第 66—93 页。

荒川正晴《唐帝国とソグド人の交易活動》,《東洋史研究》第 56 卷第 3 号,1997 年,第 171—204 页。

荒川正晴《ソグド人の移住集落と東方交易活動》,《岩波講座世界歴史》第 15 卷,东京,岩波书店,1999 年,第 81—103 页。

荒川正晴《唐帝国と胡漢の商人》,载氏著《ユーラシアの交通・交易と唐帝国》,名古屋大学出版会,2010 年,第 336—378 页。

荒川正晴《唐代河西以西の交通制度（2）》,载氏著《ユーラシアの交通・交易と唐帝国》,名古屋大学出版社,2010 年,第 272—328 页。

荒川正晴《ユーラシアの交通・交易と唐帝国》,名古屋大学出版会,2010 年。

池田温《8 紀中葉における敦煌のソグド人聚落》,《ユーラシア文化研究》1965 年第 1 辑,第 49—92 页。

石附玲《唐前半期の農牧接壌地帯におけるウイグル民族——東ウイグル可汗国前史——》,载森安孝夫编《ソグドからウイグルへ》,第 237—265 页。

伊藤智ゆき《朝鮮漢字音研究》（資料篇）,东京,汲古书院,2007 年。

井上秀雄《古代朝鮮の文化領域——三国時代地名語尾よりみて——》,《新羅語基礎研究》,东京,东出版株式会社,1974 年。

岩佐精一郎《古突厥碑文のBökli 及びPar Purmに就いて》,载和田清编《岩佐精一郎遺稿》,东京,岩佐傳一发行,1936 年,第 61—76 页。

内田吟風《西突厥初世史の研究》,载氏著《北アジア氏研究 鮮卑柔然突厥篇》,京都,同朋舍,1975 年,第 448—452 頁。

榎一雄《仲雲族の牙帳の所在地について》,鈴木俊教授還暦記念会編《鈴木俊教授還暦記念東洋史論叢》,東京,1964 年,收入氏著《榎一雄著作集》第 1 巻,東京,汲古書院,1992 年,第 149—157 頁。

大澤孝《北モンゴリア・テス碑文の諸問題》(第 38 届日本阿尔泰学会报告要旨),《東洋学報》第 77 巻第 3、4 号,1995 年,第 99—100 頁。

大澤孝《新疆イリ河流域のソグド語銘文石人について——突厥初世の王統に関する一資料》,《国立民族学博物館研究報告別冊》第 20 号,1999 年,327—378 頁。

大澤孝《テス碑文》,載森安孝夫、奥其尔編《モンゴル国現存遺跡・碑文調査研究報告》,丰中,中央ユーラシア学研究会,1999 年,第 158—167 頁。

小野川秀美《河曲六胡州の沿革》,《東亜人文学報》1942 年第 1 巻第 4 号,第 193—226 頁。

小野川秀美《突厥碑文譯註》,《満蒙史論叢》第 4 辑,1943 年,第 249—425 頁。

片山章雄《タリアト碑文》,載森安孝夫、奥其尔編《モンゴル国現存遺跡・碑文調査研究報告》,丰中,中央ユーラシア学研究会,1999 年,第 168—176 頁。

佐口透《サリク・ウイグル種族史考》,《山本博士還暦記念東洋史論叢》,東京,山川出版社,1972 年,第 191—202 頁。

佐伯好郎《支那基督教の研究》全 2 巻,東京,春秋社松柏館,1943 年。

白鳥庫吉《新羅の國號に就いて》,《白鳥庫吉全集》第 3 巻,東京,岩波书店,1970 年,第 277—286 頁。

庄垣内正弘《ロシア所蔵ウイグル文献の研究——ウイグル文

字表記漢文とウイグル語仏典テキスト——》,京都大学大学院文学研究科(《ユーラシア古文献研究叢書》第 1 辑),2003 年。

　　鈴木宏節《トニュクク碑文研究史概論》,載森安孝夫主編《シルクロードと世界史》,丰中,大阪大学 21 世纪 COE プログラム〈インターフェイスの人文学〉,2003 年,第 114—129 頁。

　　鈴木宏節《突厥可汗國の建國と王統觀》,《東方学》第 105 辑,2008 年,第 141—157 頁。

　　田中峰人《甘州ウイグル政権の左右翼体制》,載森安孝夫編《ソグドからウイグルへ》,东京,汲古书院,2011 年,第 267—299 頁。

　　内藤みどり《西突厥史の研究》,东京,早稲田大学出版部,1988 年。

　　長澤和俊《王延德の〈使高昌記〉について》,《東洋学術研究》第 14 卷第 5 号,1975 年,收入作者著《シルクロード史研究》,东京,国书刊行会,1979 年,第 586—605 頁。

　　白玉冬《8 世紀の室韋の移住から見た九姓タタルと三十姓タタルの関係》,《内陸アジア史研究》第 25 辑,2011 年,第 85—107 頁。

　　白玉冬《10 世紀から 11 世紀における九姓タタル国》,《东洋学報》第 93 卷第 1 号,2011 年,第 90—116 頁。

　　白玉冬《交河故城雅爾湖千仏洞第 5 窟ルーン文字題記調査メモ》(日文),荒川正晴(編)《シルクロード東部文字資料と遺跡調査ニューズレター》,大阪大学文学研究科,2013 年。

　　白玉冬、松井太《フフホト白塔のウイグル語題記銘文》,《内陸アジア言語の研究》第 31 辑,2016 年,第 29—77 頁。

　　羽田亨、山田信夫編《西域文化研究》第 4 卷,京都,法藏馆,1961 年。

　　林俊雄《2013 年西安発見迴鶻王子墓誌》,《創価大学人文論集》第 26 辑,2014 年,第 1—11 頁。

　　藤枝晃《沙州帰義軍节度使始末(2)》,《東方学報(京都)》第 12

卷第 4 号,1942 年,第 42—75 页。

前田直典《十世紀時代の九族達靼——蒙古人の蒙古地方の成立——》,《東洋学報》第 32 卷第 1 号,1948 年,收入氏著《元朝史の研究》,東京大学出版会,1973 年,第 233—263 页。

松井太《敦煌石窟ウイグル語・モンゴル語題記銘文集成》,載松井太、荒川慎太郎編《敦煌石窟多言語資料資料集成》,東京外国語大学アジア・アフリカ言語文化研究所,2017 年,第 1—161 页。

松井太、荒川慎太郎編《敦煌石窟多言語資料集成》,东京外国语大学亚非言语文化研究所,2017 年。

松田壽男《古代天山の歴史地理學的研究(増補版)》,東京,早稲田大学出版部,1970 年。

三辻利一、村岡倫《突厥・ウイグル・モンゴル時代の遺蹟出土瓦とレンガ》,載森安孝夫、奥其尔編《モンゴル国現存遺跡・碑文調査研究報告》,豊中,中央ユーラシア学研究会,1999 年,第 108—109 页。

村上正二《モンゴル秘史——チンギス・カン物語》第 3 册,東京,平凡社,1976 年。

護雅夫《突厥第一帝国におけるqaɣan 号の研究》,原名《東突厥官稱号考序説》,《東洋学報》第 37 卷第 3 号,1954 年,修订收入氏著《古代トルコ民族史研究》第 1 卷,東京,山川出版社,1967 年,第 227—298 页。

護雅夫《エス゠ゲー゠クリャシュトルヌィの突厥史研究》,載氏著《古代トルコ民族史研究》第 1 卷,東京,山川出版社,1967 年,第 557—589 页。

護雅夫《東突厥国家内部におけるソグド人》,《古代トルコ民族史研究》第 1 卷,東京,山川出版社,1967 年,第 61—93 页。

護雅夫《いわゆるbökliについて——民族学と歴史学とのあいだ——》,載氏著《古代トルコ民族史研究》第 2 卷,東京,山川出版社,1992年,第133—157页。

森安孝夫《増補：ウイグルと吐蕃の北庭争奪戦及びその後の西域情勢について》,《アジア文化史論叢》1973年第3辑,东京,山川出版社,收入氏著《東西ウイグルと中央ユーラシア》,名古屋,名古屋大学出版会,2015年,第230—274页。

森安孝夫《ウイグル仏教史史料としての棒杭文書》,《史学雑誌》第83編第5号,1974年,修订稿《西ウイグル王国史の根本史料としての棒杭文書》收入氏著《東西ウイグルと中央ユーラシア》,第678—730页。

森安孝夫《ウイグルの西遷について》,《東洋学報》第59巻第1号,1977年,修订稿收入氏著《東西ウイグルと中央ユーラシア》,第276—298页。

森安孝夫《チベット語史料中に現れる北方民族——DRU—GUとHOR——》,《アジア・アフリカ言語文化研究》第14辑増刊,1977年,第1—48页。

森安孝夫《ウイグルと敦煌》,榎一雄編《講座敦煌2敦煌の歴史》,东京,大东出版社,1980年,修订稿收入氏著《東西ウイグルと中央ユーラシア》,第299—335页。

森安孝夫《吐蕃の中央アジア進出》,《金沢大学文学部論集（史学科篇）》1983年第4期,修订稿收入氏著《東西ウイグルと中央ユーラシア》,第132—229页。

森安孝夫《ウイグル文書劄記（その二）》,《内陸アジア言語の研究》第5辑,1989年,第69—89页。

森安孝夫《トルコ仏教の源流と古トルコ語仏典の出現》,《史学雑誌》第98編第4号,1989年,第1—35页,修订稿收入氏著《東西ウイグルと中央ユーラシア》,第618—644页。

森安孝夫《東ウイグル可汗および西ウイグル国王のクロノロジー》,載氏著《ウイグル＝マニ教史の研究》,京都,朋友書店,1991

年,第 182—185 页。

森安孝夫《ウイグル＝マニ教史の研究》,京都,朋友書店,
1991 年。

森安孝夫《大英図書館所蔵ルーン文字マニ教文書 Kao. 0107
の新研究》,《内陸アジア言語の研究》第 12 輯,1997 年,第 41—
71 页。

森安孝夫《シネウス碑文・遺跡》,載森安孝夫、奥其尔編《モン
ゴル国現存遺蹟・碑文調査研究報告》,丰中,1999 年,第 177—
195 页。

森安孝夫《ウイグルから見た安史の乱》,《内陸アジア言語の研
究》第 17 輯,2002 年,修订稿收入氏著《東西ウイグルと中央ユーラ
シア》,第 1—48 页。

森安孝夫主編《シルクロードと世界史》,大阪大学 21 世纪
COEプログラム＜インターフェイスの人文学＞,（2002、2003 年度
报告书）,丰中,中央ユーラシア学研究会,2003 年。

森安孝夫《シルクロードと唐帝国》,東京,讲谈社,2007 年。

森安孝夫《シルクロード東部出土古ウイグル手紙文書の書式
（前編）》,《大阪大学文学研究科纪要》第 51 期,2011 年,第 1—86 页。

森安孝夫《ウイグル＝マニ教史関係史料集成》,《近畿大学国際
人文科学研究所纪要》,平成 26 年度,2015 年。

森安孝夫《東西ウイグルと中央ユーラシア》,名古屋,名古屋大
学出版会,2015 年。

森安孝夫、奥其尔編《モンゴル国現存遺跡・碑文調査研究報
告》,丰中,中央ユーラシア学研究会,1999 年。

森安孝夫、吉田豊《モンゴル国内突厥ウイグル時代遺跡・碑文
調査報告》,《内陸アジア言語の研究》第 13 輯,1998 年,第 129—
170 页。

森安孝夫等《シネウス碑文訳注》,《内陆アジア言語の研究》第

24 辑,2009 年,第 1—92 页。

山田信夫《トルキスタンの成立》,载荒松雄编《岩波講座世界歴史 6 内陸アジア世界の形成》,东京,岩波书店,1971 年,收入氏著《北アジア遊牧民族史研究》,东京大学出版会,1989 年,第 189—213 页。

Yule,H.《東西交渉史——支那及び支那への道——》,鈴木俊译,东京,原书房,1975 年。

吉田豊《新疆維吾爾自治区新出ソグド語史料》,《内陸アジア言語の研究》第 6 辑,1991 年,第 75—76 页。

吉田豊《ソグド語資料から見たソグド人の活動》,《岩波講座世界歴史》11《中央アジアの統合 9—16 世紀》,东京,岩波书店,1997 年,第 227—248 页。

吉田豊《ブグド碑文》,载森安孝夫、奥其尔编《モンゴル国現存遺跡・碑文調査研究報告》,丰中,中央ユーラシア学研究会,1999 年,第 122—125 页。

吉田豊《ソグド人と古代のチュルク族との関係に関する三つの覚え書き》,《京都大学文学部研究紀要》第 50 辑,2011 年,第 1—41 页。

吉田豊、森安孝夫《ベゼクリク出土ソグド語・ウイグル語マニ教徒手紙文》,《内陸アジア言语の研究》第 15 辑,2000 年,第 135—178 页。

吉田豊、森安孝夫、片山章雄《セブレイ碑文》,载森安孝夫、奥其尔编《モンゴル国現存遺跡・碑文調査研究報告》,丰中,中央ユーラシア学研究会,1999 年,第 225—227 页。

四、西文部分

Aalto,P. "Materialien zu den alttürkischen Inschriften der Mongolei, gesammelt von G. J. Ramstedt, J. G. Granö und Pentti Aalto", *Journal de la Société Finno-Ougrienne*, vol. 60, no. 7, 1958, pp. 1‑91.

Aalto, P. "Iranian Contacts of the Turks in Pre-Islamic Times", *Studia Turcica*, Budapest, 1971, pp. 29 - 37.

Alyılmaz Ç, "Karı Çor Tigin Yazıtı", *International Journal of Turkish Literature Culture Education*, vol. 2, no. 2, 2013, pp. 1 - 61.

Alımov, R. *Tanrı Dağı Yazıtları: Eski Türk Runik Yazıtları Üzerine Bir İnceleme*, Konya: Kömen Yayınları, 2014.

Alyilmaz. Ç, *İpek Yolu Kavşağının Ölümsüzlük Eserleri*, Ankara: Atatürk Üniversitesi, 2015.

Аманжолов, А. С. *История и теория древнетюркского письма*, Алматы: Мектеп, 2003.

Asmussen, Jes P. *Xuāstvānīft: Studies in Manichaeism* (*Acta Theologica Danica*. 7), Copenhagen: Prostant Apud Munksgaard, 1965.

Asmussen, Jes P. *Manichaean Literature: Representative Texts Chiefly from Middle Persian and Parthian Writings* (*Persian Heritage Series 22.*), New York: Scholars' Facsimiles & Reprints, 1975.

Aydin, E., Alimov, R. and Yıldırım, F. *Yenisey-Kırgızistan Yazıtları ve Irk Bitig*, Ankara: BilgeSu Yayıncılık, 2013.

Aydın, E. and Ariz, E. "Xi'an Yazıtı Üzerinde Yeni Okuma ve Anlamlandırmalar", *Türk Dünyası Sosyal Bilimler Dergisi*, vol. 71, 2014, pp. 65 - 80.

Bailey, H. W. "The Staël-Holstein Miscellany", *Asia Major* (new series), vol. 2, no. 1, 1951, pp. 1 - 45.

Bailey, H. W. "Śri Viśa Śūra and the Ta-uang", *Asia Major* (new series), vol. 11, no. 1, 1964, pp. 1 - 26.

Bailey, H. W. *Saka Documents Text Volume* (*Corpus Inscriptionum Iranic- arum*, Pt. 2: *Inscriptions of the Seleucid and Parthian Period and of Eastern Iran and Central Asia*, vol. 5: Saka), London: Lund Humphries, 1968.

Bang W. and Gabain, A. von "Türkische Turfan-Texte, II: Manichaica", *Sitzungsberichte der Preussischen Akademie der Wissenschaften*, 1929, pp. 411 - 430, + 4 pls.

Battulga, Ts. "Moğolıstan'dakı Uygur Harflı Yazıtlar", *Uluslararası Türkçe Edebiyat Kültür Eğitim Dergisi Sayı*, vol. 4, no. 2, 2015, pp. 503 - 520.

Battulga, Ts. "Inscription on the Bone Plate for Reinforcing Bow", in: Ts. Battulga, *Turkic Footprints in Mongolia*, Ulaanbaatar: Mönhiin Üseg, 2016, pp. 121 - 123.

Battulga, Ts. *Turkic Footprints in Mongolia*, Ulaanbaatar: Mönhiin Üseg, 2016.

Berta, Á. *Szavaimat jól halljátok …*, *A türk és ujgur rovásírásos emlékek kritikai kiadása*, Szeged: Jate, 2004.

Болд, Л. *Орхон бичгийн дурсгал*, vol. 2, Улаанбаатар: Соёмбо принтинг, 2006.

Bombaci, A. "On the Ancient Turkish Title 'Šaδ'", *Gururajamanjarika: Studi in onore di Giuseppi Tucci*, Naples, 1974, pp. 167 - 193.

Bosworth, C. E. "Ilek-Khāns", in: *Encyclopaedia of Islam* (new edition), vol. 3, 1971, pp. 1113 - 1114.

Clark, L. V. "The Turkic Manichaean Literature", in: P. Mirecki and J. BeDuhn, eds., *Emerging from Darkness: Studies in the Recovery of Manichaean Sources* (*Nag Hammadi and Manichaean Studies* 43), Leiden, New York, Köln: Brill, 1997.

Clark, L. V. "The Conversion of Bügü Khan to Manichaeism", in: R. E. Emmerick, W. Sundermann and P. Zieme eds., *Studia Manichaica IV*, *Internationaler Kongreß zum Manichäismus*, *Berlin*, *14 – 18*. *Juli 1997* (*Berichte und Abhandlungen der Berlin-Brandenburgische Akademie der Wissenschaften*, *Sonderband* 4), Berlin: Akademie Verlag, 2000, pp. 83 – 123.

Clark, L. V. *Uygur Manichaean Texts: Texts*, *Translations*, *Commentary* (*Corpus Fontium Manichaeorum*. *Series Turcica*, *3*.), Turnhout, Belgium: Brepols Publishers, 2013.

Clauson, G. "Some Notes on the Inscriptions of Toñuqoq", L. Ligeti ed., *Studia Turcica*, Budapest:: Akadémiai Kiadó, 1971, pp. 125 – 132.

Clauson, G. *An Etymological Dictionary of Pre-Thirteenth Century Turkish*, Oxford: The Clarendon Press, 1972.

Clauson, G. "Two Uygur Administrative Orders", *Ural-altaische Jahrbücher*, vol. 45, 1973, pp. 213 – 222.

Csongor, B. "Chinese in the Uighur Script of the T'ang-Period", *Acta Orientalia Academiae Scientiarum Hungaricae*, vol. 11, no. 2, 1952, pp. 73 – 121.

Dawson, C. *The Mongol Mission: Narratives and Letters of the Franciscan Missionaries in Mongolia and China in the Thirteenth and Fourteenth Centuries*, London, New York: Sheed and Ward, 1955.

Erdal, M. "Irk Bitig Üzerine Yeni Notlar", *TDAY-Belleten*, 1977, pp. 87 – 119.

Erdal, M. *Old Turkic Word Formation: A Functional Approach to the Lexicon*, Wiesbaden: Otto Harrassowitz, 1991.

Erdal，M. "The Runic Graffiti at Yar Khoto"，*Türk Dilleri Araştırmaları*，vol. 3，1993，pp. 87 - 108.

Erdal，M. *A Grammar of Old Turkic*，Leiden，Boston，Köln：Brill，2004.

Gabain，A. von. *Alttürkische Grammatik*，Leipzig：Otto Harrassowitz，1950.

Giraud，R. *L'inscription de Baïn Tsokto*，*édition critique*，Paris：Adrien Maisonneuve，1961.

Geng Shimin and Klimkeit，H. J. *Das Zusammentreffen mit Maitreya: Die ersten fünf Kapitel der Hami-Version der Maitrisimit*，teil I，Wiesbaden：Harrassowitz，1988.

Golden，P. B. "The Karakhanids and Early Islam"，in：D. Sinor ed.，*The Cambridge History of Early Inner Asia*，Cambridge：Cambridge University Press，1990，pp. 343 - 370.

Гумилев，Л. Н. "По Поводу-Интерпретации-Уланкомской-Надписи"，*Советская Археология*，1963，vol. 1，pp. 295 - 298.

HamiLton，J. "Le colophon de l' Irq Bitig "，*Turcica*，vol. 7，1975，pp. 7 - 19.

Hamilton，J. "Le pays des Tchong-yun，Čungul，ou Cumuda au X Siècle"，*Journal Asiatique*，vol. 265，1977，pp. 351 - 379.

Hamilton，J. "Nasales instables en turc khotanais du Xe siècle"，*Bulletin of the School of Oriental and African Studies*，vol. 40，no. 3，1977，pp. 508 - 521.

Hamilton，J. *Manuscrits Ouïgours du IXe-Xe siècle de Touen-Houang: Textes Établis，Traduits*，Paris：Peeters France，1986.

Hamilton，J. "On the Dating of the Old Turkish Manuscripts from Tunhuang"，in：R. E. Emmerick et al. eds.，*Turfan，Khotan und Dunhuang: Vortä der Tagung，Annemarie v.*

Gabain und die Turfanforschung, Berlin: Akademie, 1996, pp. 135 - 145.

Henning, W. B. "Argi and the 'Tokharians'", *Bulletin of the School of Oriental Studies*, vol. 9, no. 3, 1948, pp. 545 - 571.

Kahar, B. *XUANZANG—Ninth and Tenth Chapters*, Bloomington: Indiana University, 2000.

Karlgren, B. *Analytic Dictionary of Chinese and Sino-Japanese*, Paris: Library Orientaliste Paul Geuthner, 1923.

Kasai, Y. *Die uigurischen buddhistischen Kolophone*, *Berliner Turfantexte*, vol. 26, Turnhout, 2008.

Кызласов, Л. Р. "Новая датировка памятников енисейской письменности", *Советская Археология*, 1960, vol. 3, pp. 93 - 120.

Кызласов, Л. Р. "О датировке памятников енисейской письменности", *Советская Археология*, 1965, no. 3, pp. 38 - 49.

Кызласов, И. Л. *Рунические письменности евразийских степей*, Москва: Российская Академия наук, Институт археологии, 1994.

Klimkeit, H. J. *Gnosis on the Silk Road: Gnostic Texts from Central Asia*, San Fancisco: Harper, 1993.

Кляшторный, С. Г. "По Поводу интерпретации уланкомской надписи (письмо в редакцию)", *Советская Археология*, 1963, vol. 4, pp. 292 - 293.

Klyashtorny, S. G. "The Terkhin Inscription", *Acta Orientalia Academiae Scientiarum Hungaricae*, vol. 36, no. 3, 1982, pp. 335 - 366.

Klyashtorny, S. G. "The Tes Inscription of the Uighur Bögü Qaghan", *Acta Orientalia Academiae Scientiarum Hungaricae*, vol. 39, no. 1, 1985, pp. 137 - 156.

Klyashtorny, S. G. and Livšic, V. A. "The Sogdian Inscription of Bugut Revised", *Acta Orientalia Academiae Scientiarum Hungaricae*, vol. 26, no. 1, 1972, pp. 69 - 102.

Кормушин, И. В. *Тюркские енисейские эпитафии: тексты и исследования*, Москва: Наука, 1997.

Laufer, B. "Loan-words in Tibetan", *T'ong-Pao*, vol. 17, 1916, pp. 403 - 542.

Le Coq, A. von. "Köktürkisches aus Turfan. Manuskriptfragmente in köktürkischen „Runen" aus Toyoq- und Jdiqut-Schähri [Oase von Turfan]", *Sitzungsberichte der preussischen Akademie der Wissenschaften*, Phil.-hist. Klasse, Berlin, 1909, pp. 1047 - 1061 (Repr.: *Sprachwissenschaftliche Ergebnisse der deutschen Turfan-Forschung*, vol. 1, pp. 532 - 546).

Le Coq, A. von "*Türkische Manichaica aus Chotscho. 1*", *Abhandlungen der Preussischen Akademie der Wissenschaften*, 1911, vol. 6, pp. 1 - 61 (Repr.: *Sprachwissenschaftliche Ergebnisse der deutschen Turfan-Forschung*, vol. 1, pp. 393 - 451).

Lieu, S. N. C. *From Iran to South China: The Eastward Passage of Manichaeism* (*Silk Road Studies 2. Worlds of the Silk Roads: Ancient and Modern*, eds. by D. Christian and C. Benjamin), Turnhout: Brepols, 1998.

Legiti, L. "Mots de Civilisation de Haute Asie en Transcription Chinoise", *Acta Orientalia Academiae Scientiarum Hungaricae*, vol. 1, 1950 - 1951, pp. 141 - 188.

Li, Yong S. "On ČWLGL (or ČWLGIL) in the Kül Tegin and Bilgä Kagan Inscriptions", *Acta Orientalia Academiae Scientiarum Hungaricae*, vol. 70, no. 4, 2017, pp. 397 - 410.

Mahmūd el-Kāšġarī, *Compendium of the Turkic Dialects*,

Edited and Translated with Introduction and Indices by Robert Dankoff, in Collaboration with James Kelly, Cambridge: Harvard University Printing Office, 3 vols, 1982 – 1985.

Малов, С. Е. *Памятники древнетюркской письменности: тексты и исследования*, Москва-Лениград: Издательство Академия наук СССР, 1951.

Малов, С. Е. *Енисейская письменность тюрков: тексты иереводы*, Москва-Лениград: Издательство Академии Наук СССР, 1952.

Малов, С. Е. *Памятники древнетюркской письменности Монголии и Киргизии*, Москва-Лениград: Издательство Академии наук СССР,1959.

Martinez, A. P. "Gardīzī's Two Chapters on the Turks", *Archinum Eurasiae Medii Aevi*, vol. 2, 1982, pp. 109 – 217.

Maue, D. "Signs and Sounds", *Journal Asiatique*, vol. 306, no. 2, 2018, pp. 291 – 301.

Minorsky, V. *The Regions of The World: A Persian geography*, London: Messrs. Luzac and Company, Ltd, 1937.

Minorsky, V. *Sharaf al-Zamān Ṭāhir Marvazī on China*, *the Turks and India*, London: Royal Asiatic Society, 1942.

Mingana, A. "The Early Spread of Christianity in Central Asia and the Far East: A New Document", *The Bulletin of the John Rylands Library*, vol. 9, no. 2, 1925, pp. 297 – 371.

Moriyasu, T. "Uighur Buddhist Stake Inscriptions from Turfan", *Silk Road Studies*, vol. 5, 2001, pp. 149 – 223.

Moriyasu, T. "Epistolary Formulae of the Old Uygur Letters from Central Asia", *Acta Asiatic*, vol. 94, 2008, pp. 127 – 153.

Müller, F. W. K. " Ein Doppelblatt aus einem Manichäischen

Hymnenbuch（Mahrnâmag）", *Abhandlungen der Preussischen Akademie der Wissenschaften*, vol. 5, 1912, pp. 1 – 40（Repr.：*Sprachwissenschaftliche Ergebnisse der deutschen Turfan-Forschung*, vol. 3, pp. 151 – 190）.

Müller, F. W. K. "Zwei Pfahlinschriften aus den Turfanfunden", *Abhandlungen der Preussischen Akademie derWissenschaften*, 1915, no. 3, pp. 1 – 38（Repr.：*Sprachwissenschaftliche Ergebnisse der deutschen Turfan-Forschung*, vol. 3, Leipzig, 1985, pp. 459 – 496）.

Nevskaya, I. and Erdal, M. *Interpreting the Turkic Runiform Sources and the Position of the Altai Corpus*, Berlin：Klaus Schwarz Verlag, 2015.

Ochir, A. and Battulga, Ts. "Numiin yasannaalt deerhi bi-chees", *Mongolian Journal of Anthropology*, *Archaeology and Ethnology*, vol. 3, no. 1, 2007, 页数不明。

Orkun, H. N. *Eski Türk Yazıtları*, 4vols., Istanbul：Devlet Basımevi, 1936 – 1940.

Ölmez, M. *Orhon-Uygur Hanlıǧı Dönemi Moǧolistan'daki Eski Türk Yazıtları*, *Metin-Çeviri-Sözlük*. Ankara：BilgeSu, 2012.

Ölmez M. "Xi'an Yazıtı", *Orhon-Uygur hanlıǧı dönemi Moǧolistan'daki eski Türk yazıtları*, 2nd version, 2013, pp. 322 – 325.

Ölmez M. "Uygur Prensinin Yazıtı", *Atlas*, aralık, 2014, no. 261, p. 128.

Ölmez, M. "The Khüis Tolgoi Inscription：On the Discovery, Whereabouts, Condition of the Stones, and an On-the-Spot Visit", *Journal Asiatique*, vol. 306, no. 2, 2018, pp. 287 – 289.

Pulleyblank, E. G. "A Sogdian Colony in Inner Mongolia",

T'oung Pao, vol. 41, 1952, pp. 317 – 356.

Pullyblank, E. G. "The Date of the Staël-Holstein Roll", *Asia Major* (new series), vol. 4, no. 1, 1954, pp. 90 – 97.

Pulleyblank, E. G. *Lexicon of Reconstructed Pronunciation in Early Middle Chinese, Late Middle Chinese, and Early Mandarin*, Van-couver: University of British Columbia Press, 1991.

Qurčabaɣatur, S. L. *1400jil-un Emünehi Ebüge Mongɣul Kele*, Cologne: Elias Verlag IMoFiF e. V. , 2019.

Rachewiltz, Igor de. *The Secret History of the Mongol: A Mongolian Epic Chronicle of the Thirteenth Century*, Leiden: E. J. Brill, 2004.

Radloff, W. "Die Inschrift des Tonjukuk", in: *Die Alttürkischen Inschriften der Mongolei*, vol. 2, St. Petersburg: Eggers, 1899, pp. 1 – 115 (rep. : Osnabrück: Otto Zeller Verlag, 1987).

Radloff, W. *Die Alttürkischen Inschriften der Mongolei*, 3vols. , St. -Petersburg: Eggers, 1894 – 1899 (rep. : Osnabrück: Otto Zeller Verlag, 1987).

Radloff, W. "Altuigurische Sprachproben aus Turfan", *Nachrichten über die von der Kaiserlichen Akademie der Wissenschaften zu St. Petersburg im Jahre 1898 ausgerüstete Expedition nach Turfan*, vol. 1, 1899, St. Petersburg, pp. 55 – 83.

Rásonyi, L. and Baski, I. *Onomasticon Turcicum, Turkic Personal Names*, Bloomington: Indiana University, Denis Sinor Institute for Inner Asian Studies, 2007.

Ross, E. D. "The Tonyukuk Inscription: Being a Translation of Professor Vilhelm Thomsen's Final Danish Redering", *Bulletin of the School of Oriental Studies*，vol. 6，1930 - 32，pp. 37 - 43.

Rybatzki，V. *Die Toñuquq-Inschrift*，Szeged：University of Szeged，1997.

Rybatzki，V. "Titles of Türk and Uigur Rulers in the Old Turkic Inscriptions"，*Central Asiatic Journal*，vol. 44，no. 2，2000，pp. 205 - 292.

Rybatzki，V. "Classification of Old Turkic loanwords in Mongolic"，in：M. Ölmez，et al. eds.，*From Ötüken to Istanbul*，*1290 Years of Turkish（720 - 2010），3rd - 5th December 2010*，İstanbul：Yayıma Hazırlayanlar，2011，pp. 185 - 202.

Rybatzki，V. and Kuosheng，W. "An Old Turkic Epitaph in Runic Script from Xi'an（China）：The Epitaph of Qarï Čor Tegin"，*Zeitschrift der Deutschen Morgenländischen Gesellschaft*，vol. 164，no. 1，2014，pp. 115 - 128.

Sertkaya，O. F. "Kızılkum（Ulaangom）yazıtında geçen kişi adı üzerine"，*Türk Dili Araştırmaları Yıllığı-Belleten 1994*，pp. 137 - 144.

Sinor，D. "The Legendary Origin of the Türks"，in：E. V. Zygas and P. Voorheis eds.，*Folklorica: Festschrift for Felix J. Oinas*（Indiana University Uralic and Altaic Seriles），Bloomington，Indiana：Indiana University Research Institute for Inner Asian Studies，1982，pp. 223 - 257.

Sinor，D. "Some Components of the Civilization of the Turks（6th to 8th century A. D.）"，in：D. Sinor，*Studies in Medieval Inner Asia*，Aldershot：Ashgate，1997，pp. 145 - 159.

Sinor，D. "'Umay'，A Mongol Term in Old Turkic"，in：D. Sinor，*Studies in Medieval Inner Asia*，Aldershot：Ashgate，1997，pp. 1 - 7.

Stein, A. Serindia: *Detailed Report of Explorations in Central Asia and Weternmost China*, 5 vols. London and Oxford: Clarendon Press, 1921.

Sundermann, W. "Iranian Manichaean Turfan Texts Concerning the Turfan Region", in: A. Cadonna ed., *Turfan and Tun-huang. The Texts. Encounter of Civilizations on the Silk Route* (Orientalia Venetiana, 4), Firenze: Leo S. Olschki Editore, 1992, pp. 63–84.

Sprengling, M. "Tonyukuk's Epitaph: An Old Turkish Masterpiece Introduction, Text, Annotated Scientific Translation, Literary Translation and Transliteration", *The American Journal of Semitic Languages and Literatures*, vol. 56, no. 1, 1939, pp. 1–19, 365–383.

Şçerbak, A. M. "Ulaangoon Yazıtı Üzerine İ lave ve Düşünceler", *Türk Dili Araştırmaları YıllığI-Belleten1994*, pp. 131–136.

Щербак, А. М. "Надпис на Древнеуйгурском языке из Монголии", *Эпиграфика Востока* vol. 14, 1961, pp. 23–25.

Tekın, Ş . *Msitrisimit nom bitig, Die uigurische Übersetzung eines Werkes der buddhistischen Vaibhāṣika-Schule*, *Berliner Turfantexte*, vol. 9, 1980.

Tekin, T. *A Grammar of Orkhon Turkic*, Bloomington: IndianaUniversity, 1968.

Tekin T. "The Tariat (Terkhin) Inscription", *Acta Orientalia Academiae Scientiarum Hungaricae*, vol. 37, no. 1–3, 1983, pp. 43–68.

Tekin, T. *Irk Bitig: The Book of Omens*, Wiesbaden: Harrassowitz Verlag, 1993.

Tekin，T. *Orhon Yazıtları: Kül Tigin Bilge Kağan Tunyukuk*，İstanbul：Simurg Yayıncılık，1995.

Tekin，T. *Les inscriptions de l'Orkhon: Kul Tighin*，*Bilghé Qaghan*，*Tounyouqouq*（*Dil ve Edebiyat Dizisi* 2），Simurg：T. C. Kültür Bakanliği，1995.

Tekin，T. *Orhon Yazıtları: Kül Tigin*，*Bilge Kağan*，*Tunyukuk*，Ankara：Sanat Kitabevi，2003.

Thomsen，V. *Inscriptions de l'Orkhon déchiffrées*（*Mémoires de la Société Finno-Ougrienne* 5），Helsingfors，1896.

Thomsen，V. "Ein Blatt in türkischer Runenschrift aus Turfan"，*Sitzungsberichte der Preussischen Akademie der Wissenschaften*，vol. 15，1910，pp. 296 – 306.

Thomsen，V. "Dr. M. A. Stein's Manuscripts in Turkish 'Runic' Script from Miran and Tunhuang"，*Journal of the Royal Asiatic Society*，1912，pp. 181 – 227.

Thomsen，V. "Alttürkische Inschriften aus der Mongolei"，*Zeitschrift der Deutschen Morgenländischen Gesellschaft*，Band 78，1924，pp. 121 – 175.

Turkish International Cooperation Agency eds.，*Orhun: The Atlas of Historical Works in Mongolia*，Ankara：Ünal Offset Matbaacılık Ltd. Şti，1995.

Tuguševa，L. Ju. "Three Letters of Uighur Princes"，*Acta Orientalia*，vol. 24，1971，pp. 173 – 187.

Тыбыкова，Л. Н.，Невская，И. А. and Эрдал，М. *Каталог древнетюркских рунических памятников Горного Алтая*，Горно-Алтайск：Горно-Алтайского государственного университета，2012.

de la Vaissière，É. "The Historical Context to the Khüis Tolgoi Inscription"，*Journal Asiatique*，vol. 306，no. 2，2018，pp.

315－319.

Васильев，Д. Д. *Корпус тюркских рунических памятников бассейна Енисея*，Ленинград：Наука，1983.

Vambéry，H. *Noten zu den alttürkischen Inschriften der Mongolei und Sibiriens*，Helsingfors：Druckerei der Finnischen Litteratur-Gesellschaft，1899.

Vanduy，E. "Uvsin Khar Usni Gerelt Khöshöö"，*Shinjleh Ukhaan Tekhnik*，1958，vol. 3，Ulaanbaatar，pp. 45－57.

Vovin，A. "An Interpretation of the Khüis Tolgoi Inscription"，*Journal Asiatique*，vol. 306，no. 2，2018，pp. 303－313.

Vovin，A. "A Sketch of the Earliest Mongolic Language：the Brāhmī Bugut and Khüis Tolgoi Inscriptions"，*International Journal of Eurasian Linguistics*，vol. 1，2019，pp. 162－197.

Wilkens，J. *Alttürkische Handschriften*，Teil 8：*Manichäisch-türkische Texte der Berliner Turfansammlung*，Stuttgart：Franz Steiner，2000.

Wilkens，J. "Ein Bildnis der Göttin Ötükän"，收入张定京、阿不都热西提·亚库甫编《突厥语文学研究——耿世民教授八十华诞纪念文集》，北京，中央民族大学出版社，2009 年，第 449—461 页。

Yoshida，Y. "Review of N. SIMS-WILLIAMS and J. HAMILTON，Documents Turco-sogdiens du IXe-Xe de Touen-houang"，*Indo-Iranian Journal*，vol. 36，no. 4，1993，pp. 362－371.

Yoshida，Y. "The Karabalgasun Inscription and the Khotanese Documents"，in：D. Durkin-Meisterernst，Chr. Reck，D. Weber eds.，*Literarische Stoffe und ihre Gestaltung in mitteliranischer Zeit*，*Kolloquium anlässlich des 70，Geburtstages von Werner Sundermann*，Wiesbaden：Reichert，2009，pp. 349 - 362.

Yoshida，Y. "Sogdian Version of the Bugut Inscription Revisited"，*Journal Asiatique*，vol. 307，no. 1，2019，pp. 97 - 108.

Zieme，P. *Manichäisch-türkische Texte: Texte*，*Übersetzung*，*Anmerkungen*，*Berliner Turfantexte*，vol. 5，1975.

Zieme，P "Zum Handel im uigurischen Reich von Qosso"，*Altorientalische Forschungen*，vol. 4，1976，pp. 235 - 249.

Zieme，P " Drei neue uigurische Sklavendokumente "，*Altorientalische Forschungen*，vol. 5，1977，pp. 145 - 170.

Zieme，P. "Materialien zum uigurischen Onomasticon I"，*Türk Dili Araştırmaları Yıllığı-Belleten 1978*，pp. 71 - 84.

Zieme，P. "Uygur yazısıyla yazılmış Uygur yazıtlarına dair bazı düşünceler"，*Türk Dili Araştırmaları Yıllığa- Belleten 1982 - 1983*，pp. 229 - 237.

Zieme，P. "Manichäische Kolophone und Könige"，in：G. Wiessner and H. J. Klimkeit eds.，*Studia Manichaica II*，Internationaler Kongreß zum Manichäismas. 6. - 10. August 1989，St. Augustin/Bonn，Wiesbaden：Otto Harrassowitz，1992，pp. 319 - 327.

Zieme，P. *Altun yaruq sudur*，*Vorworte und das erste Buch: Edition und Übersetzung der alttürkischen Version des Goldglanzsūtra*，*Berliner Turfantexte*，vol. 18，1996.

Zieme，P "Runic Inscription in the Caves of Dunhuang and Turfan"，*Türk Kültürünün Gelişme Çağları: Başlangıç ve Yazıtlar Çağı*，15 - 16. Ağustos，2011，Ulannbaatar，pp. 1 - 9.

Zieme，P. *Altuigurische Texte der Kirche des Ostensaus Zentralasien: Old Uigur Texts of the Church of the East from*

Central Asia (*Gorgias Eastern Christian Studies*, vol. 41), Piscataway (new Jersey): Gorgias Press, 2015.

Zhang, T. and Zieme, P. "A Memorandum about the King of the On Uygur and His Realm", *Acta Orientalia Academiae Scientiarum Hungaricae*, vol. 64, no. 2, 2011, pp. 129 - 159.

词汇索引

后　记

　　自魏晋南北朝时期以来，操用古代突厥语的部族集团于中国历史是个重要的存在。对治北方民族史和西北史地的学者来说，中国历史上的这些部族民族以自己的语言，以自己的文字（这里主要指鲁尼文和回鹘文）书写的碑刻题记、出土文献等，绝对是不可忽略的史料。原因在于以其他语言书写的文字材料绝大多数属于"他者"的记录，而古代突厥语文献是代表他们内心思想的第一载体。如果我们能够深刻理解到时人对自身所持的思想文化，所体验到的社会经历等的感受，那么我们就可以进一步加深对他们历史的了解，在历史研究中掌握学术主动权。

　　本书是笔者承担的国家社科基金重大项目"北朝至隋唐民族碑志整理与研究"（18ZDA177）和中央高校基本科研业务费专项资金资助（Supported by the Fundamental Research Funds for the Central Universities）项目"胡语和境外汉语碑刻与唐代西北地区历史"（211zujbkyjh004）的阶段性研究成果。共收入 11 篇相关论文。其中，8 篇论文尚未公开发表，3 篇论文是已经发表论文的修订本。成色如何，有待专家学者评判指正，权当抛砖引玉。感谢北京大学人文社会科学研究院提供优越的办公条件和周到的服务，使我在任邀访学者期间（2021 年 3—6 月）能够安心修改书稿。兰州大学敦煌学研究所所长郑炳林教授专为本书撰写书序，谨致谢意。

白玉冬

2021 年 6 月 28 日

图书在版编目(CIP)数据

关山明月：古突厥回鹘碑志写本的历史语言研究 /
白玉冬著. —上海：上海古籍出版社，2022.12
（丝绸之路历史语言研究丛刊）
ISBN 978－7－5732－0240－6

Ⅰ.①关… Ⅱ.①白… Ⅲ.①突厥－回鹘－碑文－研
究 Ⅳ.①K289

中国版本图书馆 CIP 数据核字(2022)第 009914 号

封面插图：庞　磊
责任编辑：曾晓红
封面设计：黄　琛
技术编辑：耿莹祎

丝绸之路历史语言研究丛刊
关山明月：古突厥回鹘碑志写本的历史语言研究
白玉冬　著
上海古籍出版社出版发行
（上海市闵行区号景路 159 弄 1－5 号 A 座 5F　邮政编码 201101）
(1) 网址：www.guji.com.cn
(2) E-mail：guji1@guji.com.cn
(3) 易文网网址：www.ewen.co
常熟市人民印刷有限公司印刷
开本 635×965　1/16　印张 18.5　插页 13　字数 241,000
2022 年 12 月第 1 版　2022 年 12 月第 1 次印刷
ISBN 978－7－5732－0240－6
K·3134　定价：128.00 元
如有质量问题，请与承印公司联系